BESCHERELLE 1

L'art de conjuguer

DICTIONNAIRE DE 12000 VERBES

ÉDITIONS

CH-1020 Renens Lausanne (Suisse)
5, avenue de Longemalle

© HATIER – PARIS MAI 1990

Reproduction interdite sous peine de poursuites judiciaires
ISBN 2-218-02949-9

Avertissement

La conjugaison des verbes reste une des principales difficultés de notre langue. Le BESCHERELLE 1 fournit une liste quasi exhaustive des verbes français. Quelques rares verbes désuets ont été abandonnés. En revanche, parmi les centaines de verbes introduits, figurent des verbes relevant des langues de métiers, de la langue argotique...

Comment se fait-il que sept mille entrées représentent douze mille verbes ? D'une part, certaines entrées correspondent à plusieurs verbes différents (selon le sens et selon l'origine), p. ex. *appointer, écarter, épater, rembarrer*; d'autre part, les significations de certains verbes se sont parfois développées de manière autonome, p. ex. *entoiler* : fixer quelque chose sur une toile et fixer une toile sur un support. Sont donc comptés les emplois transitifs et les emplois pronominaux qui ne se réduisent pas au sens passif (ce qui serait le cas pour *s'éduquer, s'épousseter* ou *s'exploiter*). Qu'il faille compter plus d'un «verbe» pour *voler* ou *ressortir,* pour *rendre* (et *se rendre*), pour *entraver* (un animal) et *entraver* (comprendre, en argot), cela tombe sous le sens. Si l'on comptait cependant toutes les acceptions distinguées par les bons dictionnaires, on obtiendrait plus de cinquante mille mentions.

Les variantes orthographiques sont signalées, p. ex. *ariser* et *arriser, receper* et *recéper, retercer* et *reterser.*

Comme par le passé, le BESCHERELLE 1 assure une triple fonction. Il offre un **dictionnaire orthographique** des verbes en fin de volume. Il permet de résoudre les problèmes de conjugaison par le renvoi aux **82 tableaux** qui forment la partie centrale de l'ouvrage. Enfin, il présente l'essentiel de la **grammaire du verbe,** qui a été longuement développée dans cette nouvelle édition. Son index préliminaire permet de retrouver rapidement la réponse aux diverses questions sur lesquelles butent la plupart d'entre nous : *accords, participes passés* délicats, notions de *mode, personnes, emploi,* etc.

Puisse donc ce BESCHERELLE 1 contemporain, loin de déconcerter les fidèles usagers du précédent, aider mieux encore que par le passé tous ceux, petits et grands, Français et étrangers, qui veulent maîtriser la conjugaison, y compris dans ses formes rares, et qui ont le souci de s'exprimer avec pureté et correction.

L'Éditeur

Sommaire

GRAMMAIRE DU VERBE — 5 / 31

CONJUGAISON — 33 / 120
TABLEAU SYNOPTIQUE P. 34
LES VERBES TYPES P. 36
LE TROISIÈME GROUPE P. 118
LE CHOIX DE L'AUXILIAIRE P. 120

DICTIONNAIRE ORTHOGRAPHIQUE DES VERBES — 121 / 175
AVEC INDICATIONS D'EMPLOI ET RENVOIS AUX TABLEAUX

Index grammatical

Accord
– du verbe 10
Accord avec *un seul* sujet 10
Cas particuliers 10
Accord avec *plusieurs* sujets 12
Cas particuliers 13

– du participe passé 14
Employé *sans auxiliaire* 14
Employé avec *être* 15
Employé avec *avoir* 15
Cas particuliers : participes passés des *verbes pronominaux* 16
Locutions verbales figées 21
Quelques participes passés à noter 22

Adverbes de quantité 11

Auxiliaires *avoir* **et** *être* **8**

Concordance des temps 27

Désinence ou terminaison des formes verbales 7

Emploi des verbes 7
Verbes *transitifs* 6 / *Intransitifs* 6
Pronominaux 6

Fraction 11

Groupes de verbes 8
Modes 24
Noms collectifs 10
Pourcentage 11
Radical 7
Temps 24, 26
Titres d'œuvres 12
Verbes défectifs 8
Verbes d'état ou attributifs 6
Verbes impersonnels 10
Verbes intransitifs 6
Verbes pronominaux 6
Verbes *essentiellement pronominaux* 7
Verbes *pronominaux à sens passif* 7
Verbes *intransitifs employés pronominalement* 16

Verbes semi-auxiliaires 9

Verbes transitifs directs, transitifs indirects 6

Grammaire du verbe

GRAMMAIRE DU VERBE

RAPPELS FONDAMENTAUX

Un verbe se **conjugue.** Sont susceptibles de varier : la personne *(aimes, aimons),* le temps *(veut, voulut),* le mode *(envoya, envoyât)* et la voix *(a vendu, s'est vendu, a été vendu).* Les formes entraînées par ces variations sont présentées systématiquement dans les **tableaux de conjugaison** (pp. 34 à 120).

▶ L'accord selon la personne peut présenter quelques difficultés, qu'il s'agisse de l'accord avec le sujet ou, pour le participe passé et dans certains cas seulement, de l'accord avec l'objet. Le chapitre intitulé **grammaire du verbe** (pp. 5 à 31) se propose d'exposer les règles essentielles qui régissent l'accord du verbe avec le sujet, et surtout l'accord du participe passé.

▶ Le **dictionnaire orthographique** (pp. 121 à 175) donne les verbes sous la forme infinitive et mentionne à leur propos les emplois types ou propres dont voici les caractéristiques :

▶ On appelle **transitif** le verbe employé avec un complément d'objet (= sur lequel s'exerce ou passe l'action du sujet exprimée par le verbe). Lorsque le complément d'objet n'est pas précédé par une préposition, il est dit *direct*. Le verbe est alors indexé T dans le dictionnaire, par ex. : *abolir*, T. Lorsque le complément d'objet est introduit par une préposition, il est dit *indirect*. Dans ce cas, la préposition est indiquée dans le dictionnaire, par ex. : *coopérer*, à.

▶ Tous les verbes ne sont pas transitifs. Certains verbes relient l'attribut au sujet : ce sont les **verbes d'état** ou attributifs, par ex. : *devenir, sembler, rester.*

▶ D'autres verbes expriment à eux seuls l'action complète et peuvent se passer d'autres compléments. Ils sont dits **intransitifs** et indexés I dans le dictionnaire, par ex. : *caracoler*, I.

▶ Le verbe **pronominal** est un verbe qui se conjugue avec un pronom personnel de la même personne que le sujet et désignant le même être que lui.

GRAMMAIRE DU VERBE

On distingue les emplois *pronominaux réfléchis* (quand l'être dont il s'agit exerce une action sur lui-même : *je me lève*) et les emplois *pronominaux réciproques* (où les êtres exercent une action les uns sur les autres : *ils se battent*).
Certains verbes sont dits *essentiellement pronominaux* parce qu'ils ne peuvent être employés qu'à la forme pronominale.
Par ex. : *s'abstenir, s'écrier, s'enfuir, s'évanouir,* etc.

▶ La tournure pronominale peut correspondre à un sens passif, l'objet de la tournure active devenant sujet *(tous les verbes s'y trouvent = on y trouve tous les verbes)*. L'emploi pronominal est noté P dans le dictionnaire.
La notation P dans le dictionnaire orthographique indique que le participe du verbe ainsi noté demeure invariable dans les temps composés de son emploi pronominal, par ex. : *succéder,* P.

▶ Certains verbes ont **plusieurs emplois**. Tous les verbes transitifs peuvent, avec l'aide du contexte, être employés seuls, «absolument»; ainsi, *commander,* T, I, P.

> *Il commande une compagnie / C'est toujours lui qui commande / Il se commande un café.*

▶ Tous les verbes transitifs peuvent donner lieu à une construction pronominale à sens passif, par ex. : *vendre,* T, P.

> *On vend beaucoup de disques.*
> *Ces disques se sont bien vendus.*

▶ L'indexation T suffit à le rappeler. Pour d'autres verbes, les divers emplois sont indexés séparément, par ex. : I et T *(aborder),* I et P *(baguenauder),* T et P *(abstraire),* ou I, T et P *(crever).*

A RADICAL ET TERMINAISON DU VERBE

▶ Il y a deux parties dans un verbe : le **radical** et la **terminaison** (ou désinence). La terminaison varie; le radical reste le plus souvent invariable. Cependant, il subit parfois des modifications; par ex. : les variantes *meur(s) / mour(ez)* pour *mourir,* ou bien *pouv(ons) / pourr(ai) / puiss(iez) / peu(x) / pu(s)* pour *pouvoir.* Plus rarement, un verbe très irrégulier, comme *aller,* peut comporter plusieurs radicaux bien distincts : *va(s) / all(ons) / ir(ais).*

GRAMMAIRE DU VERBE

▸ Pour trouver le radical d'un verbe, il suffit de retrancher l'une des terminaisons de l'infinitif : **er, ir, oir** et **re**. Ex. : **er** dans *chanter*, **ir** dans *rougir*, etc., radical : *chant, roug*.

B LES TROIS GROUPES DE VERBES

Il y a, en français, trois groupes de verbes, qui se distinguent surtout d'après les terminaisons de l'infinitif, de la première personne de l'indicatif présent et du participe présent.

▸ Le 1er groupe renferme les verbes terminés en **er** à l'infinitif et par **e** à la première personne du présent de l'indicatif : *aimer, j'aime*.

▸ Le 2e groupe renferme les verbes terminés par **ir** et ayant l'indicatif présent en **is** et le participe présent en **issant** : *finir, je finis, finissant*.

▸ Le 3e groupe comprend tous les autres verbes :
- Le verbe *aller*.
- Les verbes en **ir** qui ont le participe présent en **ant**, et non en **issant** : *cueillir, je cueille, cueillant; partir, je pars, partant*.
- Les verbes terminés à l'infinitif en **oir** ou en **re** : *recevoir, rendre*.

> REMARQUE
>
> Les verbes nouveaux sont presque tous du 1er groupe : *téléviser, atomiser, radiographier,* etc.; quelques-uns du 2e groupe : *amerrir*.
> Le 3e groupe, avec ses quelque 350 verbes, est une conjugaison morte. À la différence des deux premiers groupes, qui sont de type régulier, c'est lui qui compte le plus grand nombre d'exceptions et d'irrégularités de toute la conjugaison française.
> Pour les terminaisons propres à ces trois groupes, voir tableau p. 40.

C VERBES DÉFECTIFS

▸ Certains verbes ne sont, dans l'usage courant, employés qu'à certains modes et à certains temps. Ces verbes à la conjugaison incomplète sont dits **verbes défectifs**. Ainsi :
choir, gésir, quérir...

D AUXILIAIRES *AVOIR* ET *ÊTRE*

▸ Les deux verbes *avoir* et *être*, qui servent à conjuguer tous les verbes, sont dits *verbes auxiliaires*.

GRAMMAIRE DU VERBE

Se conjuguent avec **avoir** : – *avoir* et *être (il a eu, elle a été)* ; – tous les verbes transitifs directs et transitifs indirects ; – un grand nombre de verbes intransitifs ; – la plupart des verbes impersonnels :
il a neigé.

▶ Se conjuguent avec **être** : – tous les verbes employés pronominalement ; – tous les verbes employés à la voix passive ; – quelques verbes employés impersonnellement :
il est tombé des trombes d'eau.

▶ **Avoir** et **être** peuvent s'employer pour un même verbe selon que l'on veut exprimer une action *(Il a débordé la défense adverse)* ou un état *(La défense adverse est débordée),* ou bien en fonction des différents sens que peut avoir un verbe.

▶ NOTA
Avoir et **être** ont aussi un emploi non auxiliaire :
J'ai peur; Elles sont belles.
Sont dits **semi-auxiliaires** des verbes comme *aller, devoir, faire, falloir, pouvoir* :
Je dois m'en aller; Il lui faut partir; Elle peut intervenir elle-même.
(Ces semi-auxiliaires précèdent des infinitifs.)

GRAMMAIRE DU VERBE

RÈGLES D'ACCORD

A L'ACCORD DU VERBE AVEC LE SUJET
1 Un seul sujet

RÈGLE
Le verbe s'accorde avec son sujet en nombre et en personne :
Pierre est là. Tu arrives. Nous partons. Ils reviendront.

CAS PARTICULIERS

▸ **Qui**, sujet, impose au verbe la personne de son antécédent :
C'est moi qui suis descendu le premier, et non *qui est descendu.*
Cependant, après les expressions *le premier qui, le seul qui,* le verbe peut toujours se mettre à la 3e personne :

Tu es le seul qui en sois capable ou *qui en soit capable.*

Il en est de même lorsque l'antécédent de *qui* est un pronom démonstratif :

Je suis celui qui voit (plus usité que : *je suis celui qui vois*).

▸ **Verbes impersonnels.** Toujours au singulier : *il* commande l'accord du verbe, même si le sujet réel est au pluriel :

Il pleuvait des cordes.

▸ **Verbe *être* précédé de *ce*.** Le verbe *être,* précédé de *ce* et suivi de *moi, toi, nous, vous,* se met à la 3e personne du singulier, et l'on doit dire : *c'est moi, c'est toi, c'est nous,* etc.
Suivi de *eux (elles),* ou d'un nom au pluriel, l'usage hésite entre le singulier et le pluriel, l'accord au pluriel, quoique moins courant, étant considéré comme la forme soignée.

▸ **Noms collectifs.** Quand le sujet est un nom singulier du type *foule, multitude, infinité, troupe, groupe, nombre, partie, reste, majorité, dizaine, douzaine,* etc., suivi d'un complément de nom au pluriel, le verbe se met au singulier ou au pluriel selon que l'accent est mis sur l'ensemble ou, au contraire, sur les individus :

Une foule de promeneurs remplissait l'avenue. Bon nombre de spectateurs manifestèrent bruyamment leur enthousiasme.

GRAMMAIRE DU VERBE

▶ **Adverbes de quantité.** Quand le sujet est un adverbe tel que *beaucoup, peu, plus, moins, trop, assez, tant, autant, combien, que,* ou des locutions apparentées : *nombre de, quantité de, la plupart,* que ces mots soient suivis ou non d'un complément, le verbe se met au pluriel, à moins que le complément ne soit au singulier :

> *Beaucoup de candidats se présentèrent au concours, mais combien ont échoué!*
> *Peu de monde était venu.*

> REMARQUE
> *Le peu de* veut, selon la nuance de sens, le singulier ou le pluriel : *Le peu d'efforts qu'il fait explique ses échecs* (= la quantité insuffisante d'efforts).
>> *Le peu de mois qu'il vient de passer à la campagne lui ont fait beaucoup de bien* (= les quelques mois).
>
> *Plus d'un* veut paradoxalement le singulier, alors que *moins de deux* veut le pluriel :
>> *Plus d'un le regrette et pourtant moins de deux semaines seulement se sont écoulées depuis son départ.*
>
> *Un(e) des... qui* veut généralement le pluriel, mais c'est le sens qui décide si le véritable antécédent de *qui* est le pronom indéfini *un*, et alors le verbe se met au singulier, ou si c'est le complément partitif, et alors le verbe se met au pluriel :
>> *C'est un des écrivains de la nouvelle école qui a obtenu le prix.*
>> *C'est un des rares romans intéressants qui aient paru cette année.*

▶ **Fraction et pourcentage.** Quand le sujet est une fraction complétée par un nom, le sens décide si l'accord se fait avec la fraction ou avec son complément :

> *La moitié des députés vota* (ou *votèrent*) *le projet de loi.*

Si le sujet est un pourcentage complété par un nom, l'accord est toujours possible avec l'expression de pourcentage, considérée comme un masculin pluriel :

> *43 % de la récolte ont été perdus;*
> *32 pour cent de l'électorat avaient voté avant midi.*

Cependant, comme on peut légitimement hésiter, il n'est pas interdit d'opter pour l'accord avec le complément :

> *43 % de la récolte a été perdue;*
> *32 pour cent de l'électorat avait voté avant midi.*

> **REMARQUE**
> Lorsque la fraction est exprimée par un terme singulier comme *quart, tiers* ou *moitié,* on peut appliquer la règle suivante : accord avec ce terme s'il a une valeur précise (*La moitié des coureurs a terminé dans les délais* : par ex. : quarante-deux cyclistes sur quatre-vingt-quatre, très exactement, ont rempli la condition), ou bien accord avec le complément si le terme de quantité ne donne qu'une indication approximative (*La moitié des coureurs ont terminé dans les délais*).
> On peut toutefois préférer l'accord avec le complément en toutes circonstances, notamment si l'accord sur *moitié* risque de donner un sens grotesque, laissant à penser, par exemple, que des individus ont été coupés en deux.

▶ **Titres d'œuvres.** Lorsque le sujet est un titre d'œuvre (de livre, de film, de pièce de théâtre, de sculpture...), l'accord se fait d'ordinaire au singulier. Par ex. : Les Misérables *est une œuvre admirable*; Les Enfants du paradis *est un film de Marcel Carné* (et non «sont une œuvre», «sont un film»), etc. Toutefois, avec d'autres constructions, le pluriel est aussi usité : Les Plaideurs *ont été joués trente fois, ce mois-ci;* Les Trois Mousquetaires *ont été portés quatre fois à l'écran...* (Mais l'on évitera des accords donnant un sens risible : Les Deux Orphelines *sont plus épaisses que* Les Trois Mousquetaires!)

2 Plusieurs sujets

> **RÈGLE**
> S'il y a plusieurs sujets, et même si chacun d'eux est un singulier, le verbe, sauf cas particulier, se met au pluriel :
>
> *Mon père et mon oncle chassaient souvent ensemble.*
> *Chaque homme, chaque femme, pourra se présenter au concours.*

Si les sujets sont de différentes personnes, la 2e l'emporte sur la 3e, et la 1re sur les deux autres :

François et toi êtes en bons termes.
François et moi sommes en bons termes.
François, toi et moi sommes tous trois natifs de Versailles.

Si les sujets sont de genres différents, l'accord du participe passé (comme pour les adjectifs) se fait au masculin pluriel :

Ma nièce et mon cousin sont venus.
Hommes et bêtes sont effrayés par ce violent orage.

GRAMMAIRE DU VERBE

CAS PARTICULIERS

1 Sujets coordonnés

▶ par **et**. *L'un et l'autre* veut le pluriel, mais le singulier est correct : *L'un et l'autre se disent*; ou, moins couramment, *se dit*. Dans l'emploi pronominal du verbe qui suit, le pluriel est plus usuel :

> *L'un et l'autre se sont battus comme des lions.*

▶ par **ou**, par **ni**. Le verbe se met au singulier si les sujets s'excluent :

> *La crainte ou l'orgueil l'a paralysé.*
> *Ni l'un ni l'autre n'emportera le prix.*

▶ par **comme, ainsi que, avec, aussi bien que, de même que, autant que**... Le verbe se met au pluriel si ces mots équivalent à *et* :

> *Le latin comme le grec sont des langues anciennes.*
> *Jean avec Marie menaient la danse.*

Le verbe se met au singulier lorsque les termes de coordination et les mots qu'ils introduisent sont placés en incise, entre virgules :

> *Marseille, autant que Paris, est une ville cosmopolite.*
> *Le latin, comme le grec, possède des déclinaisons.*

Car alors il n'y a plus addition, mais comparaison.

2 Sujets juxtaposés ou coordonnés

▶ Désignant un être unique ou une même chose : le verbe se met au singulier :

> *C'est l'année où mourut mon oncle et mon tuteur* (= mon oncle, qui était aussi mon tuteur).

▶ Formant une gradation de termes qui expriment différentes nuances ou intensités d'un sentiment, d'une qualité, etc. : le verbe reste au singulier :

> *L'irritation, le courroux, la rage avait envahi son cœur.*

En revanche, le verbe se met au pluriel avec d'apparentes gradations, qui sont plutôt, de par le sens, des additions :

> *La commune, le département, la région, le pays vantent les mérites du «grand homme».*

GRAMMAIRE DU VERBE

(On hésiterait à écrire : *La commune, le département, la région, le pays est fier du «grand homme».*)
Synonymes (termes au singulier juxtaposés) : le verbe reste au singulier :

Un meurtre, un assassinat, est un crime atroce.

▶ Résumés par un mot qui constitue le dernier sujet : le verbe s'accorde avec ce mot (généralement : *aucun, chacun, nul, personne, rien, tout, tous...*) :

Femmes, moine, duc, tous étaient descendus de la berline. Cris, pétards, sonneries de clairon, rien ne réveille Hector!

B L'ACCORD DU PARTICIPE PASSÉ

RÈGLE
Le participe passé employé sans auxiliaire s'accorde avec le nom (ou pronom) auquel il se rapporte comme un simple adjectif :
L'année passée. Des fleurs écloses. Vérification faite.

1 Participe passé employé sans auxiliaire

▶ *Attendu, y compris, non compris, excepté, passé, supposé, vu,* etc.
● Placés devant le nom (ou le pronom), ils sont invariables :

Excepté les petits enfants, toute la population de l'île fut massacrée; excepté vous, tout le monde est resté, y compris les personnes âgées. (= car assimilés à des prépositions)

● Placés après le nom, ils sont sentis comme de vrais participes adjectivés et s'accordent : *les petits enfants exceptés...*

REMARQUE
Placé en tête de phrases le plus souvent exclamatives, *fini* s'accorde, généralement : *Finis les soucis! Finie la comédie!* – mais peut aussi cependant demeurer invariable *(Fini les beaux jours!).* Dans l'expression *fini de...,* il y a toujours invariabilité, car c'est une ellipse pour *«c'en est fini de...»* : *Fini des «p'tits boulots»!*

● *Étant donné* placé en tête peut s'accorder ou rester invariable :

Étant donné les circonstances ou *étant données les circonstances.* Mais on dira toujours : *Les circonstances étant données...*

GRAMMAIRE DU VERBE

- *Ci-joint, ci-inclus,* etc., sont invariables en tête de phrase ou devant un nom sans déterminant (article, adjectif possessif, démonstratif ou numéral) :
    Ci-inclus la quittance. Ci-joint la copie de la lettre.

Après un nom, véritables participes adjectivés, ils s'accordent :
    Vous voudrez bien acquitter la facture ci-jointe.

L'usage courant contemporain prône l'accord quand ils précèdent un nom accompagné d'un déterminant (article, adjectif possessif, démonstratif ou numéral) :
    Vous trouverez ci-incluse la lettre du sénateur.
    Veuillez trouver ici, ci-jointe, la photocopie du document.

2 Participe passé employé avec l'auxiliaire *être*

RÈGLE
Le participe passé conjugué avec l'auxiliaire *être* s'accorde en genre et en nombre avec le sujet du verbe :
    Ces fables seront lues à haute voix.
    Nous étions venus en toute hâte. Tant de sottises ont été faites.
Cette règle vaut pour tous les temps de tous les verbes à la forme passive et pour les temps composés de quelques verbes intransitifs à la forme active *(aller, arriver, mourir, naître, partir, venir...)* ou d'autres employés à la tournure intransitive *(descendre, entrer, monter)*.

3 Participe passé employé avec l'auxiliaire *avoir*

RÈGLE
Le participe passé conjugué avec l'auxiliaire *avoir* s'accorde en genre et en nombre avec le complément d'objet direct placé avant le verbe. S'il n'y a pas de complément d'objet direct, ou si le complément d'objet direct est placé après le verbe, le participe passé reste invariable :
    Je n'aurais jamais fait les sottises qu'il a faites.
    As-tu lu les journaux? Je les ai bien lus. J'ai lu trop vite.
Cette règle vaut pour les temps composés de tous les verbes à la forme active, à part quelques verbes intransitifs signalés comme se conjuguant avec *être*.

GRAMMAIRE DU VERBE

> **REMARQUE**
> Aux temps surcomposés, seul le dernier participe passé varie : *Merci de vos nouvelles ! Dès que je les ai eu reçues...*

CAS PARTICULIERS

1. Participes conjugués avec *être*

▶ Verbes pronominaux

a. Le participe passé des **verbes essentiellement pronominaux** (dans lesquels le pronom réfléchi n'a pas de fonction analysable, par ex. *s'absenter, s'écrier, s'enfuir, s'évanouir, s'extasier, se rebeller, se repentir...*) se conjugue avec l'auxiliaire *être* et s'accorde tout à fait normalement avec le sujet :

> *Les paysans se sont souvenus de la sécheresse de l'été 1976.*

S'arroger est l'unique exception au sein des verbes essentiellement pronominaux : son participe passé s'accorde comme s'il était conjugué avec *avoir* :

> *Ils se sont arrogé des droits.*
> *Les prérogatives qu'ils se sont arrogées*
> (accord avec le complément d'objet direct, *prérogatives*, qui précède le verbe).

b. Le participe passé des **verbes pronominaux à sens passif** (voir p. 7) se conjugue également avec *être* et s'accorde avec le sujet :

> *L'an passé, les foins s'étaient fauchés très tard.*

c. Le participe passé de **certains verbes intransitifs employés pronominalement** *(se complaire, se nuire, se parler, se plaire, se rire, se succéder...)* est toujours invariable (puisque ces verbes ne peuvent admettre de compléments d'objet direct) :

> *Elle s'est plu à la montagne.*
> *Elles se sont ri de lui.*
> *Ils se sont parlé des heures entières.*
> *Les deux fiancés pressentis se sont plu.*
> *Ces trois frères se sont succédé sur le trône impérial*
> (= ont succédé à eux).
> *Ils se sont nui*
> (ils ont nui à eux-mêmes, ou nui les uns aux autres ; *se* est complément d'objet indirect : pas d'accord).

GRAMMAIRE DU VERBE

d. Pour les emplois **réfléchis** ou **réciproques** (cf. p. 7), l'auxiliaire *être* étant mis pour *avoir*, le participe passé s'accorde comme s'il était conjugué avec *avoir*, c'est-à-dire avec le complément d'objet direct placé avant :

> *La jeune fille s'est regardée dans son miroir*
> (elle a regardé elle-même).
> *Les deux amis se sont regardés longuement avant de se séparer*
> (= ils se sont regardés mutuellement).
> *La question qu'il s'est posée* (il a posé la question à lui-même).

RÈGLE

Toutes les fois que dans un verbe pronominal on peut remplacer l'auxiliaire *être* par l'auxiliaire *avoir,* on doit accorder le participe passé avec le complément d'objet direct s'il est placé avant (le plus souvent le pronom réfléchi, mais pas toujours) :

> *Ils se sont lavés à l'eau froide*
> (ils ont lavé eux-mêmes : accord avec *se*).
> *La soupe qu'il s'est préparée* (il a préparé la soupe : accord avec *que,* dont l'antécédent est *soupe*).

Mais, s'il n'y a pas de complément d'objet direct, ou si celui-ci est placé après le verbe, le participe passé reste invariable :

> *Ils se sont lavé les mains*
> (ils ont lavé les mains à eux-mêmes; le complément d'objet direct, *mains,* est placé après le verbe : pas d'accord).
> *Il s'est préparé la soupe*
> (il a préparé la soupe à lui-même; le complément d'objet direct, *soupe,* est placé après le verbe : pas d'accord).

---

2 **Participes conjugués avec *avoir***

▶ Le COD est **en**, **l'**, **une foule de**...

a. Le pronom adverbial *en*, signifiant *de lui, d'elle, d'eux, d'elles, de cela* (c'est-à-dire ayant un sens «partitif»). La règle généralement admise est de ne pas accorder le participe puisque *en* n'est pas alors, à proprement parler, un complément d'objet direct :

> *Une bouteille de liqueur traînait par là : ils en ont bu.*
> *Des nouvelles de mon frère? Je n'en ai pas reçu depuis fort longtemps.*

GRAMMAIRE DU VERBE

Lorsque *en* est associé à un adverbe de quantité tel que *combien, tant, plus, moins, beaucoup,* etc., les règles sont si contestées que le parti le plus sage est de laisser le participe toujours invariable :

Des truites ? Il en a tant pris ! Pas autant cependant qu'il en a manqué.
Combien en a-t-on vu, je dis des plus huppés. (Racine)
J'en ai tant vu, des rois. (V. Hugo)

REMARQUE
Il ne faut pas confondre *en*, pronom à valeur partitive, avec un adverbe de lieu : *Je dois retourner à ma banque, car les sommes que j'en ai retirées sont insuffisantes* (*en* a le sens de *là*, de *de la banque*, et n'empêche pas l'accord du participe passé *retirées* avec son complément d'objet direct *que* – placé avant – qui a pour antécédent *sommes*).

b. Le pronom personnel *l'*. Quand il a le sens de *cela* et représente toute une proposition, le participe passé reste invariable.

Cette équipe s'est adjugé facilement la victoire, comme je l'avais pressenti.

Mais, lorsque *l'* tient la place d'un nom féminin, le participe s'accorde normalement :

Cette victoire, je l'avais pressentie.

c. Un nom collectif suivi d'un complément au pluriel *(une foule de gens)*, un adverbe de quantité *(combien de gens)*, les locutions *le peu de, un des... qui, plus d'un, moins de deux,* une fraction, un pourcentage. Il y a lieu, pour l'accord du participe passé, d'observer les mêmes règles qui régissent l'accord du verbe lorsque ces expressions sont sujet (voir p. 10).

▶ **Verbes tantôt transitifs, tantôt intransitifs**

Les millions que cette maison a coûté
(elle a coûté combien ?), mais :
Les soucis que cette maison a coûtés (elle nous a coûté quoi ?).
Les dix kilos que cette valise a pesé (elle a pesé combien ?),
mais : *Les paroles qu'il a longuement pesées* (il a pesé quoi ?).

Il faut veiller à ne pas confondre un complément circonstanciel sans préposition exprimant la valeur, la durée, la distance (*coûter des millions, peser des tonnes*...), avec un complément d'objet direct (*coûter des soucis, peser des paroles*...). Le premier répond à la

question *combien*? Alors que le second répond à la question *quoi*?...
Ici, comme ailleurs, il y a des cas d'espèce! Et il faut bien faire l'accord :

> *Les cent mètres que j'ai courus*

s'il s'agit des propos d'un sprinter évoquant les épreuves courues (les cent mètres) dans sa carrière!

▶ Participes passés suivis d'un infinitif (**laissé faire**, etc.)

a. *Vu, regardé, aperçu, attendu, écouté, senti* (verbes de perception), *envoyé, amené, laissé,* suivis d'un infinitif, tantôt s'accordent et tantôt sont invariables.
Si le nom (ou le pronom) qui précède est sujet de l'infinitif, ce nom est senti comme complément d'objet direct du participe, et celui-ci s'accorde :

> *La pianiste que j'ai entendue jouer.* (j'ai entendu qui? – la pianiste faisant l'action de jouer); le complément d'objet direct *que,* mis pour *la pianiste,* est placé avant : on accorde.

Si le nom (ou le pronom) qui précède est complément d'objet et non sujet de l'infinitif, le participe reste invariable puisqu'il a comme complément l'infinitif lui-même :

> *La sonate que j'ai entendu jouer.* (j'ai entendu quoi? – jouer; jouer quoi? – la sonate); le complément d'objet direct *jouer* est placé après : on n'accorde pas.

Selon cette règle, on écrit donc :

> *Les arbres que j'ai vus fleurir;*
> *les arbres que j'ai vu abattre.*
> *Il les a laissés courir;*
> *il les a laissé attraper par la gendarmerie.*

La règle reste la même si l'infinitif est précédé d'une préposition :

> *Les acteurs qu'on a empêchés de jouer.*
> *Les acteurs qu'on a empêché de huer.*

Le complément d'objet direct est le plus souvent un pronom personnel ou relatif; mais il peut également être un nom précédé d'un adjectif interrogatif ou d'un adverbe de quantité :

> *Quelle pianiste avez-vous entendue jouer?*
> *Quelle sonate avez-vous entendu jouer?*
> *Combien de symphonies avez-vous entendu jouer?*
> *Que de cantates vous avez entendu chanter!*

GRAMMAIRE DU VERBE

b. Les participes passés exprimant une opinion *(cru, pensé, reconnu...)* ou une déclaration *(dit, affirmé, supposé...)* suivis d'un infinitif sont toujours invariables :

Il a perdu la bague qu'il m'avait dit lui venir de sa mère.

Et non : *qu'il m'avait dite*, car le complément d'objet direct de *avoir dit* est toute la proposition (il m'avait dit quoi? – que sa bague lui venait de sa mère).

Cette lettre qu'il avait cru venir de Paris.
Cette voie qu'il avait supposé être la plus courte.

c. *Fait* suivi d'un infinitif est toujours invariable, car il forme avec l'infinitif une expression verbale indissociable :

Les soupçons qu'il a fait naître (*que,* mis pour *soupçons,* est complément d'objet direct de *a fait naître,* et non de *a fait* seul).

d. Pour une raison semblable, *laissé* suivi d'un infinitif, particulièrement dans les locutions *laisser dire, laisser faire, laisser aller,* peut ne pas s'accorder même quand le nom (ou le pronom) qui précède est sujet de l'infinitif :

Quelle indulgence pour ses petits-enfants!
Il les a laissé jouer longuement avec sa montre et il ne les a pas laissé gronder.

On peut, il est vrai, écrire : *il les a laissés jouer avec sa montre* si, détachant le verbe *laisser* du verbe *jouer,* on comprend : *il leur a permis de jouer avec sa montre.* Mais le deuxième participe *laissé* est obligatoirement invariable puisque en aucun cas *les* ne peut être sujet de *gronder.*

e. *Eu à, donné à, laissé à* suivis d'un infinitif s'accordent ou restent invariables, selon que le nom (ou le pronom) qui précède est senti ou non comme le complément d'objet direct du participe :

Les problèmes qu'il a eu à résoudre. (Il a eu à résoudre que : le sens est ici : «il a été tenu de (quoi? = résoudre) résoudre – il a dû résoudre – les problèmes».)
Les problèmes qu'il a eus à résoudre. (Il a eu que, c'est-à-dire des problèmes, à résoudre.)
L'auto qu'on lui avait donnée à réparer. (On lui avait donné quoi? – l'auto en vue d'une réparation.)

Mais ces distinctions sont parfois bien subtiles, et l'accord est facultatif.

f. *Dû, permis, pu, voulu* sont invariables quand leur complément d'objet direct est un infinitif ou toute une proposition sous-entendue :

> *J'ai fait tous les efforts que j'ai pu* (faire), *mais je n'ai pas eu tous les succès qu'il aurait voulu* (que j'eusse).

Ne tolérant pas d'autre emploi, *pu* est toujours invariable.

▶ Participes passés suivis d'un attribut d'objet

Le participe passé s'accorde généralement avec l'attribut d'objet si ce complément d'objet direct précède le participe :

> *Son négoce l'a rendue opulente.*

Mais on hésite légitimement dans d'autres cas. Ainsi :

> *On les avait crus morts.*
> *Sa voix qu'on eût dite cassée.*

où l'on ressent le sens comme étant : «on avait cru qu'ils étaient morts», «on aurait dit que sa voix était cassée»... Dans ces cas controversés, certains grammairiens tolèrent, voire préconisent, l'invariabilité :

> *Sa voix que l'on eût dit cassée.*

Si l'attribut est introduit par *à, comme, de, pour,* le participe passé s'accorde toujours :

> *Je l'ai choisie comme marraine.*
> *Il les a traités de sots.*
> *Elle les a prises pour martyres.*

3 Locutions verbales figées

a. Le participe passé est figé au masculin singulier dans :

> *Je l'ai échappé belle!* (De même que *eu* doit rester invariable dans les temps surcomposés : *Je l'ai eu échappé belle!*)
> *Il nous l'a baillé belle! Je l'ai manqué belle!*

b. Dans l'expression *se faire fort,* employée couramment au sens de «s'engager à», *fort* est adverbial et *fait* reste invariable lui aussi :

> *Elles s'étaient fait fort de gagner la finale.*

Au sens propre, moins usuel – «*s'être endurci*» –, *fort* est adjectif, donc s'accorde, ainsi que *fait* :

> *Elle s'était faite forte pour affronter le courroux de son père.*

GRAMMAIRE DU VERBE

QUELQUES PARTICIPES PASSÉS À NOTER

▶ **aperçu(e)(s)** (elle s'est; ils/elles se sont) : participe toujours accordé avec le sujet à la forme pronominale :

Ils s'en sont aperçus; elle s'est aperçue de sa bévue.

▶ **arrogé(e)(s)** : le participe du verbe essentiellement pronominal *s'arroger* ne s'accorde que s'il y a un COD, et à condition que celui-ci précède le verbe :

Le contremaître s'est arrogé des prérogatives injustifiées; les prérogatives qu'il s'est arrogées.

▶ **attendu(e)(s)** (elle s'était; ils/elles s'étaient... que) : participe toujours accordé avec le sujet à la forme pronominale :

Ils s'étaient attendus que cela arriverait un jour; elle s'était attendue au pis dès le premier jour.

▶ **complu** (elle s'est; ils/elles se sont... à) :
participe toujours invariable :

Il s'est complu à jardiner; Paul et Virginie se sont complu à....

▶ **convenu** (ils/elles se sont) : participe toujours invariable à la forme pronominale :

Les deux futurs époux se sont convenu
(= ont convenu l'un à l'autre).

▶ **déplu** (elle s'est; ils/elles se sont) : participe toujours invariable :

Raymond et Brigitte se sont réciproquement déplu;
elle s'est déplu, à la montagne...

▶ **douté(e)(s)** (elle s'est; ils/elles se sont) : à la forme pronominale, le participe s'accorde toujours avec le sujet :

Elle s'est doutée du larcin; ils se sont doutés de son erreur.

▶ **fait** (suivi d'un infinitif) : toujours invariable :

Elle s'est fait faire deux robes; elles se sont fait poser un dentier; les tartes que l'on a fait cuire au feu de bois.

GRAMMAIRE DU VERBE

Le participe *fait* est également invariable dans «se faire fort de» :
> *Elles s'étaient fait fort d'obtenir un laissez-passer.*

Il est également invariable dans une construction impersonnelle :
> *Les grands froids qu'il a fait.*

▶ **joué(e)(s)** (elle s'est... de; ils/elles se sont... de) : en cet emploi, le participe s'accorde toujours avec le sujet :
> *Elle s'est jouée de lui; ils se sont joués de l'équipe adverse.*

▶ **menti** (elle s'est; ils/elles se sont) : participe toujours invariable :
> *Ils se sont menti toute leur vie;*
> *elle s'est menti à elle-même en refusant de voir les réalités.*

▶ **mépris(e)(es)** (elle s'est; elles se sont) : le participe s'accorde toujours avec le sujet :
> *Elle s'est méprise sur ses intentions;*
> *elles se sont méprises stupidement.*

▶ **nui** (elle s'est; ils/elles se sont) : participe toujours invariable :
> *En agissant ainsi, elle s'est nui;*
> *les deux chefs de clan se sont nui.*

▶ **parlé** (elle s'est; ils/elles se sont) : participe toujours invariable :
> *Elle s'est parlé aussi durement que si elle s'était adressée à quelqu'un; ils se sont parlé toute la nuit.*

▶ **pesé** = **pesé(e)(s)(es)** : bien faire la distinction entre un COD → accord (*les cent vingt kilos de confiture que l'épicier a pesés* = a pesé quoi?) et un complément circonstanciel → non-accord (*les soixante kilos qu'elle a pesé lorsqu'elle avait la trentaine* = a pesé combien?).

▶ **plu** (elle s'est; ils/elles se sont) : participe toujours invariable :
> *Lucien et Marion se sont plu;*
> *elle s'est plu à le faire enrager.*

▶ **rendu compte** (elle s'est; ils/elles se sont) : participe toujours invariable :
> *Elles ne se sont rendu compte de rien.*

GRAMMAIRE DU VERBE

▸ **ressemblé** (ils/elles se sont) : participe toujours invariable :
> *Les programmes de ces deux partis ne se sont jamais autant ressemblé.*

▸ **ri** (elle s'est; ils/elles se sont) : participe toujours invariable :
> *Ils se sont ri de cet exercice.*

▸ **souri** (elle s'est; ils/elles se sont) : participe toujours invariable :
> *Elle s'est souri dans la glace;*
> *Jeanne-Marie et Jacques se sont souri.*

▸ **succédé** (ils/elles se sont) : participe toujours invariable :
> *Louis XVIII et Charles X se sont succédé.*

▸ **suffi** (elle s'est; ils/elles se sont) : participe toujours invariable :
> *Elle s'est suffi à elle-même; ils se sont suffi de ces explications.*

▸ **survécu** (ils/elles se sont) : participe toujours invariable :
> *Elles se sont survécu.*

▸ **voulu** (elle s'en est; ils/elles s'en sont) : participe passé toujours invariable en cet emploi :
> *Elle s'en était voulu longtemps de sa méprise; ils s'en sont voulu réciproquement durant un demi-siècle.*

LE SENS DES MODES ET DES TEMPS

Les modes des verbes – indicatif, impératif, subjonctif, conditionnel... – ont des valeurs bien distinctes (mais il peut y avoir entre eux des équivalences, car l'on peut exprimer une même idée de différentes manières). Ainsi :

▸ **L'indicatif** sert à exprimer, soit dans des propositions indépendantes et principales, soit dans des propositions subordonnées introduites par **que**, la certitude, la déclaration, le jugement, la

GRAMMAIRE DU VERBE

pensée, une croyance... mais aussi la probabilité. Par ex. : *Je ne vois rien; Elle était sûre d'arriver à l'heure; J'affirme qu'il fait beaucoup trop chaud!...*
A l'intérieur de l'indicatif, **le présent** est notamment employé pour :
1. marquer un fait actuel *(Je descends à l'atelier!)*; 2. un fait habituel *(Quand il pleut, je prends un parapluie)*; 3. une pensée d'ordre général *(Bien mal acquis ne profite jamais).*

▶ **L'imparfait** sert, entre autres, à marquer : 1. une action simultanée par rapport à une autre *(Lorsque vous étiez à Saint-Malo, je séjournais à Cannes)*; 2. la répétition de l'action *(Au Moyen Age, les hivers étaient fort rudes)*; 3. la supposition *(Faites comme si vous étiez sur place!)*; 4. une action en cours dans le passé *(La nuit tombait...).*

▶ **Le passé simple** marque un fait passé à un moment précis *(La bataille était commencée depuis trois heures quand Blücher arriva)*, et est surtout employé pour la narration *(Alors se produisit un événement inouï, qui...).*

▶ **Le futur simple** indique qu'une action va se produire, ou devrait se produire, dans un avenir plus ou moins proche *(Quand le chef de l'État disparaîtra...; Jeudi, j'irai au Salon du Livre)*. Il existe aussi un «futur de politesse» qui donne une formulation atténuée de l'affirmation *(Je vous dirai que, à ce moment-là, je n'étais qu'un débutant...).*

▶ **Le futur antérieur** indique : 1. qu'une action sera passée quand une autre interviendra *(Dès que j'aurai fini ce rapport, j'irai à la conférence)*; 2. qu'on formule une hypothèse *(Vous aurez sans doute mal compris)*; 3. qu'une action sera achevée à une date plus ou moins précise *(Ce jour-là, on pourra dire que l'humanité aura fait un grand pas).*

▶ **Le passé antérieur** indique surtout une action passée qui a précédé immédiatement une autre action passée *(Lorsque Richelieu eut appris le complot de Cinq-Mars, il réagit avec vigueur).*

▶ **Le plus-que-parfait** a un même emploi, mais il n'y a pas un rapport de succession immédiate entre les deux faits *(Alors qu'on avait proclamé la république depuis un siècle, les inégalités persistaient).*
Autre emploi, dans une proposition indépendante : une simple constatation *(Les grands-parents étaient arrivés l'avant-veille).*

GRAMMAIRE DU VERBE

▶ Mentionnons encore **les temps surcomposés** de l'indicatif, qui, usités dans la proposition subordonnée, doivent exprimer l'antériorité d'une action par rapport à l'action mentionnée – déjà à un temps composé – dans la proposition principale *(Quand il a eu fini de peindre, il a pris une imposante collation!).*

▶ **L'impératif** exprime un ordre ou une interdiction *(Ne va pas te noyer! Parle-lui donc!).*

▶ **Le conditionnel** émet une hypothèse, une supposition, valable pour le présent ou pour l'avenir, si l'on emploie le présent; relative au passé, si l'on utilise le conditionnel passé *(Elles nous rejoindraient, si elles le pouvaient; À l'époque, je n'aurais pas pu faire cet achat).*

▶ **Le subjonctif**, enfin, est le mode le plus employé dans les propositions subordonnées (exprimant l'éventualité, l'hypothèse, la possibilité, le sentiment, le souhait, le désir, le doute, le conseil...). C'est ce mode qui doit être utilisé dans les subordonnées assujetties à des principales dont le verbe exprime l'ordre, le conseil, l'attente, l'obligation, la crainte, l'étonnement, la douleur, etc.

▶ La concordance des temps s'applique principalement entre propositions principales et propositions subordonnées, puisque le mode et le temps du verbe de la principale déterminent, en fonction de la signification à donner au texte, le mode et le temps des verbes des subordonnées (voir ci-après).

NOTA
Il y a, en dehors de cette «concordance grammaticale», une «concordance littéraire» qui n'est pas obligatoirement liée à l'interdépendance entre principales et subordonnées.

GRAMMAIRE DU VERBE

LA CONCORDANCE DES TEMPS EN FRANÇAIS

On appelle **concordance des temps** la nécessaire correspondance qui doit exister – d'après le sens et la chronologie – entre le temps du verbe de la proposition principale et le temps du verbe de la (ou des) proposition(s) subordonnée(s).

Le fait exprimé par la subordonnée peut être : simultané, antérieur ou postérieur par rapport à l'action principale.

A ACTION PRINCIPALE AU PRÉSENT DE L'INDICATIF

1 Action subordonnée antérieure à l'action principale

▶ **Passé simple** (il s'agit d'un événement précis, bien limité dans le temps) : *Je crois que Ney eut grand tort, à Waterloo, de charger précipitamment ; Elle me dit souvent qu'ils souffrirent du froid.*

▶ **Imparfait de l'indicatif** (qui exprime, le plus souvent, la durée d'une action) : *Je ne crois pas me tromper en disant que le bâton des pèlerins s'appelait un bourdon... ; Il nous semble aujourd'hui que les hivers de cette époque-là étaient extrêmement rigoureux ; Je suis sûr qu'elle venait le lundi et le jeudi.*

▶ **Passé composé** (qui peut concerner un événement relativement proche dans le passé) : *Je pense que Bobet a eu tort d'attaquer dans l'ascension de l'Aubisque, ce jour-là ; Il me semble que Paul a eu raison de regagner le port, avant-hier ; Tu crois vraiment que Laurence a été désagréable avec ses cousins, dimanche dernier ?*

▶ **Plus-que-parfait de l'indicatif** : *Je pense que Michel avait perdu, en ces circonstances, une bonne occasion de se taire...*

▶ **Passé du subjonctif** : *Je doute qu'ils aient eu connaissance des préparatifs d'invasion ; Je crains que son discours n'ait été déformé par les médias.*

▶ **Imparfait du subjonctif** : *Je doute encore qu'il pût, seul, atteindre le sommet du K 2.*

GRAMMAIRE DU VERBE

NOTA
Dans *je doute qu'il pût,* on conteste la possibilité d'une action dont chacun sait qu'elle n'a pu être menée à bien. Avec *je doute qu'il ait pu,* on est sceptique sur la bonne fin de cette action, dont d'autres estiment qu'elle a été réalisée.

▶ **Plus-que-parfait du subjonctif** : *Je ne crois pas qu'il eût réussi cette première sans l'absence des vents du nord.*

2 Action subordonnée simultanée avec le fait principal

▶ **Présent de l'indicatif** : *Je sais qu'il passe tous les matins à 8 heures.*

▶ **Présent du subjonctif** : *Je ne crois pas qu'il soit présent dans la salle.*

3 Action subordonnée postérieure à l'action principale

▶ **Futur de l'indicatif** : *Je crois qu'un jour il trouvera ce fameux virus; Je pense qu'un jour ils seront indépendants...*

▶ **Présent du subjonctif** : *Je souhaite qu'un jour il vienne constater par lui-même la difficulté de l'entreprise; Il faut qu'elle soit là demain soir au plus tard.*

B ACTION PRINCIPALE À UN TEMPS PASSÉ DE L'INDICATIF

1 Fait subordonné antérieur au fait principal

▶ **Plus-que-parfait de l'indicatif** : *Je croyais qu'elle avait eu des jumeaux* (le locuteur reconnaît qu'il était alors dans l'erreur, ou, du moins, qu'il éprouve un doute : *Mais... je croyais qu'elle avait eu des jumeaux?...*).

▶ **Plus-que-parfait du subjonctif** : *Il ne me semblait pas qu'il eût pu avoir la moindre chance de l'emporter.*

2 Fait subordonné simultané avec l'action principale

▶ **Imparfait de l'indicatif** : *J'étais persuadé qu'il était dans l'ignorance du complot; Nous savions qu'il dérobait tous les jours cent francs dans la caisse.*

> **Imparfait du subjonctif** : *Vous doutiez qu'il fût officier de la Légion d'honneur; Nous craignions qu'elle n'arrivât trop en retard pour pouvoir prendre le Concorde.*

3. Action subordonnée postérieure au fait principal

> **Présent du conditionnel** : *Il savait que Claudine ne viendrait pas à leur rendez-vous.*

> **Imparfait du subjonctif** : *Nous n'imaginions pas qu'il pût un jour accéder à la présidence de la République.*

C. ACTION PRINCIPALE AU FUTUR DE L'INDICATIF

1. Action subordonnée antérieure au fait principal

> **Passé simple de l'indicatif** : *Il m'arrivera sans doute de penser que je fus trop timoré ce jour-là...*

> **Imparfait de l'indicatif** : *Plus tard, je penserai sans doute que nous avions de l'audace.*

> **Passé composé de l'indicatif** : *Tu croiras certainement que nous avons eu tort de racheter ce château.*

2. Action subordonnée simultanée par rapport à l'action principale

> **Présent de l'indicatif** : *Demain, je penserai peut-être qu'il a raison d'entreprendre cette reconversion.*

> **Présent du subjonctif** : *Je réclamerai alors qu'il comparaisse devant le jury d'honneur.*

3. Action subordonnée postérieure à l'action principale

> **Futur de l'indicatif** : *Nous dirons qu'elles passeront le week-end à Cabourg.*

> **Présent du subjonctif** : *J'exigerai qu'une réponse me soit fournie dans les huit jours.*

GRAMMAIRE DU VERBE

D ACTION PRINCIPALE AU CONDITIONNEL PRÉSENT

1 Action subordonnée antérieure à l'action principale

▶ **Plus-que-parfait du subjonctif** : *Nous penserions volontiers qu'il eût été licencié si n'avait éclaté à ce moment-là la crise de politique étrangère.* (On peut accepter *qu'il aurait été,* formulation moins littéraire, moins rigoureuse, mais d'usage courant.)

2 Action simultanée par rapport à l'action principale

▶ **Imparfait du subjonctif** : *Je n'hésiterais pas à penser qu'il pût un jour réussir si jusqu'ici il avait montré de la constance dans l'effort.* (Dans la langue courante, on utilise fréquemment le présent du conditionnel : *Je n'hésiterais pas à penser qu'il pourrait...*)

3 Action postérieure à l'action principale

▶ **Imparfait du subjonctif** : *Il semblerait qu'il finît toujours par avoir raison...* (Mais on tolère *qu'il finisse.*)

E ACTION PRINCIPALE AU PASSÉ DU CONDITIONNEL

1 Fait subordonné antérieur à l'action principale

▶ **Plus-que-parfait du subjonctif** : *Il aurait plutôt pensé qu'Irène eût payé en dollars.*

2 Action subordonnée simultanée par rapport au fait principal

▶ **Imparfait du subjonctif** : *Il aurait cru qu'elle appelât son frère.* (Dans la langue usuelle, on a recours au conditionnel passé : *Il aurait cru qu'elle aurait appelé son frère.*)

3 Action subordonnée postérieure à l'action principale

▶ **Imparfait du subjonctif** : *On aurait pensé que, huit jours plus tard, elle accouchât.* (Le conditionnel passé est plus usité dans le langage courant : *On aurait pensé que, huit jours plus tard, elle aurait accouché.*)

GRAMMAIRE DU VERBE

> **REMARQUE**
> Comme on a pu le lire ci-dessus, la **concordance des temps** consiste en l'application de règles régissant l'emploi des temps des verbes en fonction du sens et de la chronologie. En certains cas – notamment quand l'action subordonnée est antérieure –, on doit choisir, entre plusieurs temps, celui qui reflétera le mieux la pensée, le sens.
> On peut hésiter à employer l'imparfait du subjonctif, dont les formes semblent souvent affectées, prétentieuses... Moins puriste, certes, le présent du subjonctif est fréquemment préféré : *J'aurais voulu que vous vainquiez* (à la place de l'orthodoxe : *J'aurais voulu que vous vainquissiez*, par exemple).

4 Subordonnées de condition introduites par *si*

▶ Si le verbe de la principale est au conditionnel, le verbe de la subordonnée est à l'imparfait de l'indicatif : *Si je le pouvais, je récrirais le dernier chapitre.* Ou au plus-que-parfait de l'indicatif, si la principale est au passé du conditionnel : *Si j'avais su, je ne serais pas venu en voiture !*

▶ Si le verbe de la principale est au présent de l'indicatif, *si* est suivi du présent ou du passé composé de l'indicatif : *Si vous ne venez pas, je m'en vais ; S'ils ont acheté du champagne, je n'apporte pas de vin...*

▶ Dans la langue littéraire très soignée, le subjonctif plus-que-parfait peut suivre *si* lorsque le verbe de la principale est au conditionnel passé : *Je l'aurais attrapé si je l'eusse pu.*

Conjugaison des verbes types

TABLEAU SYNOPTIQUE P. 34 ET 35

Les ■ dans le bandeau vertical des tableaux correspondent au groupe :
■ 1er groupe, ■■ 2e groupe, ■■■ 3e groupe.

TABLEAU SYNOPTIQUE

TABLEAUX GÉNÉRAUX	
1 Auxiliaire *avoir*	4 Forme pronominale *(se méfier)*
2 Auxiliaire *être*	5 Les terminaisons des trois groupes de verbes
3 Forme passive *(être aimé)*	6 Forme active *(aimer)*

PREMIER GROUPE (VERBES EN -ER)			
6 aimer	**-er**	13 créer	**-éer**
7 placer	**-cer**	14 assiéger	**-éger**
8 manger	**-ger**	15 apprécier	**-ier**
9 peser	**-e(.)er**	16 payer	**-ayer**
10 céder	**-é(.)er**	17 broyer	**-oyer/uyer**
11 jeter	**-eler/eter I**	18 envoyer	–
12 modeler	**-eler/eter II**		

DEUXIÈME GROUPE (VERBES EN -IR/ISSANT)			
19 finir	**-ir**	20 haïr	–

Pour savoir avec quel auxiliaire se conjugue un verbe, se reporter au **dictionnaire orthographique** p. 121 à 175.

TROISIÈME GROUPE

21 Généralités	22 aller

Première section — VERBES EN -IR/-ANT

23 tenir	-enir	31 bouillir	-llir
24 acquérir	-érir	32 dormir	-mir
25 sentir	-tir	33 courir	-rir
26 vêtir	–	34 mourir	–
27 couvrir	-vrir/frir	35 servir	-vir
28 cueillir	-llir	36 fuir	-uir
29 assaillir	–	37 ouïr, gésir	
30 faillir, défaillir	–		

Deuxième section — VERBES EN -OIR

38 recevoir	-cevoir	46 falloir	-loir
39 voir	-voir	47 valoir	–
40 pourvoir	–	48 vouloir	–
41 savoir	–	49 asseoir	-seoir
42 devoir	–	50 seoir, messeoir	–
43 pouvoir	–	51 surseoir	–
44 mouvoir	–	52 choir, échoir, déchoir	
45 pleuvoir	–		

Troisième section — VERBES EN -RE

53 rendre	-andre/endre /ondre -erdre/ordre	67 croître	-oître
		68 croire	-oire
		69 boire	–
54 prendre	–	70 clore	-ore
55 battre	-attre	71 conclure	-clure
56 mettre	-ettre	72 absoudre	-soudre
57 peindre	-eindre	73 coudre	–
58 joindre	-oindre	74 moudre	–
59 craindre	-aindre	75 suivre	-ivre
60 vaincre	–	76 vivre	–
61 traire	-aire	77 lire	-ire
62 faire	–	78 dire	–
63 plaire	–	79 rire	–
64 connaître	-aître	80 écrire	–
65 naître	–	81 confire	–
66 paître, repaître	–	82 cuire	-uire

1 VERBE **AVOIR**

INDICATIF

Présent
j'   ai
tu   as
il   a
nous avons
vous avez
ils ont

Passé composé
j'   ai   eu
tu   as   eu
il   a   eu
n.   avons eu
v.   avez eu
ils ont   eu

Imparfait
j'   avais
tu   avais
il   avait
nous avions
vous aviez
ils avaient

Plus-que-parfait
j'   avais   eu
tu   avais   eu
il   avait   eu
n.   avions eu
v.   aviez   eu
ils avaient eu

Passé simple
j'   eus
tu   eus
il   eut
nous eûmes
vous eûtes
ils eurent

Passé antérieur
j'   eus   eu
tu   eus   eu
il   eut   eu
n.   eûmes eu
v.   eûtes eu
ils eurent eu

Futur simple
j'   aurai
tu   auras
il   aura
nous aurons
vous aurez
ils auront

Futur antérieur
j'   aurai eu
tu   auras eu
il   aura   eu
n.   aurons eu
v.   aurez eu
ils auront eu

SUBJONCTIF

Présent
que j'   aie
que tu   aies
qu'il   ait
que n.   ayons
que v.   ayez
qu'ils   aient

Passé
que j'   aie   eu
que tu   aies eu
qu'il   ait   eu
que n.   ayons eu
que v.   ayez eu
qu'ils   aient eu

Imparfait
que j'   eusse
que tu   eusses
qu'il   eût
que n.   eussions
que v.   eussiez
qu'ils   eussent

Plus-que-parfait
que j'   eusse   eu
que tu   eusses   eu
qu'il   eût   eu
que n.   eussions eu
que v.   eussiez eu
qu'ils   eussent eu

IMPERATIF

Présent
aie
ayons
ayez

Passé
aie   eu
ayons eu
ayez eu

CONDITIONNEL

Présent
j'   aurais
tu   aurais
il   aurait
n.   aurions
v.   auriez
ils auraient

Passé 1re forme
j'   aurais   eu
tu   aurais   eu
il   aurait   eu
n.   aurions eu
v.   auriez   eu
ils auraient eu

Passé 2e forme
j'   eusse   eu
tu   eusses   eu
il   eût   eu
n.   eussions eu
v.   eussiez eu
ils eussent eu

INFINITIF

Présent
avoir

Passé
avoir eu

PARTICIPE

Présent
ayant

Passé
eu, eue
ayant eu

Avoir est un verbe transitif quand il a un complément d'objet direct : *J'ai un beau livre*. Mais le plus souvent il sert d'auxiliaire pour tous les verbes à la forme active sauf pour quelques verbes intransitifs qui dans la liste alphabétique sont suivis du signe ◊ : *J'***ai** *acheté un livre;* mais : *Je* **suis** *venu en toute hâte*.

VERBE ÊTRE — 2

INDICATIF

Présent
je	suis
tu	es
il	est
nous	sommes
vous	êtes
ils	sont

Passé composé
j'	ai	été
tu	as	été
il	a	été
n.	avons	été
v.	avez	été
ils	ont	été

Imparfait
j'	étais
tu	étais
il	était
nous	étions
vous	étiez
ils	étaient

Plus-que-parfait
j'	avais	été
tu	avais	été
il	avait	été
n.	avions	été
v.	aviez	été
ils	avaient	été

Passé simple
je	fus
tu	fus
il	fut
nous	fûmes
vous	fûtes
ils	furent

Passé antérieur
j'	eus	été
tu	eus	été
il	eut	été
n.	eûmes	été
v.	eûtes	été
ils	eurent	été

Futur simple
je	serai
tu	seras
il	sera
nous	serons
vous	serez
ils	seront

Futur antérieur
j'	aurai	été
tu	auras	été
il	aura	été
n.	aurons	été
v.	aurez	été
ils	auront	été

SUBJONCTIF

Présent
que je	sois
que tu	sois
qu'il	soit
que n.	soyons
que v.	soyez
qu'ils	soient

Passé
que j'	aie	été
que tu	aies	été
qu'il	ait	été
que n.	ayons	été
que v.	ayez	été
qu'ils	aient	été

Imparfait
que je	fusse
que tu	fusses
qu'il	fût
que n.	fussions
que v.	fussiez
qu'ils	fussent

Plus-que-parfait
que j'	eusse	été
que tu	eusses	été
qu'il	eût	été
que n.	eussions	été
que v.	eussiez	été
qu'ils	eussent	été

IMPERATIF

Présent
sois
soyons
soyez

Passé
aie	été
ayons	été
ayez	été

CONDITIONNEL

Présent
je	serais
tu	serais
il	serait
n.	serions
v.	seriez
ils	seraient

Passé 1re forme
j'	aurais	été
tu	aurais	été
il	aurait	été
n.	aurions	été
v.	auriez	été
ils	auraient	été

Passé 2e forme
j'	eusse	été
tu	eusses	été
il	eût	été
n.	eussions	été
v.	eussiez	été
ils	eussent	été

INFINITIF

Présent	Passé
être	avoir été

PARTICIPE

Présent	Passé
étant	été
	ayant été

Être sert d'auxiliaire : 1. à tous les verbes passifs ; 2. à tous les verbes pronominaux ; 3. à quelques verbes intransitifs qui dans la liste alphabétique sont suivis du signe ♦. Certains verbes se conjuguent tantôt avec **être,** tantôt avec **avoir :** ils sont affectés du signe ◊. Le participe **été** est toujours invariable.

3. ÊTRE AIMÉ conjugaison type de la forme passive

INDICATIF

Présent
je suis aimé
tu es aimé
il est aimé
n. sommes aimés
v. êtes aimés
ils sont aimés

Passé composé
j' ai été aimé
tu as été aimé
il a été aimé
n. avons été aimés
v. avez été aimés
ils ont été aimés

Imparfait
j' étais aimé
tu étais aimé
il était aimé
n. étions aimés
v. étiez aimés
ils étaient aimés

Plus-que-parfait
j' avais été aimé
tu avais été aimé
il avait été aimé
n. avions été aimés
v. aviez été aimés
ils avaient été aimés

Passé simple
je fus aimé
tu fus aimé
il fut aimé
n. fûmes aimés
v. fûtes aimés
ils furent aimés

Passé antérieur
j' eus été aimé
tu eus été aimé
il eut été aimé
n. eûmes été aimés
v. eûtes été aimés
ils eurent été aimés

Futur simple
je serai aimé
tu seras aimé
il sera aimé
n. serons aimés
v. serez aimés
ils seront aimés

Futur antérieur
j' aurai été aimé
tu auras été aimé
il aura été aimé
n. aurons été aimés
v. aurez été aimés
ils auront été aimés

SUBJONCTIF

Présent
que je sois aimé
que tu sois aimé
qu'il soit aimé
que n. soyons aimés
que v. soyez aimés
qu'ils soient aimés

Passé
que j' aie été aimé
que tu aies été aimé
qu'il ait été aimé
que n. ayons été aimés
que v. ayez été aimés
qu'ils aient été aimés

Imparfait
que je fusse aimé
que tu fusses aimé
qu'il fût aimé
que n. fussions aimés
que v. fussiez aimés
qu'ils fussent aimés

Plus-que-parfait
que j' eusse été aimé
que tu eusses été aimé
qu'il eût été aimé
que n. eussions été aimés
que v. eussiez été aimés
qu'ils eussent été aimés

IMPERATIF

Présent
sois aimé
soyons aimés
soyez aimés

Passé
inusité

CONDITIONNEL

Présent
je serais aimé
tu serais aimé
il serait aimé
n. serions aimés
v. seriez aimés
ils seraient aimés

Passé 1re forme
j' aurais été aimé
tu aurais été aimé
il aurait été aimé
n. aurions été aimés
v. auriez été aimés
ils auraient été aimés

Passé 2e forme
j' eusse été aimé
tu eusses été aimé
il eût été aimé
n. eussions été aimés
v. eussiez été aimés
ils eussent été aimés

INFINITIF

Présent
être aimé

Passé
avoir été aimé

PARTICIPE

Présent
étant aimé

Passé
aimé, ée
ayant été aimé

Le participe passé du verbe à la forme passive s'accorde toujours avec le sujet : *Elle est aimée.*

conjugaison type de la forme pronominale[1] **SE MÉFIER**

4.

INDICATIF

Présent
je me méfie
tu te méfies
il se méfie
n. n. méfions
v. v. méfiez
ils se méfient

Passé composé
je me suis méfié
tu t' es méfié
il s' est méfié
n. n. sommes méfiés
v. v. êtes méfiés
ils se sont méfiés

Imparfait
je me méfiais
tu te méfiais
il se méfiait
n. n. méfiions
v. v. méfiiez
ils se méfiaient

Plus-que-parfait
je m' étais méfié
tu t' étais méfié
il s' était méfié
n. n. étions méfiés
v. v. étiez méfiés
ils s' étaient méfiés

Passé simple
je me méfiai
tu te méfias
il se méfia
n. n. méfiâmes
v. v. méfiâtes
ils se méfièrent

Passé antérieur
je me fus méfié
tu te fus méfié
il se fut méfié
n. n. fûmes méfiés
v. v. fûtes méfiés
ils se furent méfiés

Futur simple
je me méfierai
tu te méfieras
il se méfiera
n. n. méfierons
v. v. méfierez
ils se méfieront

Futur antérieur
je me serai méfié
tu te seras méfié
il se sera méfié
n. n. serons méfiés
v. v. serez méfiés
ils se seront méfiés

SUBJONCTIF

Présent
que je me méfie
que tu te méfies
qu'il se méfie
que n. n. méfiions
que v. v. méfiiez
qu'ils se méfient

Passé
que je me sois méfié
que tu te sois méfié
qu'il se soit méfié
que n. n. soyons méfiés
que v. v. soyez méfiés
qu'ils se soient méfiés

Imparfait
que je me méfiasse
que tu te méfiasses
qu'il se méfiât
que n. n. méfiassions
que v. v. méfiassiez
qu'ils se méfiassent

Plus-que-parfait
que je me fusse méfié
que tu te fusses méfié
qu'il se fût méfié
que n. n. fussions méfiés
que v. v. fussiez méfiés
qu'ils se fussent méfiés

IMPERATIF

Présent
méfie-toi
méfions-nous
méfiez-vous

Passé
inusité

CONDITIONNEL

Présent
je me méfierais
tu te méfierais
il se méfierait
n. n. méfierions
v. v. méfieriez
ils se méfieraient

Passé 1re forme
je me serais méfié
tu te serais méfié
il se serait méfié
n. n. serions méfiés
v. v. seriez méfiés
ils se seraient méfiés

Passé 2e forme
je me fusse méfié
tu te fusses méfié
il se fût méfié
n. n. fussions méfiés
v. v. fussiez méfiés
ils se fussent méfiés

INFINITIF

Présent
se méfier

Passé
s'être méfié

PARTICIPE

Présent
se méfiant

Passé
s'étant méfié

---

1. Dans les emplois notés P dans le dictionnaire (p. 121), le participe passé s'accorde. Dans les emplois notés P, le participe passé est invariable **(ils se sont nui)**. Les verbes réciproques ne s'emploient qu'au pluriel *(ils s'entre-tuèrent au lieu de s'entraider)*.

5 LES TERMINAISONS DES TROIS GROUPES DE VERBES

1er GROUPE ■	2e GROUPE ■■	3e GROUPE ■■■		1er GROUPE ■	2e GROUPE ■■	3e GROUPE ■■■	
INDICATIF *Présent*				**SUBJONCTIF** *Présent*			
e[1]	is	s (x)[3]	e[5]	e	isse	e	
es	is	s (x)[3]	es[5]	es	isses	es	
e	it	t (d)[4]	e[5]	e	isse	e	
ons	issons	ons	ons	ions	issions	ions	
ez	issez	ez	ez	iez	issiez	iez	
ent	issent	ent (nt)[2]	ent	ent	issent	ent	
Imparfait				*Imparfait*[6]			
ais	issais	ais		asse	isse[7]	isse[7]	usse[7]
ais	issais	ais		asses	isses	isses	usses
ait	issait	ait		ât	ît	ît	ût
ions	issions	ions		assions	issions	issions	ussions
iez	issiez	iez		assiez	issiez	issiez	ussiez
aient	issaient	aient		assent	issent	issent	ussent
Passé simple				**IMPERATIF** *Présent*			
ai	is	is[7]	us[7]				
as	is	is	us	e	is	s	e[5]
a	it	it	ut				
âmes	îmes	îmes	ûmes	ons	issons	ons	ons
âtes	îtes	îtes	ûtes	ez	issez	ez	ez
èrent	irent	irent	urent				
Futur simple				**CONDITIONNEL** *Présent*			
erai	irai	rai		erais	irais	rais	
eras	iras	ras		erais	irais	rais	
era	ira	ra		erait	irait	rait	
erons	irons	rons		erions	irions	rions	
erez	irez	rez		eriez	iriez	riez	
eront	iront	ront		eraient	iraient	raient	

MODES IMPERSONNELS

INFINITIF *Présent*		
er	ir	ir ; oir ; re

PARTICIPE *Présent*[8]		
ant	issant	ant
Passé		
é	i	i (is, it) ; u (us) ; t ; s

1. Forme interrogative : devant **je** inversé, **e** final s'écrit **é** et se prononce **è** ouvert : *aimé-je ? acheté-je ?*
2. Ont la finale **-ont** : *ils sont, ils ont, ils font, ils vont.*
3. Seulement dans *je peux, tu peux ; je veux, tu veux ; je vaux, tu vaux.*
4. Ont la finale **d** : les verbes en **dre** (sauf ceux en **...indre** et **soudre,** qui prennent un **t**).
5. Ainsi *assaillir, couvrir, cueillir, défaillir, offrir, ouvrir, souffrir, tressaillir,* et, à l'impératif seulement, *avoir, savoir, vouloir* (aie, sache, veuille).
6. Remarquons que pour tous les verbes français ce temps est formé à partir de la 2e personne du passé simple de l'indicatif.
7. Sauf *je vins,* etc., *je tins,* etc., *que je vinsse,* etc., *que je tinsse,* etc. ; et leurs composés.
8. Les verbes « météorologiques » (*neiger, pleuvoir,* etc.) ne tolèrent de participe présent que dans le sens figuré.

conjugaison type de la forme active[1] VERBES EN -ER : AIMER

INDICATIF

Présent

j' aime
tu aimes
il aime
nous aimons
vous aimez
ils aiment

Passé composé

j' ai aimé
tu as aimé
il a aimé
n. avons aimé
v. avez aimé
ils ont aimé

Imparfait

j' aimais
tu aimais
il aimait
nous aimions
vous aimiez
ils aimaient

Plus-que-parfait

j' avais aimé
tu avais aimé
il avait aimé
n. avions aimé
v. aviez aimé
ils avaient aimé

Passé simple

j' aimai
tu aimas
il aima
nous aimâmes
vous aimâtes
ils aimèrent

Passé antérieur

j' eus aimé
tu eus aimé
il eut aimé
n. eûmes aimé
v. eûtes aimé
ils eurent aimé

Futur simple

j' aimerai
tu aimeras
il aimera
nous aimerons
vous aimerez
ils aimeront

Futur antérieur

j' aurai aimé
tu auras aimé
il aura aimé
n. aurons aimé
v. aurez aimé
ils auront aimé

SUBJONCTIF

Présent

que j' aime
que tu aimes
qu'il aime
que n. aimions
que v. aimiez
qu'ils aiment

Passé

que j' aie aimé
que tu aies aimé
qu'il ait aimé
que n. ayons aimé
que v. ayez aimé
qu'ils aient aimé

Imparfait

que j' aimasse
que tu aimasses
qu'il aimât
que n. aimassions
que v. aimassiez
qu'ils aimassent

Plus-que-parfait

que j' eusse aimé
que tu eusses aimé
qu'il eût aimé
que n. eussions aimé
que v. eussiez aimé
qu'ils eussent aimé

IMPERATIF

Présent

aime
aimons
aimez

Passé

aie aimé
ayons aimé
ayez aimé

CONDITIONNEL

Présent

j' aimerais
tu aimerais
il aimerait
n. aimerions
v. aimeriez
ils aimeraient

Passé 1re forme

j' aurais aimé
tu aurais aimé
il aurait aimé
n. aurions aimé
v. auriez aimé
ils auraient aimé

Passé 2e forme

j' eusse aimé
tu eusses aimé
il eût aimé
n. eussions aimé
v. eussiez aimé
ils eussent aimé

INFINITIF

Présent

aimer

Passé

avoir aimé

PARTICIPE

Présent

aimant

Passé

aimé, ée
ayant aimé

---

1. Pour les verbes qui, à la forme active, forment leurs temps composés avec l'auxiliaire **être**, voir la conjugaison du verbe **aller** (tableau 22) ou celle du verbe **mourir** (tableau 34).

7. VERBES EN -CER : PLACER

INDICATIF

Présent
je place
tu places
il place
nous plaçons
vous placez
ils placent

Passé composé
j' ai placé
tu as placé
il a placé
n. avons placé
v. avez placé
ils ont placé

Imparfait
je plaçais
tu plaçais
il plaçait
nous placions
vous placiez
ils plaçaient

Plus-que-parfait
j' avais placé
tu avais placé
il avait placé
n. avions placé
v. aviez placé
ils avaient placé

Passé simple
je plaçai
tu plaças
il plaça
nous plaçâmes
vous plaçâtes
ils placèrent

Passé antérieur
j' eus placé
tu eus placé
il eut placé
n. eûmes placé
v. eûtes placé
ils eurent placé

Futur simple
je placerai
tu placeras
il placera
nous placerons
vous placerez
ils placeront

Futur antérieur
j' aurai placé
tu auras placé
il aura placé
n. aurons placé
v. aurez placé
ils auront placé

SUBJONCTIF

Présent
que je place
que tu places
qu'il place
que n. placions
que v. placiez
qu'ils placent

Passé
que j' aie placé
que tu aies placé
qu'il ait placé
que n. ayons placé
que v. ayez placé
qu'ils aient placé

Imparfait
que je plaçasse
que tu plaçasses
qu'il plaçât
que n. plaçassions
que v. plaçassiez
qu'ils plaçassent

Plus-que-parfait
que j' eusse placé
que tu eusses placé
qu'il eût placé
que n. eussions placé
que v. eussiez placé
qu'ils eussent placé

IMPERATIF

Présent
place
plaçons
placez

Passé
aie placé
ayons placé
ayez placé

CONDITIONNEL

Présent
je placerais
tu placerais
il placerait
n. placerions
v. placeriez
ils placeraient

Passé 1re forme
j' aurais placé
tu aurais placé
il aurait placé
n. aurions placé
v. auriez placé
ils auraient placé

Passé 2e forme
j' eusse placé
tu eusses placé
il eût placé
n. eussions placé
v. eussiez placé
ils eussent placé

INFINITIF

Présent
placer

Passé
avoir placé

PARTICIPE

Présent
plaçant

Passé
placé, ée
ayant placé

Les verbes en **-cer** prennent une **cédille** sous le c devant les voyelles **a** et **o** : *Commençons, tu commenças,* pour conserver au c le son doux.
Nota : Pour les verbes en **-écer,** voir aussi 10.

VERBES EN -GER : MANGER 8

INDICATIF

Présent
je mange
tu manges
il mange
nous mangeons
vous mangez
ils mangent

Passé composé
j' ai mangé
tu as mangé
il a mangé
n. avons mangé
v. avez mangé
ils ont mangé

Imparfait
je mangeais
tu mangeais
il mangeait
nous mangions
vous mangiez
ils mangeaient

Plus-que-parfait
j' avais mangé
tu avais mangé
il avait mangé
n. avions mangé
v. aviez mangé
ils avaient mangé

Passé simple
je mangeai
tu mangeas
il mangea
nous mangeâmes
vous mangeâtes
ils mangèrent

Passé antérieur
j' eus mangé
tu eus mangé
il eut mangé
n. eûmes mangé
v. eûtes mangé
ils eurent mangé

Futur simple
je mangerai
tu mangeras
il mangera
nous mangerons
vous mangerez
ils mangeront

Futur antérieur
j' aurai mangé
tu auras mangé
il aura mangé
n. aurons mangé
v. aurez mangé
ils auront mangé

SUBJONCTIF

Présent
que je mange
que tu manges
qu'il mange
que n. mangions
que v. mangiez
qu'ils mangent

Passé
que j' aie mangé
que tu aies mangé
qu'il ait mangé
que n. ayons mangé
que v. ayez mangé
qu'ils aient mangé

Imparfait
que je mangeasse
que tu mangeasses
qu'il mangeât
que n. mangeassions
que v. mangeassiez
qu'ils mangeassent

Plus-que-parfait
que j' eusse mangé
que tu eusses mangé
qu'il eût mangé
que n. eussions mangé
que v. eussiez mangé
qu'ils eussent mangé

IMPERATIF

Présent
mange
mangeons
mangez

Passé
aie mangé
ayons mangé
ayez mangé

CONDITIONNEL

Présent
je mangerais
tu mangerais
il mangerait
n. mangerions
v. mangeriez
ils mangeraient

Passé 1re forme
j' aurais mangé
tu aurais mangé
il aurait mangé
n. aurions mangé
v. auriez mangé
ils auraient mangé

Passé 2e forme
j' eusse mangé
tu eusses mangé
il eût mangé
n. eussions mangé
v. eussiez mangé
ils eussent mangé

INFINITIF

Présent
manger

Passé
avoir mangé

PARTICIPE

Présent
mangeant

Passé
mangé, ée
ayant mangé

Les verbes en-**ger** conservent l'**e** après le **g** devant les voyelles **a** et **o** : *Nous jugeons, tu jugeas,* pour maintenir partout le son du **g** doux. (Bien entendu, les verbes en **-guer** conservent le **u** à toutes les formes.)

9

VERBES EN E(.)ER : PESER
Verbes ayant un **e muet** (e) à l'avant-dernière syllabe de l'infinitif

INDICATIF

Présent

je	pèse	j'	ai	pesé
tu	pèses	tu	as	pesé
il	pèse	il	a	pesé
nous	pesons	n.	avons	pesé
vous	pesez	v.	avez	pesé
ils	pèsent	ils	ont	pesé

Passé composé

Imparfait

je	pesais	j'	avais	pesé
tu	pesais	tu	avais	pesé
il	pesait	il	avait	pesé
nous	pesions	n.	avions	pesé
vous	pesiez	v.	aviez	pesé
ils	pesaient	ils	avaient	pesé

Plus-que-parfait

Passé simple

je	pesai	j'	eus	pesé
tu	pesas	tu	eus	pesé
il	pesa	il	eut	pesé
nous	pesâmes	n.	eûmes	pesé
vous	pesâtes	v.	eûtes	pesé
ils	pesèrent	ils	eurent	pesé

Passé antérieur

Futur simple

je	pèserai	j'	aurai	pesé
tu	pèseras	tu	auras	pesé
il	pèsera	il	aura	pesé
nous	pèserons	n.	aurons	pesé
vous	pèserez	v.	aurez	pesé
ils	pèseront	ils	auront	pesé

Futur antérieur

SUBJONCTIF

Présent

que je	pèse	que j'	aie	pesé
que tu	pèses	que tu	aies	pesé
qu'il	pèse	qu'il	ait	pesé
que n.	pesions	que n.	ayons	pesé
que v.	pesiez	que v.	ayez	pesé
qu'ils	pèsent	qu'ils	aient	pesé

Passé

Imparfait

que je	pesasse	que j'	eusse	pesé
que tu	pesasses	que tu	eusses	pesé
qu'il	pesât	qu'il	eût	pesé
que n.	pesassions	que n.	eussions	pesé
que v.	pesassiez	que v.	eussiez	pesé
qu'ils	pesassent	qu'ils	eussent	pesé

Plus-que-parfait

IMPERATIF

Présent

pèse	aie	pesé
pesons	ayons	pesé
pesez	ayez	pesé

Passé

CONDITIONNEL

Présent

je	pèserais	j'	aurais	pesé
tu	pèserais	tu	aurais	pesé
il	pèserait	il	aurait	pesé
n.	pèserions	n.	aurions	pesé
v.	pèseriez	v.	auriez	pesé
ils	pèseraient	ils	auraient	pesé

Passé 1re forme

INFINITIF

Présent	*Passé*
peser	avoir pesé

PARTICIPE

Présent	*Passé*
pesant	pesé, ée
	ayant pesé

Passé 2e forme

j'	eusse	pesé
tu	eusses	pesé
il	eût	pesé
n.	eussions	pesé
v.	eussiez	pesé
ils	eussent	pesé

Verbes en **-ecer, -emer, -ener, -eper, -erer, -ever, -evrer**.
Ces verbes qui ont un **e** muet à l'avant-dernière syllabe de l'infinitif, comme **lever**, changent l'**e muet** en **è ouvert** devant une syllabe muette, y compris devant les terminaisons *erai..., erais...*, du futur et du conditionnel : *Je lève, je lèverai, je lèverais*.
Nota. Pour les verbes en **-eler, -eter,** voir 11 et 12.

VERBES EN É(.)ER : CÉDER
Verbes ayant un **é fermé** (é) à l'avant-dernière syllabe de l'infinitif

10.

INDICATIF

Présent	*Passé composé*
je cède	j' ai cédé
tu cèdes	tu as cédé
il cède	il a cédé
nous cédons	n. avons cédé
vous cédez	v. avez cédé
ils cèdent	ils ont cédé

Imparfait	*Plus-que-parfait*
je cédais	j' avais cédé
tu cédais	tu avais cédé
il cédait	il avait cédé
nous cédions	n. avions cédé
vous cédiez	v. aviez cédé
ils cédaient	ils avaient cédé

Passé simple	*Passé antérieur*
je cédai	j' eus cédé
tu cédas	tu eus cédé
il céda	il eut cédé
nous cédâmes	n. eûmes cédé
vous cédâtes	v. eûtes cédé
ils cédèrent	ils eurent cédé

Futur simple	*Futur antérieur*
je céderai	j' aurai cédé
tu céderas	tu auras cédé
il cédera	il aura cédé
nous céderons	n. aurons cédé
vous céderez	v. aurez cédé
ils céderont	ils auront cédé

SUBJONCTIF

Présent	*Passé*
que je cède	que j' aie cédé
que tu cèdes	que tu aies cédé
qu'il cède	qu'il ait cédé
que n. cédions	que n. ayons cédé
que v. cédiez	que v. ayez cédé
qu'ils cèdent	qu'ils aient cédé

Imparfait	*Plus-que-parfait*
que je cédasse	que j' eusse cédé
que tu cédasses	que tu eusses cédé
qu'il cédât	qu'il eût cédé
que n. cédassions	que n. eussions cédé
que v. cédassiez	que v. eussiez cédé
qu'ils cédassent	qu'ils eussent cédé

IMPERATIF

Présent	*Passé*
cède	aie cédé
cédons	ayons cédé
cédez	ayez cédé

CONDITIONNEL

Présent	*Passé 1re forme*
je céderais	j' aurais cédé
tu céderais	tu aurais cédé
il céderait	il aurait cédé
n. céderions	n. aurions cédé
v. céderiez	v. auriez cédé
ils céderaient	ils auraient cédé

Passé 2e forme

j' eusse cédé
tu eusses cédé
il eût cédé
n. eussions cédé
v. eussiez cédé
ils eussent cédé

INFINITIF

Présent	*Passé*
céder	avoir cédé

PARTICIPE

Présent	*Passé*
cédant	cédé, ée
	ayant cédé

Verbes en **-ébrer, -écer, -écher, -écrer, -éder, -égler, -égner, -égrer, -éguer, -éler, -émer, -éner, -éper, -équer, -érer, -éser, -éter, -étrer, évrer, éyer,** etc. Ces verbes qui ont un **é** fermé à l'avant-dernière syllabe de l'infinitif changent l'**é fermé** en **è ouvert** devant une syllabe muette finale : *Je cède*.
Au futur et au conditionnel, ces verbes conservent l'**é fermé** : *Je céderai, tu céderais*, malgré la tendance à prononcer cet **é** de plus en plus ouvert.
Avérer signifiant *reconnaître pour vrai, vérifier*, ne s'emploie guère qu'à l'infinitif et au participe passé : *le fait est avéré*. La forme pronominale **s'avérer** se conjugue complètement, mais on constate un glissement de sens de *se révéler vrai* à *se révéler* qui s'impose de plus en plus : *La résistance s'avéra inutile*.

11. VERBES EN -ELER OU -ETER : JETER
1. Verbes doublant l ou t devant e muet

INDICATIF

Présent

je	jette	j'	ai	jeté
tu	jettes	tu	as	jeté
il	jette	il	a	jeté
nous	jetons	n.	avons	jeté
vous	jetez	v.	avez	jeté
ils	jettent	ils	ont	jeté

Passé composé (second column above)

Imparfait / **Plus-que-parfait**

je	jetais	j'	avais	jeté
tu	jetais	tu	avais	jeté
il	jetait	il	avait	jeté
nous	jetions	n.	avions	jeté
vous	jetiez	v.	aviez	jeté
ils	jetaient	ils	avaient	jeté

Passé simple / **Passé antérieur**

je	jetai	j'	eus	jeté
tu	jetas	tu	eus	jeté
il	jeta	il	eut	jeté
nous	jetâmes	n.	eûmes	jeté
vous	jetâtes	v.	eûtes	jeté
ils	jetèrent	ils	eurent	jeté

Futur simple / **Futur antérieur**

je	jetterai	j'	aurai	jeté
tu	jetteras	tu	auras	jeté
il	jettera	il	aura	jeté
nous	jetterons	n.	aurons	jeté
vous	jetterez	v.	aurez	jeté
ils	jetteront	ils	auront	jeté

SUBJONCTIF

Présent / **Passé**

que je	jette	que j'	aie	jeté
que tu	jettes	que tu	aies	jeté
qu'il	jette	qu'il	ait	jeté
que n.	jetions	que n.	ayons	jeté
que v.	jetiez	que v.	ayez	jeté
qu'ils	jettent	qu'ils	aient	jeté

Imparfait / **Plus-que-parfait**

que je	jetasse	que j'	eusse	jeté
que tu	jetasses	que tu	eusses	jeté
qu'il	jetât	qu'il	eût	jeté
que n.	jetassions	que n.	eussions	jeté
que v.	jetassiez	que v.	eussiez	jeté
qu'ils	jetassent	qu'ils	eussent	jeté

IMPERATIF

Présent / **Passé**

jette	aie	jeté
jetons	ayons	jeté
jetez	ayez	jeté

CONDITIONNEL

Présent / **Passé 1re forme**

je	jetterais	j'	aurais	jeté
tu	jetterais	tu	aurais	jeté
il	jetterait	il	aurait	jeté
n.	jetterions	n.	aurions	jeté
v.	jetteriez	v.	auriez	jeté
ils	jetteraient	ils	auraient	jeté

Passé 2e forme

j'	eusse	jeté
tu	eusses	jeté
il	eût	jeté
n.	eussions	jeté
v.	eussiez	jeté
ils	eussent	jeté

INFINITIF

Présent	**Passé**
jeter	avoir jeté

PARTICIPE

Présent	**Passé**
jetant	jeté, ée ; ayant jeté

En règle générale, les verbes en **-eler** ou en **-eter** doublent la consonne **l** ou **t** devant un **e muet** : *Je jette, j'appelle.* Un petit nombre ne doublent pas devant l'**e muet** la consonne **l** ou **t**, mais prennent un accent grave sur le **e** qui précède le **l** ou le **t** : *J'achète, je modèle* (v. en bas de la page suivante la liste de ces exceptions).

VERBE EN -ELER OU -ETER : MODELER
2. Verbes changeant e en è devant syllabe muette

INDICATIF

Présent
je modèle
tu modèles
il modèle
nous modelons
vous modelez
ils modèlent

Passé composé
j' ai modelé
tu as modelé
il a modelé
n. avons modelé
v. avez modelé
ils ont modelé

Imparfait
je modelais
tu modelais
il modelait
nous modelions
vous modeliez
ils modelaient

Plus-que-parfait
j' avais modelé
tu avais modelé
il avait modelé
n. avions modelé
v. aviez modelé
ils avaient modelé

Passé simple
je modelai
tu modelas
il modela
nous modelâmes
vous modelâtes
ils modelèrent

Passé antérieur
j' eus modelé
tu eus modelé
il eut modelé
n. eûmes modelé
v. eûtes modelé
ils eurent modelé

Futur simple
je modèlerai
tu modèleras
il modèlera
nous modèlerons
vous modèlerez
ils modèleront

Futur antérieur
j' aurai modelé
tu auras modelé
il aura modelé
n. aurons modelé
v. aurez modelé
ils auront modelé

SUBJONCTIF

Présent
que je modèle
que tu modèles
qu'il modèle
que n. modelions
que v. modeliez
qu'ils modèlent

Passé
que j' aie modelé
que tu aies modelé
qu'il ait modelé
que n. ayons modelé
que v. ayez modelé
qu'ils aient modelé

Imparfait
que je modelasse
que tu modelasses
qu'il modelât
que n. modelassions
que v. modelassiez
qu'ils modelassent

Plus-que-parfait
que j' eusse modelé
que tu eusses modelé
qu'il eût modelé
que n. eussions modelé
que v. eussiez modelé
qu'ils eussent modelé

IMPERATIF

Présent
modèle
modelons
modelez

Passé
aie modelé
ayons modelé
ayez modelé

CONDITIONNEL

Présent
je modèlerais
tu modèlerais
il modèlerait
n. modèlerions
v. modèleriez
ils modèleraient

Passé 1re forme
j' aurais modelé
tu aurais modelé
il aurait modelé
n. aurions modelé
v. auriez modelé
ils auraient modelé

Passé 2e forme
j' eusse modelé
tu eusses modelé
il eût modelé
n. eussions modelé
v. eussiez modelé
ils eussent modelé

INFINITIF

Présent
modeler

Passé
avoir modelé

PARTICIPE

Présent
modelant

Passé
modelé, ée
ayant modelé

Quelques verbes ne doublent pas le **l** ou le **t** devant un **e muet** :
1. Verbes en **-eler** se conjuguant comme **je modèle** : *celer (déceler, receler), ciseler, démanteler, écarteler, s'encasteler, geler (dégeler, congeler, surgeler), marteler, peler.*
2. Verbes en **-eter** se conjuguant comme **j'achète** : *racheter, bégueter, corseter, crocheter, fileter, fureter, haleter.*

13 VERBES EN -ÉER : CRÉER

INDICATIF

Présent
- je crée
- tu crées
- il crée
- nous créons
- vous créez
- ils créent

Passé composé
- j' ai créé
- tu as créé
- il a créé
- n. avons créé
- v. avez créé
- ils ont créé

Imparfait
- je créais
- tu créais
- il créait
- nous créions
- vous créiez
- ils créaient

Plus-que-parfait
- j' avais créé
- tu avais créé
- il avait créé
- n. avions créé
- v. aviez créé
- ils avaient créé

Passé simple
- je créai
- tu créas
- il créa
- nous créâmes
- vous créâtes
- ils créèrent

Passé antérieur
- j' eus créé
- tu eus créé
- il eut créé
- n. eûmes créé
- v. eûtes créé
- ils eurent créé

Futur simple
- je créerai
- tu créeras
- il créera
- nous créerons
- vous créerez
- ils créeront

Futur antérieur
- j' aurai créé
- tu auras créé
- il aura créé
- n. aurons créé
- v. aurez créé
- ils auront créé

SUBJONCTIF

Présent
- que je crée
- que tu crées
- qu'il crée
- que n. créions
- que v. créiez
- qu'ils créent

Passé
- que j' aie créé
- que tu aies créé
- qu'il ait créé
- que n. ayons créé
- que v. ayez créé
- qu'ils aient créé

Imparfait
- que je créasse
- que tu créasses
- qu'il créât
- que n. créassions
- que v. créassiez
- qu'ils créassent

Plus-que-parfait
- que j' eusse créé
- que tu eusses créé
- qu'il eût créé
- que n. eussions créé
- que v. eussiez créé
- qu'ils eussent créé

IMPERATIF

Présent
- crée
- créons
- créez

Passé
- aie créé
- ayons créé
- ayez créé

CONDITIONNEL

Présent
- je créerais
- tu créerais
- il créerait
- n. créerions
- v. créeriez
- ils créeraient

Passé 1re forme
- j' aurais créé
- tu aurais créé
- il aurait créé
- n. aurions créé
- v. auriez créé
- ils auraient créé

Passé 2e forme
- j' eusse créé
- tu eusses créé
- il eût créé
- n. eussions créé
- v. eussiez créé
- ils eussent créé

INFINITIF

Présent
- créer

Passé
- avoir créé

PARTICIPE

Présent
- créant

Passé
- créé, éée
- ayant créé

Ces verbes n'offrent d'autre particularité que la présence très régulière de deux **e** à certaines personnes de l'indicatif présent, du passé simple, du futur, du conditionnel présent, de l'impératif, du subjonctif présent, au participe passé masculin, et celle de trois **e** au participe passé féminin : *créée*.
Dans les verbes en **-éer**, l'**é** reste toujours fermé : *Je crée, tu crées...*
Noter la forme adjectivale du participe passé dans « bouche **bée** ».

VERBES EN -ÉGER : ASSIÉGER — 14

INDICATIF

Présent
- j' assiège
- tu assièges
- il assiège
- nous assiégeons
- vous assiégez
- ils assiègent

Passé composé
- j' ai assiégé
- tu as assiégé
- il a assiégé
- n. avons assiégé
- v. avez assiégé
- ils ont assiégé

Imparfait
- j' assiégeais
- tu assiégeais
- il assiégeait
- nous assiégions
- vous assiégiez
- ils assiégeaient

Plus-que-parfait
- j' avais assiégé
- tu avais assiégé
- il avait assiégé
- n. avions assiégé
- v. aviez assiégé
- ils avaient assiégé

Passé simple
- j' assiégeai
- tu assiégeas
- il assiégea
- nous assiégeâmes
- vous assiégeâtes
- ils assiégèrent

Passé antérieur
- j' eus assiégé
- tu eus assiégé
- il eut assiégé
- n. eûmes assiégé
- v. eûtes assiégé
- ils eurent assiégé

Futur simple
- j' assiégerai
- tu assiégeras
- il assiégera
- nous assiégerons
- vous assiégerez
- ils assiégeront

Futur antérieur
- j' aurai assiégé
- tu auras assiégé
- il aura assiégé
- n. aurons assiégé
- v. aurez assiégé
- ils auront assiégé

SUBJONCTIF

Présent
- que j' assiège
- que tu assièges
- qu'il assiège
- que n. assiégions
- que v. assiégiez
- qu'ils assiègent

Passé
- que j' aie assiégé
- que tu aies assiégé
- qu'il ait assiégé
- que n. ayons assiégé
- que v. ayez assiégé
- qu'ils aient assiégé

Imparfait
- que j' assiégeasse
- que tu assiégeasses
- qu'il assiégeât
- que n. assiégeassions
- que v. assiégeassiez
- qu'ils assiégeassent

Plus-que-parfait
- que j' eusse assiégé
- que tu eusses assiégé
- qu'il eût assiégé
- que n. eussions assiégé
- que v. eussiez assiégé
- qu'ils eussent assiégé

IMPERATIF

Présent
- assiège
- assiégeons
- assiégez

Passé
- aie assiégé
- ayons assiégé
- ayez assiégé

CONDITIONNEL

Présent
- j' assiégerais
- tu assiégerais
- il assiégerait
- n. assiégerions
- v. assiégeriez
- ils assiégeraient

Passé 1re forme
- j' aurais assiégé
- tu aurais assiégé
- il aurait assiégé
- n. aurions assiégé
- v. auriez assiégé
- ils auraient assiégé

Passé 2e forme
- j' eusse assiégé
- tu eusses assiégé
- il eût assiégé
- n. eussions assiégé
- v. eussiez assiégé
- ils eussent assiégé

INFINITIF

Présent
assiéger

Passé
avoir assiégé

PARTICIPE

Présent
assiégeant

Passé
assiégé, ée
ayant assiégé

Dans les verbes en **-éger** :
1. L'**é** du radical se change en **è** devant un **e muet** (sauf au futur et au conditionnel).
2. Pour conserver partout le son du **g** doux, on maintient l'**e** après le **g** devant les voyelles **a** et **o**.

15 VERBES EN -IER : APPRÉCIER

INDICATIF

Présent
j' apprécie
tu apprécies
il apprécie
n. apprécions
v. appréciez
ils apprécient

Passé composé
j' ai apprécié
tu as apprécié
il a apprécié
n. avons apprécié
v. avez apprécié
ils ont apprécié

Imparfait
j' appréciais
tu appréciais
il appréciait
n. appréciions
v. appréciiez
ils appréciaient

Plus-que-parfait
j' avais apprécié
tu avais apprécié
il avait apprécié
n. avions apprécié
v. aviez apprécié
ils avaient apprécié

Passé simple
j' appréciai
tu apprécias
il apprécia
n. appréciâmes
v. appréciâtes
ils apprécièrent

Passé antérieur
j' eus apprécié
tu eus apprécié
il eut apprécié
n. eûmes apprécié
v. eûtes apprécié
ils eurent apprécié

Futur simple
j' apprécierai
tu apprécieras
il appréciera
n. apprécierons
v. apprécierez
ils apprécieront

Futur antérieur
j' aurai apprécié
tu auras apprécié
il aura apprécié
n. aurons apprécié
v. aurez apprécié
ils auront apprécié

SUBJONCTIF

Présent
que j' apprécie
que tu apprécies
qu'il apprécie
que n. appréciions
que v. appréciiez
qu'ils apprécient

Passé
que j' aie apprécié
que tu aies apprécié
qu'il ait apprécié
que n. ayons apprécié
que v. ayez apprécié
qu'ils aient apprécié

Imparfait
que j' appréciasse
que tu appréciasses
qu'il appréciât
que n. appréciassions
que v. appréciassiez
qu'ils appréciassent

Plus-que-parfait
que j' eusse apprécié
que tu eusses apprécié
qu'il eût apprécié
que n. eussions apprécié
que v. eussiez apprécié
qu'ils eussent apprécié

IMPERATIF

Présent
apprécie
apprécions
appréciez

Passé
aie apprécié
ayons apprécié
ayez apprécié

CONDITIONNEL

Présent
j' apprécierais
tu apprécierais
il apprécierait
n. apprécierions
v. apprécieriez
ils apprécieraient

Passé 1re forme
j' aurais apprécié
tu aurais apprécié
il aurait apprécié
n. aurions apprécié
v. auriez apprécié
ils auraient apprécié

INFINITIF

Présent
apprécier

Passé
avoir apprécié

PARTICIPE

Présent
appréciant

Passé
apprécié, ée
ayant apprécié

Passé 2e forme
j' eusse apprécié
tu eusses apprécié
il eût apprécié
n. eussions apprécié
v. eussiez apprécié
ils eussent apprécié

Ces verbes n'offrent d'autre particularité que les deux **i** à la 1re et à la 2e personne du pluriel de l'imparfait de l'indicatif et du présent du subjonctif : *appréciions, appréciiez*. Ces deux **i** proviennent de la rencontre de l'**i** final du radical qui se maintient dans toute la conjugaison, avec l'**i** initial de la terminaison.

VERBES EN -AYER : PAYER

INDICATIF

Présent
je paie
tu paies
il paie
nous payons
vous payez
ils paient

ou

je paye
tu payes
il paye
nous payons
vous payez
ils payent

Imparfait
je payais
tu payais
il payait
nous payions
vous payiez
ils payaient

Passé simple
je payai
tu payas
il paya
nous payâmes
vous payâtes
ils payèrent

Futur simple
je paierai
tu paieras
il paiera
nous paierons
vous paierez
ils paieront

Passé composé
j' ai payé
tu as payé
il a payé
n. avons payé
v. avez payé
ils ont payé

Plus-que-parfait
j' avais payé
tu avais payé
il avait payé
n. avions payé
v. aviez payé
ils avaient payé

Passé antérieur
j' eus payé
tu eus payé
il eut payé
n. eûmes payé
v. eûtes payé
ils eurent payé

Futur antérieur
j' aurai payé
tu auras payé
il aura payé
n. aurons payé
v. aurez payé
ils auront payé

ou

je payerai
tu payeras
il payera
nous payerons
vous payerez
ils payeront

INFINITIF

Présent : payer
Passé : avoir payé

PARTICIPE

Présent : payant
Passé : payé, ée
ayant payé

SUBJONCTIF

Présent
que je paie
que tu paies
qu'il paie
que n. payions
que v. payiez
qu'ils paient

ou

que je paye
que tu payes
qu'il paye
que n. payions
que v. payiez
qu'ils payent

Imparfait
que je payasse
que tu payasses
qu'il payât
que n. payassions
que v. payassiez
qu'ils payassent

Passé
que j' aie payé
que tu aies payé
qu'il ait payé
que n. ayons payé
que v. ayez payé
qu'ils aient payé

Plus-que-parfait
que j' eusse payé
que tu eusses payé
qu'il eût payé
que n. eussions payé
que v. eussiez payé
qu'ils eussent payé

IMPERATIF

Présent
paye ou paie
payons
payez

Passé
aie payé
ayons payé
ayez payé

CONDITIONNEL

Présent
je paierais
tu paierais
il paierait
n. paierions
v. paieriez
ils paieraient

ou

je payerais
tu payerais
il payerait
n. payerions
v. payeriez
ils payeraient

Passé 1re forme
j' aurais payé
tu aurais payé
il aurait payé, etc.

Passé 2e forme
j' eusse payé
tu eusses payé
il eût payé, etc.

Les verbes en **-ayer** peuvent : 1. conserver l'**y** dans toute la conjugaison ; 2. remplacer l'**y** par un **i** devant un **e muet**, c'est-à-dire devant les terminaisons : **e, es, ent, erai, erais** : *je paye* (prononcer *pey*) ou *je paie* (prononcer *pé*). Remarquer la présence de l'**i** après **y** aux deux premières personnes du pluriel à l'imparfait de l'indicatif et au présent du subjonctif. Les verbes en **-eyer (grasseyer, faseyer, capeyer)** conservent l'**y** dans toute la conjugaison. On ajoute au radical sur **-ey-** les terminaisons du verbe **aimer** (6).

17 VERBES EN -OYER ET -UYER : BROYER

INDICATIF

Présent
je broie
tu broies
il broie
nous broyons
vous broyez
ils broient

Passé composé
j' ai broyé
tu as broyé
il a broyé
n. avons broyé
v. avez broyé
ils ont broyé

Imparfait
je broyais
tu broyais
il broyait
nous broyions
vous broyiez
ils broyaient

Plus-que-parfait
j' avais broyé
tu avais broyé
il avait broyé
n. avions broyé
v. aviez broyé
ils avaient broyé

Passé simple
je broyai
tu broyas
il broya
nous broyâmes
vous broyâtes
ils broyèrent

Passé antérieur
j' eus broyé
tu eus broyé
il eut broyé
n. eûmes broyé
v. eûtes broyé
ils eurent broyé

Futur simple
je broierai
tu broieras
il broiera
nous broierons
vous broierez
ils broieront

Futur antérieur
j' aurai broyé
tu auras broyé
il aura broyé
n. aurons broyé
v. aurez broyé
ils auront broyé

SUBJONCTIF

Présent
que je broie
que tu broies
qu'il broie
que n. broyions
que v. broyiez
qu'ils broient

Passé
que j' aie broyé
que tu aies broyé
qu'il ait broyé
que n. ayons broyé
que v. ayez broyé
qu'ils aient broyé

Imparfait
que je broyasse
que tu broyasses
qu'il broyât
que n. broyassions
que v. broyassiez
qu'ils broyassent

Plus-que-parfait
que j' eusse broyé
que tu eusses broyé
qu'il eût broyé
que n. eussions broyé
que v. eussiez broyé
qu'ils eussent broyé

IMPERATIF

Présent
broie
broyons
broyez

Passé
aie broyé
ayons broyé
ayez broyé

CONDITIONNEL

Présent
je broierais
tu broierais
il broierait
n. broierions
v. broieriez
ils broieraient

Passé 1re forme
j' aurais broyé
tu aurais broyé
il aurait broyé
n. aurions broyé
v. auriez broyé
ils auraient broyé

Passé 2e forme
j' eusse broyé
tu eusses broyé
il eût broyé
n. eussions broyé
v. eussiez broyé
ils eussent broyé

INFINITIF

Présent
broyer

Passé
avoir broyé

PARTICIPE

Présent
broyant

Passé
broyé, ée
ayant broyé

Les verbes en **-oyer** et **-uyer** changent l'**y** du radical en **i** devant un **e muet** (terminaisons **e, es, ent, erai, erais**). *Exceptions* : **envoyer** et **renvoyer,** qui sont irréguliers au futur et au conditionnel (v. page suivante). Remarquer la présence de l'**i** après **y** aux deux premières personnes du pluriel à l'imparfait de l'indicatif et au présent du subjonctif.

VERBE ENVOYER — 18

INDICATIF

Présent

j' envoie
tu envoies
il envoie
nous envoyons
vous envoyez
ils envoient

Passé composé

j' ai envoyé
tu as envoyé
il a envoyé
n. avons envoyé
v. avez envoyé
ils ont envoyé

Imparfait

j' envoyais
tu envoyais
il envoyait
nous envoyions
vous envoyiez
ils envoyaient

Plus-que-parfait

j' avais envoyé
tu avais envoyé
il avait envoyé
n. avions envoyé
v. aviez envoyé
ils avaient envoyé

Passé simple

j' envoyai
tu envoyas
il envoya
nous envoyâmes
vous envoyâtes
ils envoyèrent

Passé antérieur

j' eus envoyé
tu eus envoyé
il eut envoyé
n. eûmes envoyé
v. eûtes envoyé
ils eurent envoyé

Futur simple

j' enverrai
tu enverras
il enverra
nous enverrons
vous enverrez
ils enverront

Futur antérieur

j' aurai envoyé
tu auras envoyé
il aura envoyé
n. aurons envoyé
v. aurez envoyé
ils auront envoyé

SUBJONCTIF

Présent

que j' envoie
que tu envoies
qu'il envoie
que n. envoyions
que v. envoyiez
qu'ils envoient

Passé

que j' aie envoyé
que tu aies envoyé
qu'il ait envoyé
que n. ayons envoyé
que v. ayez envoyé
qu'ils aient envoyé

Imparfait

que j' envoyasse
que tu envoyasses
qu'il envoyât
que n. envoyassions
que v. envoyassiez
qu'ils envoyassent

Plus-que-parfait

que j' eusse envoyé
que tu eusses envoyé
qu'il eût envoyé
que n. eussions envoyé
que v. eussiez envoyé
qu'ils eussent envoyé

IMPERATIF

Présent

envoie
envoyons
envoyez

Passé

aie envoyé
ayons envoyé
ayez envoyé

CONDITIONNEL

Présent

j' enverrais
tu enverrais
il enverrait
n. enverrions
v. enverriez
ils enverraient

Passé 1re forme

j' aurais envoyé
tu aurais envoyé
il aurait envoyé
n. aurions envoyé
v. auriez envoyé
ils auraient envoyé

Passé 2e forme

j' eusse envoyé
tu eusses envoyé
il eût envoyé
n. eussions envoyé
v. eussiez envoyé
ils eussent envoyé

INFINITIF

Présent

envoyer

Passé

avoir envoyé

PARTICIPE

Présent

envoyant

Passé

envoyé, ée
ayant envoyé

Ainsi se conjugue **renvoyer**

19 VERBES EN -IR/ISSANT : FINIR
Infinitif présent en **-ir;** participe présent en **-issant**[1]

INDICATIF

Présent
- je finis
- tu finis
- il finit
- nous finissons
- vous finissez
- ils finissent

Passé composé
- j' ai fini
- tu as fini
- il a fini
- n. avons fini
- v. avez fini
- ils ont fini

Imparfait
- je finissais
- tu finissais
- il finissait
- nous finissions
- vous finissiez
- ils finissaient

Plus-que-parfait
- j' avais fini
- tu avais fini
- il avait fini
- n. avions fini
- v. aviez fini
- ils avaient fini

Passé simple
- je finis
- tu finis
- il finit
- nous finîmes
- vous finîtes
- ils finirent

Passé antérieur
- j' eus fini
- tu eus fini
- il eut fini
- n. eûmes fini
- v. eûtes fini
- ils eurent fini

Futur simple
- je finirai
- tu finiras
- il finira
- nous finirons
- vous finirez
- ils finiront

Futur antérieur
- j' aurai fini
- tu auras fini
- il aura fini
- n. aurons fini
- v. aurez fini
- ils auront fini

SUBJONCTIF

Présent
- que je finisse
- que tu finisses
- qu'il finisse
- que n. finissions
- que v. finissiez
- qu'ils finissent

Passé
- que j' aie fini
- que tu aies fini
- qu'il ait fini
- que n. ayons fini
- que v. ayez fini
- qu'ils aient fini

Imparfait
- que je finisse
- que tu finisses
- qu'il finît
- que n. finissions
- que v. finissiez
- qu'ils finissent

Plus-que-parfait
- que j' eusse fini
- que tu eusses fini
- qu'il eût fini
- que n. eussions fini
- que v. eussiez fini
- qu'ils eussent fini

IMPERATIF

Présent
- finis
- finissons
- finissez

Passé
- aie fini
- ayons fini
- ayez fini

CONDITIONNEL

Présent
- je finirais
- tu finirais
- il finirait
- n. finirions
- v. finiriez
- ils finiraient

Passé 1re forme
- j' aurais fini
- tu aurais fini
- il aurait fini
- n. aurions fini
- v. auriez fini
- ils auraient fini

INFINITIF

Présent
- finir

Passé
- avoir fini

PARTICIPE

Présent
- finissant

Passé
- fini, ie
- ayant fini

Passé 2e forme
- j' eusse fini
- tu eusses fini
- il eût fini
- n. eussions fini
- v. eussiez fini
- ils eussent fini

---

1. Ainsi se conjuguent environ 300 verbes en **-ir, -issant,** qui, avec les verbes en **-er,** forment la conjugaison vivante. Les verbes **obéir** et **désobéir** (intransitifs à l'actif) ont gardé, d'une ancienne construction transitive, un passif : *«sera-t-elle obéie?»*.

VERBE HAÏR — 20

INDICATIF

Présent
je hais
tu hais
il hait
nous haïssons
vous haïssez
ils haïssent

Passé composé
j' ai haï
tu as haï
il a haï
n. avons haï
v. avez haï
ils ont haï

Imparfait
je haïssais
tu haïssais
il haïssait
nous haïssions
vous haïssiez
ils haïssaient

Plus-que-parfait
j' avais haï
tu avais haï
il avait haï
n. avions haï
v. aviez haï
ils avaient haï

Passé simple
je haïs
tu haïs
il haït
nous haïmes
vous haïtes
ils haïrent

Passé antérieur
j' eus haï
tu eus haï
il eut haï
n. eûmes haï
v. eûtes haï
ils eurent haï

Futur simple
je haïrai
tu haïras
il haïra
nous haïrons
vous haïrez
ils haïront

Futur antérieur
j' aurai haï
tu auras haï
il aura haï
n. aurons haï
v. aurez haï
ils auront haï

SUBJONCTIF

Présent
que je haïsse
que tu haïsses
qu'il haïsse
que n. haïssions
que v. haïssiez
qu'ils haïssent

Passé
que j' aie haï
que tu aies haï
qu'il ait haï
que n. ayons haï
que v. ayez haï
qu'ils aient haï

Imparfait
que je haïsse
que tu haïsses
qu'il haït
que n. haïssions
que v. haïssiez
qu'ils haïssent

Plus-que-parfait
que j' eusse haï
que tu eusses haï
qu'il eût haï
que n. eussions haï
que v. eussiez haï
qu'ils eussent haï

IMPERATIF

Présent
hais
haïssons
haïssez

Passé
aie haï
ayons haï
ayez haï

CONDITIONNEL

Présent
je haïrais
tu haïrais
il haïrait
n. hairions
v. haïriez
ils haïraient

Passé 1re forme
j' aurais haï
tu aurais haï
il aurait haï
n. aurions haï
v. auriez haï
ils auraient haï

Passé 2e forme
j' eusse haï
tu eusses haï
il eût haï
n. eussions haï
v. eussiez haï
ils eussent haï

INFINITIF

Présent
haïr

Passé
avoir haï

PARTICIPE

Présent
haïssant

Passé
haï, ïe
ayant haï

Haïr est le seul verbe de cette terminaison ; il prend un tréma sur l'**i** dans toute sa conjugaison, excepté aux trois personnes du singulier du présent de l'indicatif, et à la deuxième personne du singulier de l'impératif. Le tréma exclut l'accent circonflexe au passé simple et au subjonctif imparfait.

TROISIÈME GROUPE

■ ■ ■ **Le 3ᵉ groupe comprend :**

1. **Le verbe** aller (tableau 22).
2. **Les verbes en** -ir qui ont le participe présent en -ant, et non en -issant (tableaux 23 à 37).
3. **Tous les verbes en** -oir (tableaux 38 à 52).
4. **Tous les verbes en** -re (tableaux 53 à 82).

Les soixante et un tableaux suivants permettent de conjuguer les quelque trois cent cinquante verbes du 3ᵉ groupe dont la liste est donnée pages 118 et 119; ils y sont classés par terminaisons et par référence au verbe type dont ils épousent les particularités de conjugaison. Ainsi se trouve exactement circonscrite cette conjugaison morte qui par sa complexité et ses singularités constitue la difficulté majeure du système verbal français.

Trois traits généraux peuvent cependant en être dégagés.

1. Le passé simple, dans le 3ᵉ groupe, est tantôt en *is* : *je fis, je dormis,* tantôt en *us* : *je valus; tenir* et *venir* font : *je tins, je vins.*

2. Le participe passé est tantôt en *i* : *dormi, senti, servi,* tantôt en *u* : *valu, tenu, venu,* etc. Dans un certain nombre de verbes appartenant à ce groupe, le participe passé n'a pas à proprement parler de terminaison et n'est qu'une modification du radical : *né, pris, fait, dit,* etc.

3. Au présent de l'indicatif, de l'impératif, du subjonctif, on observe parfois une alternance vocalique qui oppose aux autres personnes les 1ʳᵉ et 2ᵉ personnes du pluriel : *nous* **te**nons, *vous* **te**nez, alternant avec *je* **tiens**, *tu* **tien**s, *il* **tien**t, *ils* **tien**nent. Cette modification du radical s'explique par le fait qu'en latin l'accent tonique frappait tantôt le radical (*ám-o* : radical fort), tantôt la terminaison (*am-ámus* : radical faible). Comme les syllabes ont évolué différemment selon qu'elles étaient accentuées ou atones, tous les verbes français devraient présenter une alternance de ce type. Mais l'analogie a généralisé tantôt le radical fort (*j'aime, nous aimons* au lieu de *nous amons*), plus rarement le radical faible (*nous trouvons, je trouve* au lieu de *je treuve*). Cependant, d'assez nombreux verbes ont gardé trace de cette alternance tonique, rarement au 1ᵉʳ groupe : *je sème, nous semons,* plus fréquemment au 3ᵉ : voir entre autres : *j'acquiers/nous acquérons, je reçois/nous recevons, je meurs/nous mourons, je bois/nous buvons, je fais/nous faisons* (prononcé *fe*). Il n'est, pour s'en rendre compte, que de parcourir les tableaux suivants où les premières personnes du singulier et du pluriel, notées en rouge, soulignent cette particularité.

VERBE ALLER 22

INDICATIF

Présent

je vais
tu vas
il va
nous allons
vous allez
ils vont

Passé composé

je suis allé
tu es allé
il est allé
n. sommes allés
v. êtes allés
ils sont allés

Imparfait

j' allais
tu allais
il allait
nous allions
vous alliez
ils allaient

Plus-que-parfait

j' étais allé
tu étais allé
il était allé
n. étions allés
v. étiez allés
ils étaient allés

Passé simple

j' allai
tu allas
il alla
nous allâmes
vous allâtes
ils allèrent

Passé antérieur

je fus allé
tu fus allé
il fut allé
n. fûmes allés
v. fûtes allés
ils furent allés

Futur simple

j' irai
tu iras
il ira
nous irons
vous irez
ils iront

Futur antérieur

je serai allé
tu seras allé
il sera allé
n. serons allés
v. serez allés
ils seront allés

SUBJONCTIF

Présent

que j' aille
que tu ailles
qu' il aille
que n. allions
que v. alliez
qu' ils aillent

Passé

que je sois allé
que tu sois allé
qu' il soit allé
que n. soyons allés
que v. soyez allés
qu' ils soient allés

Imparfait

que j' allasse
que tu allasses
qu' il allât
que n. allassions
que v. allassiez
qu' ils allassent

Plus-que-parfait

que je fusse allé
que tu fusses allé
qu' il fût allé
que n. fussions allés
que v. fussiez allés
qu' ils fussent allés

IMPERATIF

Présent

va
allons
allez

Passé

sois allé
soyons allés
soyez allés

CONDITIONNEL

Présent

j' irais
tu irais
il irait
n. irions
v. iriez
ils iraient

Passé 1re forme

je serais allé
tu serais allé
il serait allé
n. serions allés
v. seriez allés
ils seraient allés

INFINITIF

Présent

aller

Passé

être allé

PARTICIPE

Présent

allant

Passé

allé, ée
étant allé

Passé 2e forme

je fusse allé
tu fusses allé
il fût allé
n. fussions allés
v. fussiez allés
ils fussent allés

Le verbe **aller** se conjugue sur trois radicaux distincts : le radical **va** (je vais, tu vas, il va, impératif : va); le radical **-ir** au futur et au conditionnel : j'irai, j'irais; ailleurs, le radical de l'infinitif **all-**. A l'impératif, devant le pronom adverbial **y** non suivi d'un infinitif, **va** prend un **s** : vas-y, mais : va y mettre bon ordre. A la forme interrogative on écrit : va-t-il ? comme aima-t-il ? **S'en aller** se conjugue comme **aller**. Aux temps composés, on met l'auxiliaire **être** entre en et allé : je m'en suis allé, et non je me suis en allé. L'impératif est : va-t'en (avec élision de l'e du pronom réfléchi **te**), allons-nous-en, allez-vous-en.

23 VERBES EN -ENIR : TENIR

INDICATIF

Présent
je	tiens
tu	tiens
il	tient
nous	tenons
vous	tenez
ils	tiennent

Passé composé
j'	ai	tenu
tu	as	tenu
il	a	tenu
n.	avons	tenu
v.	avez	tenu
ils	ont	tenu

Imparfait
je	tenais
tu	tenais
il	tenait
nous	tenions
vous	teniez
ils	tenaient

Plus-que-parfait
j'	avais	tenu
tu	avais	tenu
il	avait	tenu
n.	avions	tenu
v.	aviez	tenu
ils	avaient	tenu

Passé simple
je	tins
tu	tins
il	tint
nous	tînmes
vous	tîntes
ils	tinrent

Passé antérieur
j'	eus	tenu
tu	eus	tenu
il	eut	tenu
n.	eûmes	tenu
v.	eûtes	tenu
ils	eurent	tenu

Futur simple
je	tiendrai
tu	tiendras
il	tiendra
nous	tiendrons
vous	tiendrez
ils	tiendront

Futur antérieur
j'	aurai	tenu
tu	auras	tenu
il	aura	tenu
n.	aurons	tenu
v.	aurez	tenu
ils	auront	tenu

SUBJONCTIF

Présent
que	je	tienne
que	tu	tiennes
qu'	il	tienne
que	n.	tenions
que	v.	teniez
qu'	ils	tiennent

Passé
que j'	aie	tenu
que tu	aies	tenu
qu'il	ait	tenu
que n.	ayons	tenu
que v.	ayez	tenu
qu'ils	aient	tenu

Imparfait
que	je	tinsse
que	tu	tinsses
qu'	il	tînt
que	n.	tinssions
que	v.	tinssiez
qu'	ils	tinssent

Plus-que-parfait
que j'	eusse	tenu
que tu	eusses	tenu
qu'il	eût	tenu
que n.	eussions	tenu
que v.	eussiez	tenu
qu'ils	eussent	tenu

IMPERATIF

Présent
tiens
tenons
tenez

Passé
aie	tenu
ayons	tenu
ayez	tenu

CONDITIONNEL

Présent
je	tiendrais
tu	tiendrais
il	tiendrait
n.	tiendrions
v.	tiendriez
ils	tiendraient

Passé 1re forme
j'	aurais	tenu
tu	aurais	tenu
il	aurait	tenu
n.	aurions	tenu
v.	auriez	tenu
ils	auraient	tenu

INFINITIF

Présent	Passé
tenir	avoir tenu

PARTICIPE

Présent	Passé
tenant	tenu, ue
	ayant tenu

Passé 2e forme
j'	eusse	tenu
tu	eusses	tenu
il	eût	tenu
n.	eussions	tenu
v.	eussiez	tenu
ils	eussent	tenu

Ainsi se conjuguent **tenir, venir** et leurs composés (page 118). **Venir** et ses composés prennent l'auxiliaire **être,** sauf *circonvenir, prévenir, subvenir.*
Advenir n'est employé qu'à la 3e personne du singulier et du pluriel ; les temps composés se forment avec l'auxiliaire **être** : *il est advenu.* D'**avenir** ne subsistent que le nom et l'adjectif *(avenant).*

VERBES EN -ÉRIR : ACQUÉRIR

INDICATIF

Présent		Passé composé	
j'	acquiers	j' ai	acquis
tu	acquiers	tu as	acquis
il	acquiert	il a	acquis
nous	acquérons	n. avons	acquis
vous	acquérez	v. avez	acquis
ils	acquièrent	ils ont	acquis

Imparfait		Plus-que-parfait	
j'	acquérais	j' avais	acquis
tu	acquérais	tu avais	acquis
il	acquérait	il avait	acquis
nous	acquérions	n. avions	acquis
vous	acquériez	v. aviez	acquis
ils	acquéraient	ils avaient	acquis

Passé simple		Passé antérieur	
j'	acquis	j' eus	acquis
tu	acquis	tu eus	acquis
il	acquit	il eut	acquis
nous	acquîmes	n. eûmes	acquis
vous	acquîtes	v. eûtes	acquis
ils	acquirent	ils eurent	acquis

Futur simple		Futur antérieur	
j'	acquerrai	j' aurai	acquis
tu	acquerras	tu auras	acquis
il	acquerra	il aura	acquis
nous	acquerrons	n. aurons	acquis
vous	acquerrez	v. aurez	acquis
ils	acquerront	ils auront	acquis

SUBJONCTIF

Présent		Passé	
que j'	acquière	que j' aie	acquis
que tu	acquières	que tu aies	acquis
qu'il	acquière	qu'il ait	acquis
que n.	acquérions	que n. ayons	acquis
que v.	acquériez	que v. ayez	acquis
qu'ils	acquièrent	qu'ils aient	acquis

Imparfait		Plus-que-parfait	
que j'	acquisse	que j' eusse	acquis
que tu	acquisses	que tu eusses	acquis
qu'il	acquît	qu'il eût	acquis
que n.	acquissions	que n. eussions	acquis
que v.	acquissiez	que v. eussiez	acquis
qu'ils	acquissent	qu'ils eussent	acquis

IMPERATIF

Présent	Passé	
acquiers	aie	acquis
acquérons	ayons	acquis
acquérez	ayez	acquis

CONDITIONNEL

Présent		Passé 1re forme	
j'	acquerrais	j' aurais	acquis
tu	acquerrais	tu aurais	acquis
il	acquerrait	il aurait	acquis
n.	acquerrions	n. aurions	acquis
v.	acquerriez	v. auriez	acquis
ils	acquerraient	ils auraient	acquis

INFINITIF

Présent	Passé
acquérir	avoir acquis

PARTICIPE

Présent	Passé
acquérant	acquis, ise
	ayant acquis

Passé 2e forme		
j'	eusse	acquis
tu	eusses	acquis
il	eût	acquis
n.	eussions	acquis
v.	eussiez	acquis
ils	eussent	acquis

Ainsi se conjuguent les composés de (page 118).
Acquérir. Ne pas confondre le participe substantivé **acquis** *(avoir de l'acquis)* avec le substantif verbal **acquit** de **acquitter** *(par acquit, pour acquit).*
Noter la subsistance d'une forme ancienne dans la locution «à enquerre» ($\simeq$ infinitif).

25 VERBES EN -TIR : SENTIR

INDICATIF

Présent

je	sens
tu	sens
il	sent
nous	sentons
vous	sentez
ils	sentent

Passé composé

j'	ai	senti
tu	as	senti
il	a	senti
n.	avons	senti
v.	avez	senti
ils	ont	senti

Imparfait

je	sentais
tu	sentais
il	sentait
nous	sentions
vous	sentiez
ils	sentaient

Plus-que-parfait

j'	avais	senti
tu	avais	senti
il	avait	senti
n.	avions	senti
v.	aviez	senti
ils	avaient	senti

Passé simple

je	sentis
tu	sentis
il	sentit
nous	sentîmes
vous	sentîtes
ils	sentirent

Passé antérieur

j'	eus	senti
tu	eus	senti
il	eut	senti
n.	eûmes	senti
v.	eûtes	senti
ils	eurent	senti

Futur simple

je	sentirai
tu	sentiras
il	sentira
nous	sentirons
vous	sentirez
ils	sentiront

Futur antérieur

j'	aurai	senti
tu	auras	senti
il	aura	senti
n.	aurons	senti
v.	aurez	senti
ils	auront	senti

SUBJONCTIF

Présent

que je	sente
que tu	sentes
qu'il	sente
que n.	sentions
que v.	sentiez
qu'ils	sentent

Passé

que j'	aie	senti
que tu	aies	senti
qu'il	ait	senti
que n.	ayons	senti
que v.	ayez	senti
qu'ils	aient	senti

Imparfait

que je	sentisse
que tu	sentisses
qu'il	sentît
que n.	sentissions
que v.	sentissiez
qu'ils	sentissent

Plus-que-parfait

que j'	eusse	senti
que tu	eusses	senti
qu'il	eût	senti
que n.	eussions	senti
que v.	eussiez	senti
qu'ils	eussent	senti

IMPERATIF

Présent

sens
sentons
sentez

Passé

aie senti
ayons senti
ayez senti

CONDITIONNEL

Présent

je	sentirais
tu	sentirais
il	sentirait
n.	sentirions
v.	sentiriez
ils	sentiraient

Passé 1re forme

j'	aurais	senti
tu	aurais	senti
il	aurait	senti
n.	aurions	senti
v.	auriez	senti
ils	auraient	senti

Passé 2e forme

j'	eusse	senti
tu	eusses	senti
il	eût	senti
n.	eussions	senti
v.	eussiez	senti
ils	eussent	senti

INFINITIF

Présent: sentir
Passé: avoir senti

PARTICIPE

Présent: sentant
Passé: senti, ie ; ayant senti

Ainsi se conjuguent **mentir, sentir, partir, se repentir, sortir** et leurs composés (page 118). Le participe passé *menti* est invariable, mais *démenti, ie* s'accorde. **Départir,** employé d'ordinaire à la forme pronominale **se départir,** se conjugue normalement comme **partir,** i : *je me dépars..., je me départais..., se départant.* On peut regretter que de bons auteurs, sous l'influence sans doute de **répartir,** écrivent : *il se départissait, se départissant* et au présent de l'indicatif, *il se départit.*

VERBE VÊTIR

INDICATIF

Présent

je	vêts
tu	vêts
il	vêt
nous	vêtons
vous	vêtez
ils	vêtent

Passé composé

j'	ai	vêtu
tu	as	vêtu
il	a	vêtu
n.	avons	vêtu
v.	avez	vêtu
ils	ont	vêtu

Imparfait

je	vêtais
tu	vêtais
il	vêtait
nous	vêtions
vous	vêtiez
ils	vêtaient

Plus-que-parfait

j'	avais	vêtu
tu	avais	vêtu
il	avait	vêtu
n.	avions	vêtu
v.	aviez	vêtu
ils	avaient	vêtu

Passé simple

je	vêtis
tu	vêtis
il	vêtit
nous	vêtîmes
vous	vêtîtes
ils	vêtirent

Passé antérieur

j'	eus	vêtu
tu	eus	vêtu
il	eut	vêtu
n.	eûmes	vêtu
v.	eûtes	vêtu
ils	eurent	vêtu

Futur simple

je	vêtirai
tu	vêtiras
il	vêtira
nous	vêtirons
vous	vêtirez
ils	vêtiront

Futur antérieur

j'	aurai	vêtu
tu	auras	vêtu
il	aura	vêtu
n.	aurons	vêtu
v.	aurez	vêtu
ils	auront	vêtu

SUBJONCTIF

Présent

que je	vête
que tu	vêtes
qu'il	vête
que n.	vêtions
que v.	vêtiez
qu'ils	vêtent

Passé

que j'	aie	vêtu
que tu	aies	vêtu
qu'il	ait	vêtu
que n.	ayons	vêtu
que v.	ayez	vêtu
qu'ils	aient	vêtu

Imparfait

que je	vêtisse
que tu	vêtisses
qu'il	vêtît
que n.	vêtissions
que v.	vêtissiez
qu'ils	vêtissent

Plus-que-parfait

que j'	eusse	vêtu
que tu	eusses	vêtu
qu'il	eût	vêtu
que n.	eussions	vêtu
que v.	eussiez	vêtu
qu'ils	eussent	vêtu

IMPERATIF

Présent

- vêts
- vêtons
- vêtez

Passé

aie	vêtu
ayons	vêtu
ayez	vêtu

CONDITIONNEL

Présent

je	vêtirais
tu	vêtirais
il	vêtirait
n.	vêtirions
v.	vêtiriez
ils	vêtiraient

Passé 1re forme

j'	aurais	vêtu
tu	aurais	vêtu
il	aurait	vêtu
n.	aurions	vêtu
v.	auriez	vêtu
ils	auraient	vêtu

INFINITIF

Présent: vêtir

Passé: avoir vêtu

PARTICIPE

Présent: vêtant

Passé: vêtu, ue ; ayant vêtu

Passé 2e forme

j'	eusse	vêtu
tu	eusses	vêtu
il	eût	vêtu
n.	eussions	vêtu
v.	eussiez	vêtu
ils	eussent	vêtu

Ainsi se conjuguent **dévêtir** et **revêtir**.
Le singulier du présent de l'indicatif et de l'impératif de *vêtir* est peu usité, car un grand nombre d'écrivains conjuguent curieusement ce verbe sur **finir** : *Dieu leur a refusé le cocotier qui ombrage, loge,* **vêtit,** *nourrit et abreuve les enfants de Brahma* (VOLTAIRE). *Les sauvages vivaient et* **se vêtissaient** *du produit de leurs chasses* (CHATEAUBRIAND). *Comme un fils de Morven,* **me vêtissant** *d'orages...* (LAMARTINE). Ce serait faire preuve d'un rigorisme excessif que de ne pas accueillir des formes aussi autorisées à côté des formes un peu sourdes : *vêt, vêtent,* etc. Cependant, dans les composés, les formes primitives sont seules admises : *il revêt, il revêtait, revêtant.*

27 VERBES EN -VRIR OU -FRIR : COUVRIR

INDICATIF

Présent *Passé composé*

je	couvre	j'	ai	couvert
tu	couvres	tu	as	couvert
il	couvre	il	a	couvert
nous	couvrons	n.	avons	couvert
vous	couvrez	v.	avez	couvert
ils	couvrent	ils	ont	couvert

Imparfait *Plus-que-parfait*

je	couvrais	j'	avais	couvert
tu	couvrais	tu	avais	couvert
il	couvrait	il	avait	couvert
nous	couvrions	n.	avions	couvert
vous	couvriez	v.	aviez	couvert
ils	couvraient	ils	avaient	couvert

Passé simple *Passé antérieur*

je	couvris	j'	eus	couvert
tu	couvris	tu	eus	couvert
il	couvrit	il	eut	couvert
nous	couvrîmes	n.	eûmes	couvert
vous	couvrîtes	v.	eûtes	couvert
ils	couvrirent	ils	eurent	couvert

Futur simple *Futur antérieur*

je	couvrirai	j'	aurai	couvert
tu	couvriras	tu	auras	couvert
il	couvrira	il	aura	couvert
nous	couvrirons	n.	aurons	couvert
vous	couvrirez	v.	aurez	couvert
ils	couvriront	ils	auront	couvert

INFINITIF

Présent *Passé*

couvrir avoir couvert

SUBJONCTIF

Présent *Passé*

que je	couvre	que j'	aie	couvert
que tu	couvres	que tu	aies	couvert
qu'il	couvre	qu'il	ait	couvert
que n.	couvrions	que n.	ayons	couvert
que v.	couvriez	que v.	ayez	couvert
qu'ils	couvrent	qu'ils	aient	couvert

Imparfait *Plus-que-parfait*

que je	couvrisse	que j'	eusse	couvert
que tu	couvrisses	que tu	eusses	couvert
qu'il	couvrît	qu'il	eût	couvert
que n.	couvrissions	que n.	eussions	couvert
que v.	couvrissiez	que v.	eussiez	couvert
qu'ils	couvrissent	qu'ils	eussent	couvert

IMPERATIF

Présent *Passé*

couvre	aie	couvert
couvrons	ayons	couvert
couvrez	ayez	couvert

CONDITIONNEL

Présent *Passé 1re forme*

je	couvrirais	j'	aurais	couvert
tu	couvrirais	tu	aurais	couvert
il	couvrirait	il	aurait	couvert
n.	couvririons	n.	aurions	couvert
v.	couvririez	v.	auriez	couvert
ils	couvriraient	ils	auraient	couvert

PARTICIPE

Présent *Passé*

couvrant couvert, te
 ayant couvert

Passé 2e forme

j'	eusse	couvert
tu	eusses	couvert
il	eût	couvert
n.	eussions	couvert
v.	eussiez	couvert
ils	eussent	couvert

Ainsi se conjuguent **couvrir, ouvrir, souffrir** et leurs composés (page 118). Remarquer l'analogie des terminaisons du présent de l'indicatif, de l'impératif et du subjonctif avec celles des verbes du 1er groupe.

VERBE CUEILLIR 28

INDICATIF

Présent
je cueille
tu cueilles
il cueille
nous cueillons
vous cueillez
ils cueillent

Passé composé
j' ai cueilli
tu as cueilli
il a cueilli
n. avons cueilli
v. avez cueilli
ils ont cueilli

Imparfait
je cueillais
tu cueillais
il cueillait
nous cueillions
vous cueilliez
ils cueillaient

Plus-que-parfait
j' avais cueilli
tu avais cueilli
il avait cueilli
n. avions cueilli
v. aviez cueilli
ils avaient cueilli

Passé simple
je cueillis
tu cueillis
il cueillit
nous cueillîmes
vous cueillîtes
ils cueillirent

Passé antérieur
j' eus cueilli
tu eus cueilli
il eut cueilli
n. eûmes cueilli
v. eûtes cueilli
ils eurent cueilli

Futur simple
je cueillerai
tu cueilleras
il cueillera
nous cueillerons
vous cueillerez
ils cueilleront

Futur antérieur
j' aurai cueilli
tu auras cueilli
il aura cueilli
n. aurons cueilli
v. aurez cueilli
ils auront cueilli

SUBJONCTIF

Présent
que je cueille
que tu cueilles
qu'il cueille
que n. cueillions
que v. cueilliez
qu'ils cueillent

Passé
que j' aie cueilli
que tu aies cueilli
qu'il ait cueilli
que n. ayons cueilli
que v. ayez cueilli
qu'ils aient cueilli

Imparfait
que je cueillisse
que tu cueillisses
qu'il cueillît
que n. cueillissions
que v. cueillissiez
qu'ils cueillissent

Plus-que-parfait
que j' eusse cueilli
que tu eusses cueilli
qu'il eût cueilli
que n. eussions cueilli
que v. eussiez cueilli
qu'ils eussent cueilli

IMPERATIF

Présent
cueille
cueillons
cueillez

Passé
aie cueilli
ayons cueilli
ayez cueilli

CONDITIONNEL

Présent
je cueillerais
tu cueillerais
il cueillerait
n. cueillerions
v. cueilleriez
ils cueilleraient

Passé 1re forme
j' aurais cueilli
tu aurais cueilli
il aurait cueilli
n. aurions cueilli
v. auriez cueilli
ils auraient cueilli

INFINITIF

Présent
cueillir

Passé
avoir cueilli

PARTICIPE

Présent
cueillant

Passé
cueilli, ie
ayant cueilli

Passé 2e forme
j' eusse cueilli
tu eusses cueilli
il eût cueilli
n. eussions cueilli
v. eussiez cueilli
ils eussent cueilli

Ainsi se conjuguent **accueillir** et **recueillir**. Remarquer l'analogie des terminaisons de ce verbe avec celles du 1er groupe, en particulier au futur et au conditionnel : *je cueillerai* comme *j'aimerai*. (Mais le passé simple est *je cueillis,* différent de *j'aimai.*)

29 VERBES EN -AILLIR : ASSAILLIR

INDICATIF

Présent
j' assaille
tu assailles
il assaille
nous assaillons
vous assaillez
ils assaillent

Passé composé
j' ai assailli
tu as assailli
il a assailli
n. avons assailli
v. avez assailli
ils ont assailli

Imparfait
j' assaillais
tu assaillais
il assaillait
nous assaillions
vous assailliez
ils assaillaient

Plus-que-parfait
j' avais assailli
tu avais assailli
il avait assailli
n. avions assailli
v. aviez assailli
ils avaient assailli

Passé simple
j' assaillis
tu assaillis
il assaillit
nous assaillîmes
vous assaillîtes
ils assaillirent

Passé antérieur
j' eus assailli
tu eus assailli
il eut assailli
n. eûmes assailli
v. eûtes assailli
ils eurent assailli

Futur simple
j' assaillirai
tu assailliras
il assaillira
nous assaillirons
vous assaillirez
ils assailliront

Futur antérieur
j' aurai assailli
tu auras assailli
il aura assailli
n. aurons assailli
v. aurez assailli
ils auront assailli

SUBJONCTIF

Présent
que j' assaille
que tu assailles
qu'il assaille
que n. assaillions
que v. assailliez
qu'ils assaillent

Passé
que j' aie assailli
que tu aies assailli
qu'il ait assailli
que n. ayons assailli
que v. ayez assailli
qu'ils aient assailli

Imparfait
que j' assaillisse
que tu assaillisses
qu'il assaillît
que n. assaillissions
que v. assaillissiez
qu'ils assaillissent

Plus-que-parfait
que j' eusse assailli
que tu eusses assailli
qu'il eût assailli
que n. eussions assailli
que v. eussiez assailli
qu'ils eussent assailli

IMPERATIF

Présent
assaille
assaillons
assaillez

Passé
aie assailli
ayons assailli
ayez assailli

CONDITIONNEL

Présent
j' assaillirais
tu assaillirais
il assaillirait
n. assaillirions
v. assailliriez
ils assailliraient

Passé 1ʳᵉ forme
j' aurais assailli
tu aurais assailli
il aurait assailli
n. aurions assailli
v. auriez assailli
ils auraient assailli

Passé 2ᵉ forme
j' eusse assailli
tu eusses assailli
il eût assailli
n. eussions assailli
v. eussiez assailli
ils eussent assailli

INFINITIF

Présent
assaillir

Passé
avoir assailli

PARTICIPE

Présent
assaillant

Passé
assailli, ie
ayant assailli

Ainsi se conjuguent **tressaillir** et **défaillir** (cf. page suivante). Si quelques prosateurs célèbres ont risqué : *il tressaillit* au présent de l'indicatif, le dictionnaire de l'Académie, loin d'autoriser cette licence, écrit : *il tressaille de joie*. De même pour *je tressaillerai*, en regard de la seule forme correcte : *je tressaillirai*.
Saillir fait au futur : *il saillera, ils sailleront*.

VERBE FAILLIR 30

INDICATIF

Présent

je faux
tu faux
il faut
nous faillons
vous faillez
ils faillent

Passé composé

j'ai failli, etc.

Imparfait

je faillais, etc.

Plus-que-parfait

j'avais failli, etc.

Passé simple

je faillis, etc.

Passé antérieur

j'eus failli, etc.

Futur simple

je faillirai, etc.
je faudrai, etc.

Futur antérieur

j'aurai failli, etc.

SUBJONCTIF

Présent

que je faille, etc.

Passé

que j'aie failli, etc.

Imparfait

que je faillisse, etc.

Plus-que-parfait

que j'eusse failli, etc.

IMPERATIF

Présent

...

CONDITIONNEL

Présent

je faillirais, etc.
je faudrais, etc.

Passé 1re forme

j'aurais failli

INFINITIF

Présent

faillir

Passé

avoir failli

PARTICIPE

Présent

faillant

Passé

failli, ayant failli

■ Les formes en italique sont tout à fait désuètes. Le verbe **faillir** a trois emplois distincts :
1. Au sens de *manquer de* (semi-auxiliaire suivi de l'infinitif) : *j'ai failli tomber*, il n'a que le passé simple : *je faillis* ; le futur, le conditionnel : *je faillirai, je faillirais*, et tous les temps composés du type *avoir failli*.
2. Ces mêmes formes sont usitées avec le sens de *manquer à* : *je ne faillirai jamais à mon devoir*. Mais dans cette acception on trouve aussi quelques formes archaïques qui survivent surtout dans des expressions toutes faites comme *le cœur me faut*. Ce sont elles qui sont signalées ci-dessus en italique.
3. Enfin, au sens de *faire faillite*, ce verbe se conjugue régulièrement sur *finir*, mais il est pratiquement inusité, sauf au participe passé employé comme nom : *un failli*.

■ Le verbe **défaillir** se conjugue sur **assaillir** (tableau 29), mais certains temps sont moins usités (présent de l'indicatif au singulier, futur simple et conditionnel présent), sans doute en raison d'hésitations dues à la persistance de formes archaïques aujourd'hui sorties de l'usage, telles que :
Indicatif présent : je défaus, tu défaus, il défaut. *Indicatif futur* : je défaudrai, etc.
Mais ces hésitations n'autorisent pas à dire au futur : *je défaillerai* pour *je défaillirai*.

31 VERBE **BOUILLIR**

INDICATIF

Présent

je bous
tu bous
il bout
nous bouillons
vous bouillez
ils bouillent

Passé composé

j' ai bouilli
tu as bouilli
il a bouilli
n. avons bouilli
v. avez bouilli
ils ont bouilli

Imparfait

je bouillais
tu bouillais
il bouillait
nous bouillions
vous bouilliez
ils bouillaient

Plus-que-parfait

j' avais bouilli
tu avais bouilli
il avait bouilli
n. avions bouilli
v. aviez bouilli
ils avaient bouilli

Passé simple

je bouillis
tu bouillis
il bouillit
nous bouillîmes
vous bouillîtes
ils bouillirent

Passé antérieur

j' eus bouilli
tu eus bouilli
il eut bouilli
n. eûmes bouilli
v. eûtes bouilli
ils eurent bouilli

Futur simple

je bouillirai
tu bouilliras
il bouillira
nous bouillirons
vous bouillirez
ils bouilliront

Futur antérieur

j' aurai bouilli
tu auras bouilli
il aura bouilli
n. aurons bouilli
v. aurez bouilli
ils auront bouilli

SUBJONCTIF

Présent

que je bouille
que tu bouilles
qu'il bouille
que n. bouillions
que v. bouilliez
qu'ils bouillent

Passé

que j' aie bouilli
que tu aies bouilli
qu'il ait bouilli
que n. ayons bouilli
que v. ayez bouilli
qu'ils aient bouilli

Imparfait

que je bouillisse
que tu bouillisses
qu'il bouillît
que n. bouillissions
que v. bouillissiez
qu'ils bouillissent

Plus-que-parfait

que j' eusse bouilli
que tu eusses bouilli
qu'il eût bouilli
que n. eussions bouilli
que v. eussiez bouilli
qu'ils eussent bouilli

IMPERATIF

Présent

bous
bouillons
bouillez

Passé

aie bouilli
ayons bouilli
ayez bouilli

CONDITIONNEL

Présent

je bouillirais
tu bouillirais
il bouillirait
n. bouillirions
v. bouilliriez
ils bouilliraient

Passé 1re forme

j' aurais bouilli
tu aurais bouilli
il aurait bouilli
n. aurions bouilli
v. auriez bouilli
ils auraient bouilli

Passé 2e forme

j' eusse bouilli
tu eusses bouilli
il eût bouilli
n. eussions bouilli
v. eussiez bouilli
ils eussent bouilli

INFINITIF

Présent

bouillir

Passé

avoir bouilli

PARTICIPE

Présent

bouillant

Passé

bouilli, ie
ayant bouilli

VERBE **DORMIR** 32

INDICATIF

Présent

je dors
tu dors
il dort
nous dormons
vous dormez
ils dorment

Passé composé

j' ai dormi
tu as dormi
il a dormi
n. avons dormi
v. avez dormi
ils ont dormi

Imparfait

je dormais
tu dormais
il dormait
nous dormions
vous dormiez
ils dormaient

Plus-que-parfait

j' avais dormi
tu avais dormi
il avait dormi
n. avions dormi
v. aviez dormi
ils avaient dormi

Passé simple

je dormis
tu dormis
il dormit
nous dormîmes
vous dormîtes
ils dormirent

Passé antérieur

j' eus dormi
tu eus dormi
il eut dormi
n. eûmes dormi
v. eûtes dormi
ils eurent dormi

Futur simple

je dormirai
tu dormiras
il dormira
nous dormirons
vous dormirez
ils dormiront

Futur antérieur

j' aurai dormi
tu auras dormi
il aura dormi
n. aurons dormi
v. aurez dormi
ils auront dormi

SUBJONCTIF

Présent

que je dorme
que tu dormes
qu'il dorme
que n. dormions
que v. dormiez
qu'ils dorment

Passé

que j' aie dormi
que tu aies dormi
qu'il ait dormi
que n. ayons dormi
que v. ayez dormi
qu'ils aient dormi

Imparfait

que je dormisse
que tu dormisses
qu'il dormît
que n. dormissions
que v. dormissiez
qu'ils dormissent

Plus-que-parfait

que j' eusse dormi
que tu eusses dormi
qu'il eût dormi
que n. eussions dormi
que v. eussiez dormi
qu'ils eussent dormi

IMPERATIF

Présent

dors
dormons
dormez

Passé

aie dormi
ayons dormi
ayez dormi

CONDITIONNEL

Présent

je dormirais
tu dormirais
il dormirait
n. dormirions
v. dormiriez
ils dormiraient

Passé 1re forme

j' aurais dormi
tu aurais dormi
il aurait dormi
n. aurions dormi
v. auriez dormi
ils auraient dormi

Passé 2e forme

j' eusse dormi
tu eusses dormi
il eût dormi
n. eussions dormi
v. eussiez dormi
ils eussent dormi

INFINITIF

Présent

dormir

Passé

avoir dormi

PARTICIPE

Présent

dormant

Passé

dormi
ayant dormi

Ainsi se conjuguent **endormir, rendormir**.
Ces deux derniers verbes ont le participe passé variable, *endormi, endormie,* alors que le féminin *dormie* est pratiquement inusité.

33 VERBE COURIR

INDICATIF

Présent
je cours
tu cours
il court
nous courons
vous courez
ils courent

Passé composé
j' ai couru
tu as couru
il a couru
n. avons couru
v. avez couru
ils ont couru

Imparfait
je courais
tu courais
il courait
nous courions
vous couriez
ils couraient

Plus-que-parfait
j' avais couru
tu avais couru
il avait couru
n. avions couru
v. aviez couru
ils avaient couru

Passé simple
je courus
tu courus
il courut
nous courûmes
vous courûtes
ils coururent

Passé antérieur
j' eus couru
tu eus couru
il eut couru
n. eûmes couru
v. eûtes couru
ils eurent couru

Futur simple
je courrai
tu courras
il courra
nous courrons
vous courrez
ils courront

Futur antérieur
j' aurai couru
tu auras couru
il aura couru
n. aurons couru
v. aurez couru
ils auront couru

SUBJONCTIF

Présent
que je coure
que tu coures
qu'il coure
que n. courions
que v. couriez
qu'ils courent

Passé
que j' aie couru
que tu aies couru
qu'il ait couru
que n. ayons couru
que v. ayez couru
qu'ils aient couru

Imparfait
que je courusse
que tu courusses
qu'il courût
que n. courussions
que v. courussiez
qu'ils courussent

Plus-que-parfait
que j' eusse couru
que tu eusses couru
qu'il eût couru
que n. eussions couru
que v. eussiez couru
qu'ils eussent couru

IMPERATIF

Présent
cours
courons
courez

Passé
aie couru
ayons couru
ayez couru

CONDITIONNEL

Présent
je courrais
tu courrais
il courrait
n. courrions
v. courriez
ils courraient

Passé 1re forme
j' aurais couru
tu aurais couru
il aurait couru
n. aurions couru
v. auriez couru
ils auraient couru

Passé 2e forme
j' eusse couru
tu eusses couru
il eût couru
n. eussions couru
v. eussiez couru
ils eussent couru

INFINITIF

Présent
courir

Passé
avoir couru

PARTICIPE

Présent
courant

Passé
couru, ue
ayant couru

Ainsi se conjuguent les composés de **courir** (page 118).
Remarquer les deux **r** du futur et du conditionnel présent : *je courrai, je courrais.*

VERBE MOURIR 34

INDICATIF

Présent		Passé composé		
je	meurs	je	suis	mort
tu	meurs	tu	es	mort
il	meurt	il	est	mort
nous	mourons	n.	sommes	morts
vous	mourez	v.	êtes	morts
ils	meurent	ils	sont	morts

Imparfait		Plus-que-parfait		
je	mourais	j'	étais	mort
tu	mourais	tu	étais	mort
il	mourait	il	était	mort
nous	mourions	n.	étions	morts
vous	mouriez	v.	étiez	morts
ils	mouraient	ils	étaient	morts

Passé simple		Passé antérieur		
je	mourus	je	fus	mort
tu	mourus	tu	fus	mort
il	mourut	il	fut	mort
nous	mourûmes	n.	fûmes	morts
vous	mourûtes	v.	fûtes	morts
ils	moururent	ils	furent	morts

Futur simple		Futur antérieur		
je	mourrai	je	serai	mort
tu	mourras	tu	seras	mort
il	mourra	il	sera	mort
nous	mourrons	n.	serons	morts
vous	mourrez	v.	serez	morts
ils	mourront	ils	seront	morts

SUBJONCTIF

Présent		Passé		
que je	meure	que je	sois	mort
que tu	meures	que tu	sois	mort
qu'il	meure	qu'il	soit	mort
que n.	mourions	que n.	soyons	morts
que v.	mouriez	que v.	soyez	morts
qu'ils	meurent	qu'ils	soient	morts

Imparfait		Plus-que-parfait		
que je	mourusse	que je	fusse	mort
que tu	mourusses	que tu	fusses	mort
qu'il	mourût	qu'il	fût	mort
que n.	mourussions	que n.	fussions	morts
que v.	mourussiez	que v.	fussiez	morts
qu'ils	mourussent	qu'ils	fussent	morts

IMPERATIF

Présent	Passé	
meurs	sois	mort
mourons	soyons	morts
mourez	soyez	morts

CONDITIONNEL

Présent		Passé 1re forme		
je	mourrais	je	serais	mort
tu	mourrais	tu	serais	mort
il	mourrait	il	serait	mort
n.	mourrions	n.	serions	morts
v.	mourriez	v.	seriez	morts
ils	mourraient	ils	seraient	morts

Passé 2e forme		
je	fusse	mort
tu	fusses	mort
il	fût	mort
n.	fussions	morts
v.	fussiez	morts
ils	fussent	morts

INFINITIF

Présent	Passé
mourir	être mort

PARTICIPE

Présent	Passé
mourant	mort, te
	étant mort

Remarquer le redoublement de l'**r** au futur et au conditionnel présent : *Je mourrai, je mourrais,* et l'emploi de l'auxiliaire **être** dans les temps composés.

VERBE SERVIR

INDICATIF

Présent
je sers
tu sers
il sert
nous servons
vous servez
ils servent

Passé composé
j' ai servi
tu as servi
il a servi
n. avons servi
v. avez servi
ils ont servi

Imparfait
je servais
tu servais
il servait
nous servions
vous serviez
ils servaient

Plus-que-parfait
j' avais servi
tu avais servi
il avait servi
n. avions servi
v. aviez servi
ils avaient servi

Passé simple
je servis
tu servis
il servit
nous servîmes
vous servîtes
ils servirent

Passé antérieur
j' eus servi
tu eus servi
il eut servi
n. eûmes servi
v. eûtes servi
ils eurent servi

Futur simple
je servirai
tu serviras
il servira
nous servirons
vous servirez
ils serviront

Futur antérieur
j' aurai servi
tu auras servi
il aura servi
n. aurons servi
v. aurez servi
ils auront servi

SUBJONCTIF

Présent
que je serve
que tu serves
qu'il serve
que n. servions
que v. serviez
qu'ils servent

Passé
que j' aie servi
que tu aies servi
qu'il ait servi
que n. ayons servi
que v. ayez servi
qu'ils aient servi

Imparfait
que je servisse
que tu servisses
qu'il servît
que n. servissions
que v. servissiez
qu'ils servissent

Plus-que-parfait
que j' eusse servi
que tu eusses servi
qu'il eût servi
que n. eussions servi
que v. eussiez servi
qu'ils eussent servi

IMPERATIF

Présent
sers
servons
servez

Passé
aie servi
ayons servi
ayez servi

CONDITIONNEL

Présent
je servirais
tu servirais
il servirait
n. servirions
v. serviriez
ils serviraient

Passé 1re forme
j' aurais servi
tu aurais servi
il aurait servi
n. aurions servi
v. auriez servi
ils auraient servi

INFINITIF

Présent
servir

Passé
avoir servi

PARTICIPE

Présent
servant

Passé
servi, ie
ayant servi

Passé 2e forme
j' eusse servi
tu eusses servi
il eût servi
n. eussions servi
v. eussiez servi
ils eussent servi

Ainsi se conjuguent **desservir**, **resservir**. Mais **asservir** se conjugue sur **finir**.

VERBE FUIR 36

INDICATIF

Présent

je	fuis
tu	fuis
il	fuit
nous	fuyons
vous	fuyez
ils	fuient

Passé composé

j'	ai	fui
tu	as	fui
il	a	fui
n.	avons	fui
v.	avez	fui
ils	ont	fui

Imparfait

je	fuyais
tu	fuyais
il	fuyait
nous	fuyions
vous	fuyiez
ils	fuyaient

Plus-que-parfait

j'	avais	fui
tu	avais	fui
il	avait	fui
n.	avions	fui
v.	aviez	fui
ils	avaient	fui

Passé simple

je	fuis
tu	fuis
il	fuit
nous	fuîmes
vous	fuîtes
ils	fuirent

Passé antérieur

j'	eus	fui
tu	eus	fui
il	eut	fui
n.	eûmes	fui
v.	eûtes	fui
ils	eurent	fui

Futur simple

je	fuirai
tu	fuiras
il	fuira
nous	fuirons
vous	fuirez
ils	fuiront

Futur antérieur

j'	aurai	fui
tu	auras	fui
il	aura	fui
n.	aurons	fui
v.	aurez	fui
ils	auront	fui

SUBJONCTIF

Présent

que je	fuie
que tu	fuies
qu'il	fuie
que n.	fuyions
que v.	fuyiez
qu'ils	fuient

Passé

que j'	aie	fui
que tu	aies	fui
qu'il	ait	fui
que n.	ayons	fui
que v.	ayez	fui
qu'ils	aient	fui

Imparfait

que je	fuisse
que tu	fuisses
qu'il	fuît
que n.	fuissions
que v.	fuissiez
qu'ils	fuissent

Plus-que-parfait

que j'	eusse	fui
que tu	eusses	fui
qu'il	eût	fui
que n.	eussions	fui
que v.	eussiez	fui
qu'ils	eussent	fui

IMPERATIF

Présent

fuis
fuyons
fuyez

Passé

aie	fui
ayons	fui
ayez	fui

CONDITIONNEL

Présent

je	fuirais
tu	fuirais
il	fuirait
n.	fuirions
v.	fuiriez
ils	fuiraient

Passé 1re forme

j'	aurais	fui
tu	aurais	fui
il	aurait	fui
n.	aurions	fui
v.	auriez	fui
ils	auraient	fui

Passé 2e forme

j'	eusse	fui
tu	eusses	fui
il	eût	fui
n.	eussions	fui
v.	eussiez	fui
ils	eussent	fui

INFINITIF

Présent

fuir

Passé

avoir fui

PARTICIPE

Présent

fuyant

Passé

fui, ie
ayant fui

Ainsi se conjugue **s'enfuir**.

VERBE **OUÏR**

INDICATIF

Présent
- j' *ois*
- tu *ois*
- il *oit*
- nous *oyons*
- vous *oyez*
- ils *oient*

Passé composé
j' ai ouï

Imparfait
- *j' oyais*

Plus-que-parfait
j' avais ouï

Passé simple
- *j' ouïs*

Passé antérieur
j' eus ouï

Futur simple
- j' ouïrai
- *j' orrai*
- *j' oirai*

Futur antérieur
j' aurai ouï

SUBJONCTIF

Présent
- *que j' oie*
- *que tu oies*
- *qu'il oie*
- *que n. oyions*
- *que v. oyiez*
- *qu'ils oient*

Passé
que j' aie ouï

Imparfait
- *que j' ouïsse*

Plus-que-parfait
que j' eusse ouï

CONDITIONNEL

Présent
- j'ouïrais
- *j'orrais*
- *j'oirais*

Passé 1re forme
j'aurais ouï

IMPERATIF

Présent
- ois
- oyons
- oyez

INFINITIF

Présent
ouïr

Passé
avoir ouï

PARTICIPE

Présent
oyant

Passé
ouï, ïe   ayant ouï

Le verbe **ouïr** a définitivement cédé la place à **entendre**. Il n'est plus employé qu'à l'infinitif et dans l'expression *«par ouï-dire»*. La conjugaison archaïque est donnée ci-dessus en italique, excepté pour les formes qui se sont maintenues le plus longtemps. A noter le futur *j'ouirai*, refait d'après l'infinitif sur le modèle de : **sentir, je sentirai.**

VERBE **GÉSIR**

Ce verbe, qui signifie : *être couché,* n'est plus d'usage qu'aux formes ci-après :

INDICATIF

Présent
- je gis
- tu gis
- il gît
- nous gisons
- vous gisez
- ils gisent

Imparfait
- je gisais
- tu gisais
- il gisait
- n. gisions
- v. gisiez
- ils gisaient

PARTICIPE

Présent
gisant

On n'emploie guère le verbe **gésir** qu'en parlant des personnes malades ou mortes, et de choses renversées par le temps ou la destruction : *Nous **gisions** tous les deux sur le pavé d'un cachot, malades et privés de secours. Son cadavre **gît** maintenant dans le tombeau. Des colonnes **gisant** éparses* (Académie). Cf. l'inscription funéraire : *ci-gît.*

VERBES EN -CEVOIR : RECEVOIR   38

INDICATIF

Présent		*Passé composé*	
je	reçois	j' ai	reçu
tu	reçois	tu as	reçu
il	reçoit	il a	reçu
nous	recevons	n. avons	reçu
vous	recevez	v. avez	reçu
ils	reçoivent	ils ont	reçu

Imparfait		*Plus-que-parfait*	
je	recevais	j' avais	reçu
tu	recevais	tu avais	reçu
il	recevait	il avait	reçu
nous	recevions	n. avions	reçu
vous	receviez	v. aviez	reçu
ils	recevaient	ils avaient	reçu

Passé simple		*Passé antérieur*	
je	reçus	j' eus	reçu
tu	reçus	tu eus	reçu
il	reçut	il eut	reçu
nous	reçûmes	n. eûmes	reçu
vous	reçûtes	v. eûtes	reçu
ils	reçurent	ils eurent	reçu

Futur simple		*Futur antérieur*	
je	recevrai	j' aurai	reçu
tu	recevras	tu auras	reçu
il	recevra	il aura	reçu
nous	recevrons	n. aurons	reçu
vous	recevrez	v. aurez	reçu
ils	recevront	ils auront	reçu

SUBJONCTIF

Présent		*Passé*	
que je	reçoive	que j' aie	reçu
que tu	reçoives	que tu aies	reçu
qu'il	reçoive	qu'il ait	reçu
que n.	recevions	que n. ayons	reçu
que v.	receviez	que v. ayez	reçu
qu'ils	reçoivent	qu'ils aient	reçu

Imparfait		*Plus-que-parfait*	
que je	reçusse	que j' eusse	reçu
que tu	reçusses	que tu eusses	reçu
qu'il	reçût	qu'il eût	reçu
que n.	reçussions	que n. eussions	reçu
que v.	reçussiez	que v. eussiez	reçu
qu'ils	reçussent	qu'ils eussent	reçu

IMPERATIF

Présent	*Passé*	
reçois	aie	reçu
recevons	ayons	reçu
recevez	ayez	reçu

CONDITIONNEL

Présent		*Passé 1re forme*	
je	recevrais	j' aurais	reçu
tu	recevrais	tu aurais	reçu
il	recevrait	il aurait	reçu
n.	recevrions	n. aurions	reçu
v.	recevriez	v. auriez	reçu
ils	recevraient	ils auraient	reçu

Passé 2e forme

j'	eusse	reçu
tu	eusses	reçu
il	eût	reçu
n.	eussions	reçu
v.	eussiez	reçu
ils	eussent	reçu

INFINITIF

Présent	*Passé*
recevoir	avoir reçu

PARTICIPE

Présent	*Passé*
recevant	reçu, ue
	ayant reçu

La cédille est placée sous le **c** chaque fois qu'il précède un **o** ou un **u**.
Ainsi se conjuguent **apercevoir, concevoir, décevoir, percevoir.**

39 VERBE **VOIR**

INDICATIF

Présent

je vois
tu vois
il voit
nous voyons
vous voyez
ils voient

Passé composé

j' ai vu
tu as vu
il a vu
n. avons vu
v. avez vu
ils ont vu

Imparfait

je voyais
tu voyais
il voyait
nous voyions
vous voyiez
ils voyaient

Plus-que-parfait

j' avais vu
tu avais vu
il avait vu
n. avions vu
v. aviez vu
ils avaient vu

Passé simple

je vis
tu vis
il vit
nous vîmes
vous vîtes
ils virent

Passé antérieur

j' eus vu
tu eus vu
il eut vu
n. eûmes vu
v. eûtes vu
ils eurent vu

Futur simple

je verrai
tu verras
il verra
nous verrons
vous verrez
ils verront

Futur antérieur

j' aurai vu
tu auras vu
il aura vu
n. aurons vu
v. aurez vu
ils auront vu

SUBJONCTIF

Présent

que je voie
que tu voies
qu'il voie
que n. voyions
que v. voyiez
qu'ils voient

Passé

que j' aie vu
que tu aies vu
qu'il ait vu
que n. ayons vu
que v. ayez vu
qu'ils aient vu

Imparfait

que je visse
que tu visses
qu'il vît
que n. vissions
que v. vissiez
qu'ils vissent

Plus-que-parfait

que j' eusse vu
que tu eusses vu
qu'il eût vu
que n. eussions vu
que v. eussiez vu
qu'ils eussent vu

IMPERATIF

Présent

vois
voyons
voyez

Passé

aie vu
ayons vu
ayez vu

CONDITIONNEL

Présent

je verrais
tu verrais
il verrait
n. verrions
v. verriez
ils verraient

Passé 1re forme

j' aurais vu
tu aurais vu
il aurait vu
n. aurions vu
v. auriez vu
ils auraient vu

INFINITIF

Présent

voir

Passé

avoir vu

PARTICIPE

Présent

voyant

Passé

vu, ue
ayant vu

Passé 2e forme

j' eusse vu
tu eusses vu
il eût vu
n. eussions vu
v. eussiez vu
ils eussent vu

Ainsi se conjuguent **entrevoir, revoir, prévoir.**
Ce dernier fait au futur et au conditionnel présent : *je prévoirai... je prévoirais...*

VERBE **POURVOIR** 40

INDICATIF

Présent
je pourvois
tu pourvois
il pourvoit
n. pourvoyons
v. pourvoyez
ils pourvoient

Passé composé
j' ai pourvu
tu as pourvu
il a pourvu
n. avons pourvu
v. avez pourvu
ils ont pourvu

Imparfait
je pourvoyais
tu pourvoyais
il pourvoyait
n. pourvoyions
v. pourvoyiez
ils pourvoyaient

Plus-que-parfait
j' avais pourvu
tu avais pourvu
il avait pourvu
n. avions pourvu
v. aviez pourvu
ils avaient pourvu

Passé simple
je pourvus
tu pourvus
il pourvut
n. pourvûmes
v. pourvûtes
ils pourvurent

Passé antérieur
j' eus pourvu
tu eus pourvu
il eut pourvu
n. eûmes pourvu
v. eûtes pourvu
ils eurent pourvu

Futur simple
je pourvoirai
tu pourvoiras
il pourvoira
n. pourvoirons
v. pourvoirez
ils pourvoiront

Futur antérieur
j' aurai pourvu
tu auras pourvu
il aura pourvu
n. aurons pourvu
v. aurez pourvu
ils auront pourvu

SUBJONCTIF

Présent
que je pourvoie
que tu pourvoies
qu'il pourvoie
que n. pourvoyions
que v. pourvoyiez
qu'ils pourvoient

Passé
que j' aie pourvu
que tu aies pourvu
qu'il ait pourvu
que n. ayons pourvu
que v. ayez pourvu
qu'ils aient pourvu

Imparfait
que je pourvusse
que tu pourvusses
qu'il pourvût
que n. pourvussions
que v. pourvussiez
qu'ils pourvussent

Plus-que-parfait
que j' eusse pourvu
que tu eusses pourvu
qu'il eût pourvu
que n. eussions pourvu
que v. eussiez pourvu
qu'ils eussent pourvu

IMPERATIF

Présent
pourvois
pourvoyons
pourvoyez

Passé
aie pourvu
ayons pourvu
ayez pourvu

CONDITIONNEL

Présent
je pourvoirais
tu pourvoirais
il pourvoirait
n. pourvoirions
v. pourvoiriez
ils pourvoiraient

Passé 1re forme
j' aurais pourvu
tu aurais pourvu
il aurait pourvu
n. aurions pourvu
v. auriez pourvu
ils auraient pourvu

Passé 2e forme
j' eusse pourvu
tu eusses pourvu
il eût pourvu
n. eussions pourvu
v. eussiez pourvu
ils eussent pourvu

INFINITIF

Présent
pourvoir

Passé
avoir pourvu

PARTICIPE

Présent
pourvoyant

Passé
pourvu ue
ayant pourvu

Pourvoir se conjugue comme le verbe simple **voir** (tableau 39) sauf au futur et au conditionnel : *je pourvoirai, je pourvoirais;* au passé simple et au subjonctif imparfait : *je pourvus, que je pourvusse.*
Dépourvoir s'emploie rarement, et seulement au passé simple, à l'infinitif, au participe passé et aux temps composés : *Il le dépourvut de tout.* On l'utilise surtout à la forme pronominale : *Je me suis dépourvu de tout.*

VERBE SAVOIR

INDICATIF

Présent
je sais
tu sais
il sait
nous savons
vous savez
ils savent

Passé composé
j' ai su
tu as su
il a su
n. avons su
v. avez su
ils ont su

Imparfait
je savais
tu savais
il savait
nous savions
vous saviez
ils savaient

Plus-que-parfait
j' avais su
tu avais su
il avait su
n. avions su
v. aviez su
ils avaient su

Passé simple
je sus
tu sus
il sut
nous sûmes
vous sûtes
ils surent

Passé antérieur
j' eus su
tu eus su
il eut su
n. eûmes su
v. eûtes su
ils eurent su

Futur simple
je saurai
tu sauras
il saura
nous saurons
vous saurez
ils sauront

Futur antérieur
j' aurai su
tu auras su
il aura su
n. aurons su
v. aurez su
ils auront su

SUBJONCTIF

Présent
que je sache
que tu saches
qu' il sache
que n. sachions
que v. sachiez
qu' ils sachent

Passé
que j' aie su
que tu aies su
qu' il ait su
que n. ayons su
que v. ayez su
qu' ils aient su

Imparfait
que je susse
que tu susses
qu' il sût
que n. sussions
que v. sussiez
qu' ils sussent

Plus-que-parfait
que j' eusse su
que tu eusses su
qu' il eût su
que n. eussions su
que v. eussiez su
qu' ils eussent su

IMPERATIF

Présent
sache
sachons
sachez

Passé
aie su
ayons su
ayez su

CONDITIONNEL

Présent
je saurais
tu saurais
il saurait
n. saurions
v. sauriez
ils sauraient

Passé 1re forme
j' aurais su
tu aurais su
il aurait su
n. aurions su
v. auriez su
ils auraient su

Passé 2e forme
j' eusse su
tu eusses su
il eût su
n. eussions su
v. eussiez su
ils eussent su

INFINITIF

Présent
savoir

Passé
avoir su

PARTICIPE

Présent
sachant

Passé
su, ue
ayant su

À noter l'emploi curieux du subjonctif dans les expressions : **je ne sache pas** *qu'il soit venu; il n'est pas venu,* **que je sache.**

VERBE **DEVOIR** 42

INDICATIF

Présent
je dois
tu dois
il doit
nous devons
vous devez
ils doivent

Passé composé
j' ai dû
tu as dû
il a dû
n. avons dû
v. avez dû
ils ont dû

Imparfait
je devais
tu devais
il devait
nous devions
vous deviez
ils devaient

Plus-que-parfait
j' avais dû
tu avais dû
il avait dû
n. avions dû
v. aviez dû
ils avaient dû

Passé simple
je dus
tu dus
il dut
nous dûmes
vous dûtes
ils durent

Passé antérieur
j' eus dû
tu eus dû
il eut dû
n. eûmes dû
v. eûtes dû
ils eurent dû

Futur simple
je devrai
tu devras
il devra
nous devrons
vous devrez
ils devront

Futur antérieur
j' aurai dû
tu auras dû
il aura dû
n. aurons dû
v. aurez dû
ils auront dû

SUBJONCTIF

Présent
que je doive
que tu doives
qu'il doive
que n. devions
que v. deviez
qu'ils doivent

Passé
que j' aie dû
que tu aies dû
qu'il ait dû
que n. ayons dû
que v. ayez dû
qu'ils aient dû

Imparfait
que je dusse
que tu dusses
qu'il dût
que n. dussions
que v. dussiez
qu'ils dussent

Plus-que-parfait
que j' eusse dû
que tu eusses dû
qu'il eût dû
que n. eussions dû
que v. eussiez dû
qu'ils eussent dû

IMPERATIF

Présent
dois
devons
devez

Passé
aie dû
ayons dû
ayez dû

CONDITIONNEL

Présent
je devrais
tu devrais
il devrait
n. devrions
v. devriez
ils devraient

Passé 1re forme
j' aurais dû
tu aurais dû
il aurait dû
n. aurions dû
v. auriez dû
ils auraient dû

INFINITIF

Présent
devoir

Passé
avoir dû

PARTICIPE

Présent
devant

Passé
dû, ue
ayant dû

Passé 2e forme
j' eusse dû
tu eusses dû
il eût dû
n. eussions dû
v. eussiez dû
ils eussent dû

Ainsi se conjuguent **devoir** et **redevoir** qui prennent un accent circonflexe au participe passé *masculin singulier* seulement : dû, redû. Mais on écrit sans accent : *due, dus, dues; redue, redus, redues.* L'impératif est peu usité.

VERBE POUVOIR

INDICATIF

Présent		Passé composé	
je	peux	j'	ai pu
ou je	puis	tu	as pu
tu	peux	il	a pu
il	peut	n.	avons pu
nous	pouvons	v.	avez pu
vous	pouvez	ils	ont pu
ils	peuvent		

Imparfait		Plus-que-parfait	
je	pouvais	j'	avais pu
tu	pouvais	tu	avais pu
il	pouvait	il	avait pu
nous	pouvions	n.	avions pu
vous	pouviez	v.	aviez pu
ils	pouvaient	ils	avaient pu

Passé simple		Passé antérieur	
je	pus	j'	eus pu
tu	pus	tu	eus pu
il	put	il	eut pu
nous	pûmes	n.	eûmes pu
vous	pûtes	v.	eûtes pu
ils	purent	ils	eurent pu

Futur simple		Futur antérieur	
je	pourrai	j'	aurai pu
tu	pourras	tu	auras pu
il	pourra	il	aura pu
nous	pourrons	n.	aurons pu
vous	pourrez	v.	aurez pu
ils	pourront	ils	auront pu

SUBJONCTIF

Présent		Passé	
que je	puisse	que j'	aie pu
que tu	puisses	que tu	aies pu
qu'il	puisse	qu'il	ait pu
que n.	puissions	que n.	ayons pu
que v.	puissiez	que v.	ayez pu
qu'ils	puissent	qu'ils	aient pu

Imparfait		Plus-que-parfait	
que je	pusse	que j'	eusse pu
que tu	pusses	que tu	eusses pu
qu'il	pût	qu'il	eût pu
que n.	pussions	que n.	eussions pu
que v.	pussiez	que v.	eussiez pu
qu'ils	pussent	qu'ils	eussent pu

IMPERATIF

Présent

pas d'impératif

Passé

CONDITIONNEL

Présent		Passé 1re forme	
je	pourrais	j'	aurais pu
tu	pourrais	tu	aurais pu
il	pourrait	il	aurait pu
n.	pourrions	n.	aurions pu
v.	pourriez	v.	auriez pu
ils	pourraient	ils	auraient pu

INFINITIF

Présent	Passé
pouvoir	avoir pu

PARTICIPE

Présent	Passé
pouvant	pu
	ayant pu

Passé 2e forme

j'	eusse	pu
tu	eusses	pu
il	eût	pu
n.	eussions	pu
v.	eussiez	pu
ils	eussent	pu

Le verbe **pouvoir** prend deux **r** au futur et au présent du conditionnel, mais, à la différence de **mourir** et **courir,** on n'en prononce qu'un. *Je puis* semble d'un emploi plus distingué que *je peux.* On ne dit pas : *peux-je?* mais *puis-je? Il se peut que* se dit pour *il peut se faire que* au sens de *il peut arriver que, il est possible que,* et cette formule se construit alors normalement avec le subjonctif.

VERBE **MOUVOIR** 44

INDICATIF

Présent		Passé composé	
je	meus	j' ai	mû
tu	meus	tu as	mû
il	meut	il a	mû
nous	mouvons	n. avons	mû
vous	mouvez	v. avez	mû
ils	meuvent	ils ont	mû

Imparfait		Plus-que-parfait	
je	mouvais	j' avais	mû
tu	mouvais	tu avais	mû
il	mouvait	il avait	mû
nous	mouvions	n. avions	mû
vous	mouviez	v. aviez	mû
ils	mouvaient	ils avaient	mû

Passé simple		Passé antérieur	
je	mus	j' eus	mû
tu	mus	tu eus	mû
il	mut	il eut	mû
nous	mûmes	n. eûmes	mû
vous	mûtes	v. eûtes	mû
ils	murent	ils eurent	mû

Futur simple		Futur antérieur	
je	mouvrai	j' aurai	mû
tu	mouvras	tu auras	mû
il	mouvra	il aura	mû
nous	mouvrons	n. aurons	mû
vous	mouvrez	v. aurez	mû
ils	mouvront	ils auront	mû

SUBJONCTIF

Présent		Passé		
que je	meuve	que j'	aie	mû
que tu	meuves	que tu	aies	mû
qu'il	meuve	qu'il	ait	mû
que n.	mouvions	que n.	ayons	mû
que v.	mouviez	que v.	ayez	mû
qu'ils	meuvent	qu'ils	aient	mû

Imparfait		Plus-que-parfait		
que je	musse	que j'	eusse	mû
que tu	musses	que tu	eusses	mû
qu'il	mût	qu'il	eût	mû
que n.	mussions	que n.	eussions	mû
que v.	mussiez	que v.	eussiez	mû
qu'ils	mussent	qu'ils	eussent	mû

IMPERATIF

Présent	Passé	
meus	aie	mû
mouvons	ayons	mû
mouvez	ayez	mû

CONDITIONNEL

Présent		Passé 1re forme		
je	mouvrais	j'	aurais	mû
tu	mouvrais	tu	aurais	mû
il	mouvrait	il	aurait	mû
n.	mouvrions	n.	aurions	mû
v.	mouvriez	v.	auriez	mû
ils	mouvraient	ils	auraient	mû

Passé 2e forme		
j'	eusse	mû
tu	eusses	mû
il	eût	mû
n.	eussions	mû
v.	eussiez	mû
ils	eussent	mû

INFINITIF

Présent	Passé
mouvoir	avoir mû

PARTICIPE

Présent	Passé
mouvant	mû, ue
	ayant mû

Émouvoir se conjugue sur **mouvoir**, mais son participe passé masculin singulier *ému* ne prend pas d'accent circonflexe.
Promouvoir se conjugue comme **mouvoir**, mais son participe *promu* ne prend pas d'accent circonflexe au masculin singulier. Ce verbe ne s'emploie guère qu'à l'infinitif, au participe passé et aux temps composés. L'acception publicitaire et commerciale favorise depuis peu les autres formes.

45 VERBE IMPERSONNEL **PLEUVOIR**

INDICATIF

Présent	Passé composé
il pleut	il a plu

Imparfait	Plus-que-parfait
il pleuvait	il avait plu

Passé simple	Passé antérieur
il plut	il eut plu

Futur simple	Futur antérieur
il pleuvra	il aura plu

SUBJONCTIF

Présent	Passé
qu'il pleuve	qu'il ait plu

Imparfait	Plus-que-parfait
qu'il plût	qu'il eût plu

IMPERATIF

pas d'impératif

CONDITIONNEL

Présent	Passé 1re forme
il pleuvrait	il aurait plu

Passé 2e forme

il eût plu

INFINITIF

Présent	Passé
pleuvoir	avoir plu

PARTICIPE

Présent	Passé
pleuvant	plu ayant plu

Nota. Quoique impersonnel, ce verbe s'emploie au pluriel, mais dans le sens figuré : **Les coups de fusil** *pleuvent,* **les sarcasmes** *pleuvent* **sur lui, les honneurs** *pleuvaient* **sur sa personne.** De même, son participe présent ne s'emploie qu'au sens figuré : *les coups pleuvant sur lui...*

VERBE IMPERSONNEL **FALLOIR** 46

INDICATIF

Présent	Passé composé
il faut	il a fallu

Imparfait	Plus-que-parfait
il fallait	il avait fallu

Passé simple	Passé antérieur
il fallut	il eut fallu

Futur simple	Futur antérieur
il faudra	il aura fallu

SUBJONCTIF

Présent	Passé
qu'il faille	qu'il ait fallu

Imparfait	Plus-que-parfait
qu'il fallût	qu'il eût fallu

IMPERATIF

pas d'impératif

CONDITIONNEL

Présent	Passé 1re forme
il faudrait	il aurait fallu

INFINITIF

Présent
falloir

PARTICIPE

Passé
fallu

Passé 2e forme

il eût fallu

Dans les expressions : *il s'en faut de beaucoup, tant s'en faut, peu s'en faut,* la forme **faut** vient non de **falloir,** mais de **faillir,** au sens de *manquer, faire défaut.*

47 VERBE VALOIR

INDICATIF

Présent
je vaux
tu vaux
il vaut
nous valons
vous valez
ils valent

Passé composé
j' ai valu
tu as valu
il a valu
n. avons valu
v. avez valu
ils ont valu

Imparfait
je valais
tu valais
il valait
nous valions
vous valiez
ils valaient

Plus-que-parfait
j' avais valu
tu avais valu
il avait valu
n. avions valu
v. aviez valu
ils avaient valu

Passé simple
je valus
tu valus
il valut
nous valûmes
vous valûtes
ils valurent

Passé antérieur
j' eus valu
tu eus valu
il eut valu
n. eûmes valu
v. eûtes valu
ils eurent valu

Futur simple
je vaudrai
tu vaudras
il vaudra
nous vaudrons
vous vaudrez
ils vaudront

Futur antérieur
j' aurai valu
tu auras valu
il aura valu
n. aurons valu
v. aurez valu
ils auront valu

SUBJONCTIF

Présent
que je vaille
que tu vailles
qu'il vaille
que n. valions
que v. valiez
qu'ils vaillent

Passé
que j' aie valu
que tu aies valu
qu'il ait valu
que n. ayons valu
que v. ayez valu
qu'ils aient valu

Imparfait
que je valusse
que tu valusses
qu'il valût
que n. valussions
que v. valussiez
qu'ils valussent

Plus-que-parfait
que j' eusse valu
que tu eusses valu
qu'il eût valu
que n. eussions valu
que v. eussiez valu
qu'ils eussent valu

IMPERATIF

Présent
vaux
valons
valez

Passé
aie valu
ayons valu
ayez valu

CONDITIONNEL

Présent
je vaudrais
tu vaudrais
il vaudrait
n. vaudrions
v. vaudriez
ils vaudraient

Passé 1re forme
j' aurais valu
tu aurais valu
il aurait valu
n. aurions valu
v. auriez valu
ils auraient valu

Passé 2e forme
j' eusse valu
tu eusses valu
il eût valu
n. eussions valu
v. eussiez valu
ils eussent valu

INFINITIF

Présent
valoir

Passé
avoir valu

PARTICIPE

Présent
valant

Passé
valu, ue
ayant valu

Ainsi se conjuguent **équivaloir, prévaloir, revaloir**, mais au subjonctif présent **prévaloir** fait : *que je prévale... que nous prévalions...*
Il ne faut pas que la coutume prévale sur la raison (Ac.).
À la forme pronominale, le participe passé s'accorde : *Elle s'est prévalue de ses droits.*

VERBE **VOULOIR** 48

INDICATIF

Présent		Passé composé	
je	veux	j' ai	voulu
tu	veux	tu as	voulu
il	veut	il a	voulu
nous	voulons	n. avons	voulu
vous	voulez	v. avez	voulu
ils	veulent	ils ont	voulu

Imparfait		Plus-que-parfait	
je	voulais	j' avais	voulu
tu	voulais	tu avais	voulu
il	voulait	il avait	voulu
nous	voulions	n. avions	voulu
vous	vouliez	v. aviez	voulu
ils	voulaient	ils avaient	voulu

Passé simple		Passé antérieur	
je	voulus	j' eus	voulu
tu	voulus	tu eus	voulu
il	voulut	il eut	voulu
nous	voulûmes	n. eûmes	voulu
vous	voulûtes	v. eûtes	voulu
ils	voulurent	ils eurent	voulu

Futur simple		Futur antérieur	
je	voudrai	j' aurai	voulu
tu	voudras	tu auras	voulu
il	voudra	il aura	voulu
nous	voudrons	n. aurons	voulu
vous	voudrez	v. aurez	voulu
ils	voudront	ils auront	voulu

SUBJONCTIF

Présent		Passé	
que je	veuille	que j' aie	voulu
que tu	veuilles	que tu aies	voulu
qu'il	veuille	qu'il ait	voulu
que n.	voulions	que n. ayons	voulu
que v.	vouliez	que v. ayez	voulu
qu'ils	veuillent	qu'ils aient	voulu

Imparfait		Plus-que-parfait	
que je	voulusse	que j' eusse	voulu
que tu	voulusses	que tu eusses	voulu
qu'il	voulût	qu'il eût	voulu
que n.	voulussions	que n. eussions	voulu
que v.	voulussiez	que v. eussiez	voulu
qu'ils	voulussent	qu'ils eussent	voulu

IMPERATIF

Présent	Passé	
veux (veuille)	aie	voulu
voulons	ayons	voulu
voulez (veuillez)	ayez	voulu

CONDITIONNEL

Présent		Passé 1re forme	
je	voudrais	j' aurais	voulu
tu	voudrais	tu aurais	voulu
il	voudrait	il aurait	voulu
n.	voudrions	n. aurions	voulu
v.	voudriez	v. auriez	voulu
ils	voudraient	ils auraient	voulu

Passé 2e forme	
j' eusse	voulu
tu eusses	voulu
il eût	voulu
n. eussions	voulu
v. eussiez	voulu
ils eussent	voulu

INFINITIF

Présent	Passé
vouloir	avoir voulu

PARTICIPE

Présent	Passé
voulant	voulu, ue
	ayant voulu

L'impératif *veux, voulons, voulez*, n'est d'usage que dans certaines occasions très rares où l'on engage à s'armer d'une ferme volonté : *Veux donc, malheureux, et tu seras sauvé*. Mais, pour inviter poliment, on dit *veuille, veuillez*, au sens de : *aie, ayez la bonté de* : *Veuillez agréer mes respectueuses salutations*. Au subjonctif présent, les formes primitives : *que nous voulions, que vous vouliez*, reprennent le pas sur : *que nous veuillions, que vous veuilliez*, senties comme anciennes et recherchées.
Avec le pronom adverbial **en** qui donne à ce verbe le sens de : *avoir du ressentiment*, on trouve couramment : *ne m'en veux pas, ne m'en voulez pas*, alors que la langue littéraire préfère *ne m'en veuille pas, ne m'en veuillez pas*.

VERBE ASSEOIR

INDICATIF

Présent
j'   assieds
tu   assieds
il   assied
nous asseyons
vous asseyez
ils   asseyent

ou

j'   assois
tu   assois
il   assoit
nous assoyons
vous assoyez
ils   assoient

Futur simple
j'   assiérai
tu   assiéras
il   assiéra
n.   assiérons
v.   assiérez
ils   assiéront

ou

j'   assoirai
tu   assoiras
il   assoira
n.   assoirons
v.   assoirez
ils   assoiront

Imparfait
j'   asseyais
tu   asseyais
il   asseyait
nous asseyions
vous asseyiez
ils   asseyaient

ou

j'   assoyais
tu   assoyais
il   assoyait
nous assoyions
vous assoyiez
ils   assoyaient

Passé composé
j'   ai   assis
tu   as   assis
il   a   assis
n.   avons assis
v.   avez assis
ils   ont   assis

Plus-que-parfait
j'   avais   assis
tu   avais   assis
il   avait   assis
n.   avions assis
v.   aviez   assis
ils   avaient assis

Passé simple
j'   assis
tu   assis
il   assit
nous assîmes
vous assîtes
ils   assirent

Passé antérieur
j'   eus   assis
tu   eus   assis
il   eut   assis
n.   eûmes assis
v.   eûtes assis
ils   eurent assis

Futur antérieur
j'   aurai   assis
tu   auras   assis
il   aura   assis
n.   aurons assis
v.   aurez   assis
ils   auront assis

SUBJONCTIF

Présent
que j'   asseye
que tu   asseyes
qu'il   asseye
que n.   asseyions
que v.   asseyiez
qu'ils   asseyent

ou

que j'   assoie
que tu   assoies
qu'il   assoie
que n.   assoyions
que v.   assoyiez
qu'ils   assoient

Passé
que j'   aie   assis
que tu   aies   assis
qu'il   ait   assis
que n.   ayons assis
que v.   ayez   assis
qu'ils   aient assis

Imparfait
que j'   assisse
que tu   assisses
qu'il   assît
que n.   assissions
que v.   assissiez
qu'ils   assissent

Plus-que-parfait
que j'   eusse   assis
que tu   eusses   assis
qu'il   eût   assis
que n.   eussions assis
que v.   eussiez assis
qu'ils   eussent assis

IMPERATIF

Présent
assieds
asseyons
asseyez

ou

assois
assoyons
assoyez

Passé
aie   assis
ayons assis
ayez assis

CONDITIONNEL

Présent
j'   assiérais
tu   assiérais
il   assiérait
n.   assiérions
v.   assiériez
ils   assiéraient

ou

j'   assoirais
tu   assoirais
il   assoirait
n.   assoirions
v.   assoiriez
ils   assoiraient

Passé 1re forme
j'   aurais   assis
tu   aurais   assis
il   aurait   assis
n.   aurions assis
v.   auriez   assis
ils   auraient assis

Passé 2e forme
j'   eusse   assis
tu   eusses   assis
il   eût   assis
n.   eussions assis
v.   eussiez assis
ils   eussent assis

VERBE ASSEOIR (suite)

INFINITIF		PARTICIPE	
Présent	*Passé*	*Présent*	*Passé*
asseoir	avoir assis	asseyant *ou* assoyant assis, ise	ayant assis

Ce verbe se conjugue surtout à la forme pronominale : **s'asseoir;** l'infinitif *asseoir* s'orthographie avec un **e** étymologique, à la différence de l'indicatif présent : *j'assois* et futur : *j'assoirai.* Les formes en **ie** et en **ey** sont préférables aux formes en **oi,** moins distinguées. Le futur et le conditionnel : *j'asseyerai... j'asseyerais...,* sont actuellement sortis de l'usage.

VERBE SEOIR : CONVENIR

INDICATIF			SUBJONCTIF
Présent	*Imparfait*	*Futur*	*Présent*
il sied	il seyait	il siéra	qu'il siée
ils siéent	ils seyaient	ils siéront	qu'ils siéent

CONDITIONNEL	INFINITIF	PARTICIPE
Présent	*Présent*	*Présent*
il siérait	seoir	séant (seyant)
ils siéraient		

Remarque : Ce verbe n'a pas de temps composés.

Le verbe **seoir,** dans le sens d'*être assis, prendre séance,* n'existe qu'aux formes suivantes :
PARTICIPE présent : *séant* (employé parfois comme nom : cf. *«sur son séant»*).
PARTICIPE passé : *sis, sise,* qui ne s'emploie plus guère qu'adjectivement en style juridique au lieu de *situé, située : hôtel sis à Paris.*

VERBE MESSEOIR : N'ÊTRE PAS CONVENABLE

INDICATIF			SUBJONCTIF
Présent	*Imparfait*	*Futur*	*Présent*
il messied	il messeyait	il messiéra	qu'il messiée
ils messiéent	ils messeyaient	ils messiéront	qu'ils messiéent

CONDITIONNEL	INFINITIF	PARTICIPE
Présent	*Présent*	*Présent*
il messiérait	messeoir	messéant
ils messiéraient		

Remarque : Ce verbe n'a pas de temps composés.

51 VERBE SURSEOIR

INDICATIF

Présent
je sursois
tu sursois
il sursoit
nous sursoyons
vous sursoyez
ils sursoient

Passé composé
j' ai sursis
tu as sursis
il a sursis
n. avons sursis
v. avez sursis
ils ont sursis

Imparfait
je sursoyais
tu sursoyais
il sursoyait
nous sursoyions
vous sursoyiez
ils sursoyaient

Plus-que-parfait
j' avais sursis
tu avais sursis
il avait sursis
n. avions sursis
v. aviez sursis
ils avaient sursis

Passé simple
je sursis
tu sursis
il sursit
nous sursîmes
vous sursîtes
ils sursirent

Passé antérieur
j' eus sursis
tu eus sursis
il eut sursis
n. eûmes sursis
v. eûtes sursis
ils eurent sursis

Futur simple
je surseoirai
tu surseoiras
il surseoira
nous surseoirons
vous surseoirez
ils surseoiront

Futur antérieur
j' aurai sursis
tu auras sursis
il aura sursis
n. aurons sursis
v. aurez sursis
ils auront sursis

SUBJONCTIF

Présent
que je sursoie
que tu sursoies
qu'il sursoie
que n. sursoyions
que v. sursoyiez
qu'ils sursoient

Passé
que j' aie sursis
que tu aies sursis
qu'il ait sursis
que n. ayons sursis
que v. ayez sursis
qu'ils aient sursis

Imparfait
que je sursisse
que tu sursisses
qu'il sursît
que n. sursissions
que v. sursissiez
qu'ils sursissent

Plus-que-parfait
que j' eusse sursis
que tu eusses sursis
qu'il eût sursis
que n. eussions sursis
que v. eussiez sursis
qu'ils eussent sursis

IMPERATIF

Présent
sursois
sursoyons
sursoyez

Passé
aie sursis
ayons sursis
ayez sursis

CONDITIONNEL

Présent
je surseoirais
tu surseoirais
il surseoirait
n. surseoirions
v. surseoiriez
ils surseoiraient

Passé 1re forme
j' aurais sursis
tu aurais sursis
il aurait sursis
n. aurions sursis
v. auriez sursis
ils auraient sursis

INFINITIF

Présent
surseoir

Passé
avoir sursis

PARTICIPE

Présent
sursoyant

Passé
sursis, ise
ayant sursis

Passé 2e forme
j' eusse sursis
tu eusses sursis
il eût sursis
n. eussions sursis
v. eussiez sursis
ils eussent sursis

Surseoir a généralisé les formes en **oi** du verbe **asseoir,** avec cette particularité que l'**e** de l'infinitif se retrouve au futur et au conditionnel : *je surseoirai, je surseoirais.*

VERBE **CHOIR** (temps simples) 52

INDICATIF

Présent
je chois
tu chois
il choit
ils choient

Passé simple
je chus
il chut

Futur simple
je choirai
je cherrai

CONDITIONNEL

Présent
je choirais
je cherrais

INFINITIF

Présent
choir

SUBJONCTIF

Imparfait
qu'il chût

PARTICIPE

Passé
chu, chue

VERBE **ÉCHOIR** (temps simples)

INDICATIF

Présent
il échoit
il échet
ils échoient
ils échéent

Passé simple
il échut
ils échurent

Futur simple
il échoira
il écherra
ils échoiront
ils écherront

CONDITIONNEL

Présent
il échoirait
il écherrait
ils échoiraient
ils écherraient

INFINITIF

Présent
échoir

SUBJONCTIF

Présent : qu'il échoie
Imparfait : qu'il échût

PARTICIPE

Présent : échéant
Passé : échu, échue

VERBE **DÉCHOIR** (temps simples)

INDICATIF

Présent
je déchois
tu déchois
il déchoit
il déchet
n. déchoyons
v. déchoyez
ils déchoient

Passé simple
je déchus
tu déchus
il déchut
nous déchûmes
vous déchûtes
ils déchurent

Futur simple
je déchoirai, etc.
je décherrai

CONDITIONNEL

Présent
je déchoirais, etc.
je décherrais

INFINITIF

Présent
déchoir

SUBJONCTIF

Présent
que je déchoie
que n. déchoyions, etc.

Imparfait
que je déchusse, etc.

PARTICIPE

Passé
déchu, déchue

Les formes en italique sont tout à fait désuètes. Aux temps composés, **choir** et **échoir** prennent l'auxiliaire **être :** *Il est chu, il est échu.* **Déchoir** utilise tantôt **être,** tantôt **avoir,** selon que l'on veut insister sur l'action ou sur son résultat : *Il* **a** *déchu rapidement; il* **est** *définitivement déchu.*

53 VERBES EN -DRE : RENDRE
VERBES EN -ANDRE, -ENDRE, -ONDRE, -ERDRE, -ORDRE[1]

INDICATIF

Présent

je	rends
tu	rends
il	rend
nous	rendons
vous	rendez
ils	rendent

Passé composé

j'	ai	rendu
tu	as	rendu
il	a	rendu
n.	avons	rendu
v.	avez	rendu
ils	ont	rendu

Imparfait

je	rendais
tu	rendais
il	rendait
nous	rendions
vous	rendiez
ils	rendaient

Plus-que-parfait

j'	avais	rendu
tu	avais	rendu
il	avait	rendu
n.	avions	rendu
v.	aviez	rendu
ils	avaient	rendu

Passé simple

je	rendis
tu	rendis
il	rendit
nous	rendîmes
vous	rendîtes
ils	rendirent

Passé antérieur

j'	eus	rendu
tu	eus	rendu
il	eut	rendu
n.	eûmes	rendu
v.	eûtes	rendu
ils	eurent	rendu

Futur simple

je	rendrai
tu	rendras
il	rendra
nous	rendrons
vous	rendrez
ils	rendront

Futur antérieur

j'	aurai	rendu
tu	auras	rendu
il	aura	rendu
n.	aurons	rendu
v.	aurez	rendu
ils	auront	rendu

SUBJONCTIF

Présent

que	je	rende
que	tu	rendes
qu'	il	rende
que	n.	rendions
que	v.	rendiez
qu'	ils	rendent

Passé

que j'	aie	rendu
que tu	aies	rendu
qu' il	ait	rendu
que n.	ayons	rendu
que v.	ayez	rendu
qu' ils	aient	rendu

Imparfait

que	je	rendisse
que	tu	rendisses
qu'	il	rendît
que	n.	rendissions
que	v.	rendissiez
qu'	ils	rendissent

Plus-que-parfait

que j'	eusse	rendu
que tu	eusses	rendu
qu' il	eût	rendu
que n.	eussions	rendu
que v.	eussiez	rendu
qu' ils	eussent	rendu

IMPERATIF

Présent

rends
rendons
rendez

Passé

aie	rendu
ayons	rendu
ayez	rendu

CONDITIONNEL

Présent

je	rendrais
tu	rendrais
il	rendrait
n.	rendrions
v.	rendriez
ils	rendraient

Passé 1re forme

j'	aurais	rendu
tu	aurais	rendu
il	aurait	rendu
n.	aurions	rendu
v.	auriez	rendu
ils	auraient	rendu

Passé 2e forme

j'	eusse	rendu
tu	eusses	rendu
il	eût	rendu
n.	eussions	rendu
v.	eussiez	rendu
ils	eussent	rendu

INFINITIF

Présent

rendre

Passé

avoir rendu

PARTICIPE

Présent

rendant

Passé

rendu, ue
ayant rendu

---

1. Voir page 118 la liste des nombreux verbes en **-dre** qui se conjuguent comme **rendre** (sauf **prendre** et ses composés : voir tableau 54). Ainsi se conjuguent en outre les verbes **rompre, corrompre** et **interrompre** dont la seule particularité est de prendre un **t** à la suite du **p** à la 3e personne du singulier de l'indicatif présent : *il rompt*.
Sur le même modèle, sauf pour la 1re et la 2e personne du singulier du présent de l'indicatif et pour l'impératif singulier **(je me fous, fous),** et en remplaçant ailleurs le **d** par un **t**, les verbes **foutre** et **contrefoutre,** qui n'ont ni passé simple, ni passé antérieur à l'indicatif, ni imparfait ni plus-que-parfait au subjonctif.

VERBE **PRENDRE** 54

INDICATIF

Présent

je prends
tu prends
il prend
nous prenons
vous prenez
ils prennent

Passé composé

j' ai pris
tu as pris
il a pris
n. avons pris
v. avez pris
ils ont pris

Imparfait

je prenais
tu prenais
il prenait
nous prenions
vous preniez
ils prenaient

Plus-que-parfait

j' avais pris
tu avais pris
il avait pris
n. avions pris
v. aviez pris
ils avaient pris

Passé simple

je pris
tu pris
il prit
nous prîmes
vous prîtes
ils prirent

Passé antérieur

j' eus pris
tu eus pris
il eut pris
n. eûmes pris
v. eûtes pris
ils eurent pris

Futur simple

je prendrai
tu prendras
il prendra
nous prendrons
vous prendrez
ils prendront

Futur antérieur

j' aurai pris
tu auras pris
il aura pris
n. aurons pris
v. aurez pris
ils auront pris

SUBJONCTIF

Présent

que je prenne
que tu prennes
qu'il prenne
que n. prenions
que v. preniez
qu'ils prennent

Passé

que j' aie pris
que tu aies pris
qu'il ait pris
que n. ayons pris
que v. ayez pris
qu'ils aient pris

Imparfait

que je prisse
que tu prisses
qu'il prît
que n. prissions
que v. prissiez
qu'ils prissent

Plus-que-parfait

que j' eusse pris
que tu eusses pris
qu'il eût pris
que n. eussions pris
que v. eussiez pris
qu'ils eussent pris

IMPERATIF

Présent

prends
prenons
prenez

Passé

aie pris
ayons pris
ayez pris

CONDITIONNEL

Présent

je prendrais
tu prendrais
il prendrait
n. prendrions
v. prendriez
ils prendraient

Passé 1re forme

j' aurais pris
tu aurais pris
il aurait pris
n. aurions pris
v. auriez pris
ils auraient pris

Passé 2e forme

j' eusse pris
tu eusses pris
il eût pris
n. eussions pris
v. eussiez pris
ils eussent pris

INFINITIF

Présent

prendre

Passé

avoir pris

PARTICIPE

Présent

prenant

Passé

pris, prise
ayant pris

Ainsi se conjuguent les composés de **prendre** (page 118).

VERBE **BATTRE**

INDICATIF

Présent
je bats
tu bats
il bat
nous battons
vous battez
ils battent

Passé composé
j' ai battu
tu as battu
il a battu
n. avons battu
v. avez battu
ils ont battu

Imparfait
je battais
tu battais
il battait
nous battions
vous battiez
ils battaient

Plus-que-parfait
j' avais battu
tu avais battu
il avait battu
n. avions battu
v. aviez battu
ils avaient battu

Passé simple
je battis
tu battis
il battit
nous battîmes
vous battîtes
ils battirent

Passé antérieur
j' eus battu
tu eus battu
il eut battu
n. eûmes battu
v. eûtes battu
ils eurent battu

Futur simple
je battrai
tu battras
il battra
nous battrons
vous battrez
ils battront

Futur antérieur
j' aurai battu
tu auras battu
il aura battu
n. aurons battu
v. aurez battu
ils auront battu

SUBJONCTIF

Présent
que je batte
que tu battes
qu'il batte
que n. battions
que v. battiez
qu'ils battent

Passé
que j' aie battu
que tu aies battu
qu'il ait battu
que n. ayons battu
que v. ayez battu
qu'ils aient battu

Imparfait
que je battisse
que tu battisses
qu'il battît
que n. battissions
que v. battissiez
qu'ils battissent

Plus-que-parfait
que j' eusse battu
que tu eusses battu
qu'il eût battu
que n. eussions battu
que v. eussiez battu
qu'ils eussent battu

IMPERATIF

Présent
bats
battons
battez

Passé
aie battu
ayons battu
ayez battu

CONDITIONNEL

Présent
je battrais
tu battrais
il battrait
n. battrions
v. battriez
ils battraient

Passé 1re forme
j' aurais battu
tu aurais battu
il aurait battu
n. aurions battu
v. auriez battu
ils auraient battu

Passé 2e forme
j' eusse battu
tu eusses battu
il eût battu
n. eussions battu
v. eussiez battu
ils eussent battu

INFINITIF

Présent
battre

Passé
avoir battu

PARTICIPE

Présent
battant

Passé
battu, ue
ayant battu

Ainsi se conjuguent les composés de **battre** (page 119).

VERBE METTRE 56

INDICATIF

Présent

je	mets
tu	mets
il	met
nous	mettons
vous	mettez
ils	mettent

Passé composé

j'	ai	mis
tu	as	mis
il	a	mis
n.	avons	mis
v.	avez	mis
ils	ont	mis

Imparfait

je	mettais
tu	mettais
il	mettait
nous	mettions
vous	mettiez
ils	mettaient

Plus-que-parfait

j'	avais	mis
tu	avais	mis
il	avait	mis
n.	avions	mis
v.	aviez	mis
ils	avaient	mis

Passé simple

je	mis
tu	mis
il	mit
nous	mîmes
vous	mîtes
ils	mirent

Passé antérieur

j'	eus	mis
tu	eus	mis
il	eut	mis
n.	eûmes	mis
v.	eûtes	mis
ils	eurent	mis

Futur simple

je	mettrai
tu	mettras
il	mettra
nous	mettrons
vous	mettrez
ils	mettront

Futur antérieur

j'	aurai	mis
tu	auras	mis
il	aura	mis
n.	aurons	mis
v.	aurez	mis
ils	auront	mis

SUBJONCTIF

Présent

que	je	mette
que	tu	mettes
qu'	il	mette
que	n.	mettions
que	v.	mettiez
qu'	ils	mettent

Passé

que j'	aie	mis
que tu	aies	mis
qu'il	ait	mis
que n.	ayons	mis
que v.	ayez	mis
qu'ils	aient	mis

Imparfait

que	je	misse
que	tu	misses
qu'	il	mît
que	n.	missions
que	v.	missiez
qu'	ils	missent

Plus-que-parfait

que j'	eusse	mis
que tu	eusses	mis
qu'il	eût	mis
que n.	eussions	mis
que v.	eussiez	mis
qu'ils	eussent	mis

IMPERATIF

Présent

mets
mettons
mettez

Passé

aie	mis
ayons	mis
ayez	mis

CONDITIONNEL

Présent

je	mettrais
tu	mettrais
il	mettrait
n.	mettrions
v.	mettriez
ils	mettraient

Passé 1re forme

j'	aurais	mis
tu	aurais	mis
il	aurait	mis
n.	aurions	mis
v.	auriez	mis
ils	auraient	mis

Passé 2e forme

j'	eusse	mis
tu	eusses	mis
il	eût	mis
n.	eussions	mis
v.	eussiez	mis
ils	eussent	mis

INFINITIF

Présent

mettre

Passé

avoir mis

PARTICIPE

Présent

mettant

Passé

mis, ise
ayant mis

Ainsi se conjuguent les composés de **mettre** (page 119).

57 VERBES EN -EINDRE : PEINDRE

INDICATIF

Présent
je peins
tu peins
il peint
nous peignons
vous peignez
ils peignent

Passé composé
j'   ai   peint
tu   as   peint
il   a   peint
n.   avons peint
v.   avez peint
ils ont   peint

Imparfait
je peignais
tu peignais
il peignait
nous peignions
vous peigniez
ils peignaient

Plus-que-parfait
j'   avais   peint
tu   avais   peint
il   avait   peint
n.   avions peint
v.   aviez   peint
ils avaient peint

Passé simple
je peignis
tu peignis
il peignit
nous peignîmes
vous peignîtes
ils peignirent

Passé antérieur
j'   eus   peint
tu   eus   peint
il   eut   peint
n.   eûmes peint
v.   eûtes peint
ils eurent peint

Futur simple
je peindrai
tu peindras
il peindra
nous peindrons
vous peindrez
ils peindront

Futur antérieur
j'   aurai peint
tu   auras peint
il   aura   peint
n.   aurons peint
v.   aurez peint
ils auront peint

SUBJONCTIF

Présent
que je peigne
que tu peignes
qu'il peigne
que n. peignions
que v. peigniez
qu'ils peignent

Passé
que j'   aie   peint
que tu   aies peint
qu'il   ait   peint
que n.   ayons peint
que v.   ayez peint
qu'ils   aient peint

Imparfait
que je peignisse
que tu peignisses
qu'il peignît
que n. peignissions
que v. peignissiez
qu'ils peignissent

Plus-que-parfait
que j'   eusse   peint
que tu   eusses peint
qu'il   eût   peint
que n.   eussions peint
que v.   eussiez peint
qu'ils   eussent peint

IMPERATIF

Présent
peins
peignons
peignez

Passé
aie   peint
ayons peint
ayez peint

CONDITIONNEL

Présent
je peindrais
tu peindrais
il peindrait
n. peindrions
v. peindriez
ils peindraient

Passé 1re forme
j'   aurais   peint
tu   aurais   peint
il   aurait   peint
n.   aurions peint
v.   auriez   peint
ils auraient peint

INFINITIF

Présent
peindre

Passé
avoir peint

PARTICIPE

Présent
peignant

Passé
peint, einte
ayant peint

Passé 2e forme
j'   eusse   peint
tu   eusses   peint
il   eût   peint
n.   eussions peint
v.   eussiez peint
ils eussent peint

Ainsi se conjuguent **astreindre, atteindre, ceindre, feindre, enfreindre, empreindre, geindre, teindre** et leurs composés (page 119).

VERBES EN -OINDRE : JOINDRE 58

INDICATIF

Présent		Passé composé		
je	joins	j'	ai	joint
tu	joins	tu	as	joint
il	joint	il	a	joint
nous	joignons	n.	avons	joint
vous	joignez	v.	avez	joint
ils	joignent	ils	ont	joint

Imparfait		Plus-que-parfait		
je	joignais	j'	avais	joint
tu	joignais	tu	avais	joint
il	joignait	il	avait	joint
nous	joignions	n.	avions	joint
vous	joigniez	v.	aviez	joint
ils	joignaient	ils	avaient	joint

Passé simple		Passé antérieur		
je	joignis	j'	eus	joint
tu	joignis	tu	eus	joint
il	joignit	il	eut	joint
nous	joignîmes	n.	eûmes	joint
vous	joignîtes	v.	eûtes	joint
ils	joignirent	ils	eurent	joint

Futur simple		Futur antérieur		
je	joindrai	j'	aurai	joint
tu	joindras	tu	auras	joint
il	joindra	il	aura	joint
nous	joindrons	n.	aurons	joint
vous	joindrez	v.	aurez	joint
ils	joindront	ils	auront	joint

SUBJONCTIF

Présent		Passé		
que je	joigne	que j'	aie	joint
que tu	joignes	que tu	aies	joint
qu'il	joigne	qu'il	ait	joint
que n.	joignions	que n.	ayons	joint
que v.	joigniez	que v.	ayez	joint
qu'ils	joignent	qu'ils	aient	joint

Imparfait		Plus-que-parfait		
que je	joignisse	que j'	eusse	joint
que tu	joignisses	que tu	eusses	joint
qu'il	joignît	qu'il	eût	joint
que n.	joignissions	que n.	eussions	joint
que v.	joignissiez	que v.	eussiez	joint
qu'ils	joignissent	qu'ils	eussent	joint

IMPERATIF

Présent	Passé	
joins	aie	joint
joignons	ayons	joint
joignez	ayez	joint

CONDITIONNEL

Présent		Passé 1re forme		
je	joindrais	j'	aurais	joint
tu	joindrais	tu	aurais	joint
il	joindrait	il	aurait	joint
n.	joindrions	n.	aurions	joint
v.	joindriez	v.	auriez	joint
ils	joindraient	ils	auraient	joint

Passé 2e forme		
j'	eusse	joint
tu	eusses	joint
il	eût	joint
n.	eussions	joint
v.	eussiez	joint
ils	eussent	joint

INFINITIF

Présent	Passé
joindre	avoir joint

PARTICIPE

Présent	Passé
joignant	joint, te
	ayant joint

Ainsi se conjuguent les composés de **joindre** (page 119) et les verbes archaïques **poindre** et **oindre**. Au sens intransitif de *commencer à paraître*, poindre ne s'emploie qu'aux formes suivantes : *il point, il poindra, il poindrait, il a point : Quand l'aube poindra...*; on a tendance à lui substituer le verbe régulier **pointer**. Au sens transitif de *piquer : Poignez vilain, il vous oindra*, ce verbe est sorti de l'usage en cédant la place parfois pour le néologisme insoutenable **poigner**, fabriqué à partir de formes régulières de **poindre** : *il poignait, poignant*. Ce participe présent s'est d'ailleurs maintenu comme adjectif en se chargeant du sens d'*étreindre* (comme par une *poigne?*).
Oindre est sorti de l'usage, sauf à l'infinitif et au participe passé *oint, te*.

59 VERBES EN -AINDRE : CRAINDRE

INDICATIF

Présent
je crains
tu crains
il craint
nous craignons
vous craignez
ils craignent

Passé composé
j' ai craint
tu as craint
il a craint
n. avons craint
v. avez craint
ils ont craint

Imparfait
je craignais
tu craignais
il craignait
nous craignions
vous craigniez
ils craignaient

Plus-que-parfait
j' avais craint
tu avais craint
il avait craint
n. avions craint
v. aviez craint
ils avaient craint

Passé simple
je craignis
tu craignis
il craignit
nous craignîmes
vous craignîtes
ils craignirent

Passé antérieur
j' eus craint
tu eus craint
il eut craint
n. eûmes craint
v. eûtes craint
ils eurent craint

Futur simple
je craindrai
tu craindras
il craindra
nous craindrons
vous craindrez
ils craindront

Futur antérieur
j' aurai craint
tu auras craint
il aura craint
n. aurons craint
v. aurez craint
ils auront craint

SUBJONCTIF

Présent
que je craigne
que tu craignes
qu'il craigne
que n. craignions
que v. craigniez
qu'ils craignent

Passé
que j' aie craint
que tu aies craint
qu'il ait craint
que n. ayons craint
que v. ayez craint
qu'ils aient craint

Imparfait
que je craignisse
que tu craignisses
qu'il craignît
que n. craignissions
que v. craignissiez
qu'ils craignissent

Plus-que-parfait
que j' eusse craint
que tu eusses craint
qu'il eût craint
que n. eussions craint
que v. eussiez craint
qu'ils eussent craint

IMPERATIF

Présent
crains
craignons
craignez

Passé
aie craint
ayons craint
ayez craint

CONDITIONNEL

Présent
je craindrais
tu craindrais
il craindrait
n. craindrions
v. craindriez
ils craindraient

Passé 1re forme
j' aurais craint
tu aurais craint
il aurait craint
n. aurions craint
v. auriez craint
ils auraient craint

Passé 2e forme
j' eusse craint
tu eusses craint
il eût craint
n. eussions craint
v. eussiez craint
ils eussent craint

INFINITIF

Présent
craindre

Passé
avoir craint

PARTICIPE

Présent
craignant

Passé
craint, te
ayant craint

Ainsi se conjuguent **contraindre** et **plaindre**.

VERBE **VAINCRE** 60

INDICATIF

Présent		*Passé composé*	
je	vaincs	j' ai	vaincu
tu	vaincs	tu as	vaincu
il	vainc	il a	vaincu
nous	vainquons	n. avons	vaincu
vous	vainquez	v. avez	vaincu
ils	vainquent	ils ont	vaincu

Imparfait		*Plus-que-parfait*	
je	vainquais	j' avais	vaincu
tu	vainquais	tu avais	vaincu
il	vainquait	il avait	vaincu
nous	vainquions	n. avions	vaincu
vous	vainquiez	v. aviez	vaincu
ils	vainquaient	ils avaient	vaincu

Passé simple		*Passé antérieur*	
je	vainquis	j' eus	vaincu
tu	vainquis	tu eus	vaincu
il	vainquit	il eut	vaincu
nous	vainquîmes	n. eûmes	vaincu
vous	vainquîtes	v. eûtes	vaincu
ils	vainquirent	ils eurent	vaincu

Futur simple		*Futur antérieur*	
je	vaincrai	j' aurai	vaincu
tu	vaincras	tu auras	vaincu
il	vaincra	il aura	vaincu
nous	vaincrons	n. aurons	vaincu
vous	vaincrez	v. aurez	vaincu
ils	vaincront	ils auront	vaincu

SUBJONCTIF

Présent		*Passé*	
que je	vainque	que j' aie	vaincu
que tu	vainques	que tu aies	vaincu
qu'il	vainque	qu'il ait	vaincu
que n.	vainquions	que n. ayons	vaincu
que v.	vainquiez	que v. ayez	vaincu
qu'ils	vainquent	qu'ils aient	vaincu

Imparfait		*Plus-que-parfait*	
que je	vainquisse	que j' eusse	vaincu
que tu	vainquisses	que tu eusses	vaincu
qu'il	vainquît	qu'il eût	vaincu
que n.	vainquissions	que n. eussions	vaincu
que v.	vainquissiez	que v. eussiez	vaincu
qu'ils	vainquissent	qu'ils eussent	vaincu

IMPERATIF

Présent	*Passé*
vaincs	aie vaincu
vainquons	ayons vaincu
vainquez	ayez vaincu

CONDITIONNEL

Présent		*Passé 1re forme*	
je	vaincrais	j' aurais	vaincu
tu	vaincrais	tu aurais	vaincu
il	vaincrait	il aurait	vaincu
n.	vaincrions	n. aurions	vaincu
v.	vaincriez	v. auriez	vaincu
ils	vaincraient	ils auraient	vaincu

INFINITIF

Présent	*Passé*
vaincre	avoir vaincu

PARTICIPE

Présent	*Passé*
vainquant	vaincu, ue
	ayant vaincu

Passé 2e forme

j'	eusse	vaincu
tu	eusses	vaincu
il	eût	vaincu
n.	eussions	vaincu
v.	eussiez	vaincu
ils	eussent	vaincu

Seule irrégularité du verbe *vaincre* : il ne prend pas le **t** final à la troisième personne du singulier du présent de l'indicatif : *il vainc.*
D'autre part, devant une voyelle (sauf **u**), le **c** se change en **qu** : *nous vainquons.*
Ainsi se conjugue **convaincre.**

61 VERBE **TRAIRE**

INDICATIF

Présent

je	trais			
tu	trais			
il	trait			
nous	trayons			
vous	trayez			
ils	traient			

Passé composé

j'	ai	trait
tu	as	trait
il	a	trait
n.	avons	trait
v.	avez	trait
ils	ont	trait

Imparfait

je	trayais
tu	trayais
il	trayait
nous	trayions
vous	trayiez
ils	trayaient

Plus-que-parfait

j'	avais	trait
tu	avais	trait
il	avait	trait
n.	avions	trait
v.	aviez	trait
ils	avaient	trait

Passé simple

N'existe pas

Passé antérieur

j'	eus	trait
tu	eus	trait
il	eut	trait
n.	eûmes	trait
v.	eûtes	trait
ils	eurent	trait

Futur simple

je	trairai
tu	trairas
il	traira
nous	trairons
vous	trairez
ils	trairont

Futur antérieur

j'	aurai	trait
tu	auras	trait
il	aura	trait
n.	aurons	trait
v.	aurez	trait
ils	auront	trait

SUBJONCTIF

Présent

que je	traie	
que tu	traies	
qu'il	traie	
que n.	trayions	
que v.	trayiez	
qu'ils	traient	

Passé

que j'	aie	trait
que tu	aies	trait
qu'il	ait	trait
que n.	ayons	trait
que v.	ayez	trait
qu'ils	aient	trait

Imparfait

N'existe pas

Plus-que-parfait

que j'	eusse	trait
que tu	eusses	trait
qu'il	eût	trait
que n.	eussions	trait
que v.	eussiez	trait
qu'ils	eussent	trait

IMPERATIF

Présent

trais
trayons
trayez

Passé

aie	trait
ayons	trait
ayez	trait

CONDITIONNEL

Présent

je	trairais
tu	trairais
il	trairait
n.	trairions
v.	trairiez
ils	trairaient

Passé 1re forme

j'	aurais	trait
tu	aurais	trait
il	aurait	trait
n.	aurions	trait
v.	auriez	trait
ils	auraient	trait

Passé 2e forme

j'	eusse	trait
tu	eusses	trait
il	eût	trait
n.	eussions	trait
v.	eussiez	trait
ils	eussent	trait

INFINITIF

Présent

traire

Passé

avoir trait

PARTICIPE

Présent

trayant

Passé

trait, aite
ayant trait

Ainsi se conjuguent les composés de **traire** (au sens de *tirer*) comme **extraire, distraire,** etc. (voir page 119), de même le verbe **braire,** qui ne s'emploie qu'aux 3es personnes de l'indicatif présent, du futur et du conditionnel.

VERBE **FAIRE** 62

INDICATIF

Présent
je fais
tu fais
il fait
nous faisons
vous faites
ils font

Passé composé
j' ai fait
tu as fait
il a fait
n. avons fait
v. avez fait
ils ont fait

Imparfait
je faisais
tu faisais
il faisait
nous faisions
vous faisiez
ils faisaient

Plus-que-parfait
j' avais fait
tu avais fait
il avait fait
n. avions fait
v. aviez fait
ils avaient fait

Passé simple
je fis
tu fis
il fit
nous fîmes
vous fîtes
ils firent

Passé antérieur
j' eus fait
tu eus fait
il eut fait
n. eûmes fait
v. eûtes fait
ils eurent fait

Futur simple
je ferai
tu feras
il fera
nous ferons
vous ferez
ils feront

Futur antérieur
j' aurai fait
tu auras fait
il aura fait
n. aurons fait
v. aurez fait
ils auront fait

SUBJONCTIF

Présent
que je fasse
que tu fasses
qu'il fasse
que n. fassions
que v. fassiez
qu'ils fassent

Passé
que j' aie fait
que tu aies fait
qu'il ait fait
que n. ayons fait
que v. ayez fait
qu'ils aient fait

Imparfait
que je fisse
que tu fisses
qu'il fît
que n. fissions
que v. fissiez
qu'ils fissent

Plus-que-parfait
que j' eusse fait
que tu eusses fait
qu'il eût fait
que n. eussions fait
que v. eussiez fait
qu'ils eussent fait

IMPERATIF

Présent
fais
faisons
faites

Passé
aie fait
ayons fait
ayez fait

CONDITIONNEL

Présent
je ferais
tu ferais
il ferait
n. ferions
v. feriez
ils feraient

Passé 1re forme
j' aurais fait
tu aurais fait
il aurait fait
n. aurions fait
v. auriez fait
ils auraient fait

Passé 2e forme
j' eusse fait
tu eusses fait
il eût fait
n. eussions fait
v. eussiez fait
ils eussent fait

INFINITIF

Présent
faire

Passé
avoir fait

PARTICIPE

Présent
faisant

Passé
fait, te
ayant fait

Tout en écrivant **fai,** on prononce *nous* **fe***sons, je* **fe***sais..., fesons, fesant* ; en revanche, on a aligné sur la prononciation l'orthographe de *je* **fe***rai..., je* **fe***rais...*, écrits avec un **e**. Noter les 2es personnes du pluriel : présent : *vous faites;* impératif : *faites. Vous faisez, faisez* sont de grossiers barbarismes. Ainsi se conjuguent les composés de **faire** (page 119).

97

63 VERBE **PLAIRE**

INDICATIF

Présent
je plais
tu plais
il plaît
nous plaisons
vous plaisez
ils plaisent

Passé composé
j' ai plu
tu as plu
il a plu
n. avons plu
v. avez plu
ils ont plu

Imparfait
je plaisais
tu plaisais
il plaisait
nous plaisions
vous plaisiez
ils plaisaient

Plus-que-parfait
j' avais plu
tu avais plu
il avait plu
n. avions plu
v. aviez plu
ils avaient plu

Passé simple
je plus
tu plus
il plut
nous plûmes
vous plûtes
ils plurent

Passé antérieur
j' eus plu
tu eus plu
il eut plu
n. eûmes plu
v. eûtes plu
ils eurent plu

Futur simple
je plairai
tu plairas
il plaira
nous plairons
vous plairez
ils plairont

Futur antérieur
j' aurai plu
tu auras plu
il aura plu
n. aurons plu
v. aurez plu
ils auront plu

SUBJONCTIF

Présent
que je plaise
que tu plaises
qu'il plaise
que n. plaisions
que v. plaisiez
qu'ils plaisent

Passé
que j' aie plu
que tu aies plu
qu'il ait plu
que n. ayons plu
que v. ayez plu
qu'ils aient plu

Imparfait
que je plusse
que tu plusses
qu'il plût
que n. plussions
que v. plussiez
qu'ils plussent

Plus-que-parfait
que j' eusse plu
que tu eusses plu
qu'il eût plu
que n. eussions plu
que v. eussiez plu
qu'ils eussent plu

IMPERATIF

Présent
plais
plaisons
plaisez

Passé
aie plu
ayons plu
ayez plu

CONDITIONNEL

Présent
je plairais
tu plairais
il plairait
n. plairions
v. plairiez
ils plairaient

Passé 1re forme
j' aurais plu
tu aurais plu
il aurait plu
n. aurions plu
v. auriez plu
ils auraient plu

Passé 2e forme
j' eusse plu
tu eusses plu
il eût plu
n. eussions plu
v. eussiez plu
ils eussent plu

INFINITIF

Présent
plaire

Passé
avoir plu

PARTICIPE

Présent
plaisant

Passé
plu
ayant plu

Ainsi se conjuguent **complaire** et **déplaire**, de même que **taire**, qui, lui, ne prend pas d'accent circonflexe au présent de l'indicatif : *il tait*, et qui a un participe passé variable : *les plaintes se sont* **tues**.

VERBES EN -AÎTRE : CONNAÎTRE 64

INDICATIF

Présent
je connais
tu connais
il connaît
n. connaissons
v. connaissez
ils connaissent

Passé composé
j' ai connu
tu as connu
il a connu
n. avons connu
v. avez connu
ils ont connu

Imparfait
je connaissais
tu connaissais
il connaissait
n. connaissions
v. connaissiez
ils connaissaient

Plus-que-parfait
j' avais connu
tu avais connu
il avait connu
n. avions connu
v. aviez connu
ils avaient connu

Passé simple
je connus
tu connus
il connut
n. connûmes
v. connûtes
ils connurent

Passé antérieur
j' eus connu
tu eus connu
il eut connu
n. eûmes connu
v. eûtes connu
ils eurent connu

Futur simple
je connaîtrai
tu connaîtras
il connaîtra
n. connaîtrons
v. connaîtrez
ils connaîtront

Futur antérieur
j' aurai connu
tu auras connu
il aura connu
n. aurons connu
v. aurez connu
ils auront connu

SUBJONCTIF

Présent
que je connaisse
que tu connaisses
qu'il connaisse
que n. connaissions
que v. connaissiez
qu'ils connaissent

Passé
que j' aie connu
que tu aies connu
qu'il ait connu
que n. ayons connu
que v. ayez connu
qu'ils aient connu

Imparfait
que je connusse
que tu connusses
qu'il connût
que n. connussions
que v. connussiez
qu'ils connussent

Plus-que-parfait
que j' eusse connu
que tu eusses connu
qu'il eût connu
que n. eussions connu
que v. eussiez connu
qu'ils eussent connu

IMPERATIF

Présent
connais
connaissons
connaissez

Passé
aie connu
ayons connu
ayez connu

CONDITIONNEL

Présent
je connaîtrais
tu connaîtrais
il connaîtrait
n. connaîtrions
v. connaîtriez
ils connaîtraient

Passé 1re forme
j' aurais connu
tu aurais connu
il aurait connu
n. aurions connu
v. auriez connu
ils auraient connu

INFINITIF

Présent
connaître

Passé
avoir connu

PARTICIPE

Présent
connaissant

Passé
connu, ue
ayant connu

Passé 2e forme
j' eusse connu
tu eusses connu
il eût connu
n. eussions connu
v. eussiez connu
ils eussent connu

Ainsi se conjuguent **connaître, paraître** et tous leurs composés (page 119).
Tous les verbes en **-aître** prennent un accent circonflexe sur l'**i** qui précède le **t**, de même que tous les verbes en **-oître.**

65 VERBE **NAÎTRE**

INDICATIF

Présent		Passé composé		
je	nais	je	suis	né
tu	nais	tu	es	né
il	naît	il	est	né
nous	naissons	n.	sommes	nés
vous	naissez	v.	êtes	nés
ils	naissent	ils	sont	nés

Imparfait		Plus-que-parfait		
je	naissais	j'	étais	né
tu	naissais	tu	étais	né
il	naissait	il	était	né
nous	naissions	n.	étions	nés
vous	naissiez	v.	étiez	nés
ils	naissaient	ils	étaient	nés

Passé simple		Passé antérieur		
je	naquis	je	fus	né
tu	naquis	tu	fus	né
il	naquit	il	fut	né
nous	naquîmes	n.	fûmes	nés
vous	naquîtes	v.	fûtes	nés
ils	naquirent	ils	furent	nés

Futur simple		Futur antérieur		
je	naîtrai	je	serai	né
tu	naîtras	tu	seras	né
il	naîtra	il	sera	né
nous	naîtrons	n.	serons	nés
vous	naîtrez	v.	serez	nés
ils	naîtront	ils	seront	nés

INFINITIF

Présent	Passé
naître	être né

SUBJONCTIF

Présent		Passé		
que je	naisse	que je	sois	né
que tu	naisses	que tu	sois	né
qu'il	naisse	qu'il	soit	né
que n.	naissions	que n.	soyons	nés
que v.	naissiez	que v.	soyez	nés
qu'ils	naissent	qu'ils	soient	nés

Imparfait		Plus-que-parfait		
que je	naquisse	que je	fusse	né
que tu	naquisses	que tu	fusses	né
qu'il	naquît	qu'il	fût	né
que n.	naquissions	que n.	fussions	nés
que v.	naquissiez	que v.	fussiez	nés
qu'ils	naquissent	qu'ils	fussent	nés

IMPERATIF

Présent	Passé	
nais	sois	né
naissons	soyons	nés
naissez	soyez	nés

CONDITIONNEL

Présent		Passé 1re forme		
je	naîtrais	je	serais	né
tu	naîtrais	tu	serais	né
il	naîtrait	il	serait	né
n.	naîtrions	n.	serions	nés
v.	naîtriez	v.	seriez	nés
ils	naîtraient	ils	seraient	nés

PARTICIPE

Présent	Passé
naissant	né, née
	étant né

Passé 2e forme

je	fusse	né
tu	fusses	né
il	fût	né
n.	fussions	nés
v.	fussiez	nés
ils	fussent	nés

VERBE **PAÎTRE** 66

INDICATIF

Présent

je pais
tu pais
il paît
nous paissons
vous paissez
ils paissent

Passé simple

N'existe pas

Imparfait

je paissais
tu paissais
il paissait
nous paissions
vous paissiez
ils paissaient

Futur simple

je paîtrai
tu paîtras
il paîtra
n. paîtrons
v. paîtrez
ils paîtront

SUBJONCTIF

Présent

que je paisse
que tu paisses
qu'il paisse
que n. paissions
que v. paissiez
qu'ils paissent

Imparfait

N'existe pas

IMPERATIF

Présent

pais
paissez

INFINITIF

Présent

paître

PARTICIPE

Présent

paissant

CONDITIONNEL

Présent

je paîtrais
tu paîtrais
il paîtrait
n. paîtrions
v. paîtriez
ils paîtraient

Le verbe **paître** n'a pas de *temps composés;* il n'est usité qu'aux *temps simples* ci-dessus.
Nota. Le participe passé **pu,** invariable, n'est usité qu'en termes de fauconnerie.

VERBE **REPAÎTRE**

Repaître se conjugue comme **paître,** mais il a, de plus, les temps suivants :

INDICATIF

Passé simple

je repus, etc.

PARTICIPE

Passé

repu, ue

SUBJONCTIF

Imparfait

que je repusse, etc.

Tous les temps composés

j'ai repu, etc.
j'avais repu, etc.

VERBES EN -OÎTRE : CROÎTRE

INDICATIF

Présent
je	crois
tu	crois
il	croît
nous	croissons
vous	croissez
ils	croissent

Passé composé
j'	ai	crû
tu	as	crû
il	a	crû
n.	avons	crû
v.	avez	crû
ils	ont	crû

Imparfait
je	croissais
tu	croissais
il	croissait
nous	croissions
vous	croissiez
ils	croissaient

Plus-que-parfait
j'	avais	crû
tu	avais	crû
il	avait	crû
n.	avions	crû
v.	aviez	crû
ils	avaient	crû

Passé simple
je	crûs
tu	crûs
il	crût
nous	crûmes
vous	crûtes
ils	crûrent

Passé antérieur
j'	eus	crû
tu	eus	crû
il	eut	crû
n.	eûmes	crû
v.	eûtes	crû
ils	eurent	crû

Futur simple
je	croîtrai
tu	croîtras
il	croîtra
nous	croîtrons
vous	croîtrez
ils	croîtront

Futur antérieur
j'	aurai	crû
tu	auras	crû
il	aura	crû
n.	aurons	crû
v.	aurez	crû
ils	auront	crû

SUBJONCTIF

Présent
que	je	croisse
que	tu	croisses
qu'	il	croisse
que	n.	croissions
que	v.	croissiez
qu'	ils	croissent

Passé
que j'	aie	crû
que tu	aies	crû
qu'il	ait	crû
que n.	ayons	crû
que v.	ayez	crû
qu'ils	aient	crû

Imparfait
que	je	crûsse
que	tu	crûsses
qu'	il	crût
que	n.	crûssions
que	v.	crûssiez
qu'	ils	crûssent

Plus-que-parfait
que j'	eusse	crû
que tu	eusses	crû
qu'il	eût	crû
que n.	eussions	crû
que v.	eussiez	crû
qu'ils	eussent	crû

IMPERATIF

Présent
crois
croissons
croissez

Passé
aie	crû
ayons	crû
ayez	crû

CONDITIONNEL

Présent
je	croîtrais
tu	croîtrais
il	croîtrait
n.	croîtrions
v.	croîtriez
ils	croîtraient

Passé 1re forme
j'	aurais	crû
tu	aurais	crû
il	aurait	crû
n.	aurions	crû
v.	auriez	crû
ils	auraient	crû

INFINITIF

Présent
croître

Passé
avoir crû

PARTICIPE

Présent
croissant

Passé
crû, ue
ayant crû

Passé 2e forme
j'	eusse	crû
tu	eusses	crû
il	eût	crû
n.	eussions	crû
v.	eussiez	crû
ils	eussent	crû

Ainsi se conjuguent **accroître, décroître, recroître**. S'ils prennent tous un accent circonflexe sur l'**i** suivi d'un **t**, **croître** est le seul qui ait l'accent circonflexe aux formes suivantes : *je croîs, tu croîs, je crûs, tu crûs, il crût, ils crûrent, que je crûsse..., crû,* pour le distinguer des formes correspondantes du verbe **croire**.
Noter cependant le participe passé *recrû*.

VERBE CROIRE 68

INDICATIF

Présent

je	crois
tu	crois
il	croit
nous	croyons
vous	croyez
ils	croient

Passé composé

j'	ai	cru
tu	as	cru
il	a	cru
n.	avons	cru
v.	avez	cru
ils	ont	cru

Imparfait

je	croyais
tu	croyais
il	croyait
nous	croyions
vous	croyiez
ils	croyaient

Plus-que-parfait

j'	avais	cru
tu	avais	cru
il	avait	cru
n.	avions	cru
v.	aviez	cru
ils	avaient	cru

Passé simple

je	crus
tu	crus
il	crut
nous	crûmes
vous	crûtes
ils	crurent

Passé antérieur

j'	eus	cru
tu	eus	cru
il	eut	cru
n.	eûmes	cru
v.	eûtes	cru
ils	eurent	cru

Futur simple

je	croirai
tu	croiras
il	croira
nous	croirons
vous	croirez
ils	croiront

Futur antérieur

j'	aurai	cru
tu	auras	cru
il	aura	cru
n.	aurons	cru
v.	aurez	cru
ils	auront	cru

SUBJONCTIF

Présent

que je	croie
que tu	croies
qu'il	croie
que n.	croyions
que v.	croyiez
qu'ils	croient

Passé

que j'	aie	cru
que tu	aies	cru
qu'il	ait	cru
que n.	ayons	cru
que v.	ayez	cru
qu'ils	aient	cru

Imparfait

que je	crusse
que tu	crusses
qu'il	crût
que n.	crussions
que v.	crussiez
qu'ils	crussent

Plus-que-parfait

que j'	eusse	cru
que tu	eusses	cru
qu'il	eût	cru
que n.	eussions	cru
que v.	eussiez	cru
qu'ils	eussent	cru

IMPERATIF

Présent

crois
croyons
croyez

Passé

aie	cru
ayons	cru
ayez	cru

CONDITIONNEL

Présent

je	croirais
tu	croirais
il	croirait
n.	croirions
v.	croiriez
ils	croiraient

Passé 1re forme

j'	aurais	cru
tu	aurais	cru
il	aurait	cru
n.	aurions	cru
v.	auriez	cru
ils	auraient	cru

Passé 2e forme

j'	eusse	cru
tu	eusses	cru
il	eût	cru
n.	eussions	cru
v.	eussiez	cru
ils	eussent	cru

INFINITIF

Présent

croire

Passé

avoir cru

PARTICIPE

Présent

croyant

Passé

cru, ue
ayant cru

69 VERBE **BOIRE**

INDICATIF

Présent

je bois
tu bois
il boit
nous buvons
vous buvez
ils boivent

Passé composé

j' ai bu
tu as bu
il a bu
n. avons bu
v. avez bu
ils ont bu

Imparfait

je buvais
tu buvais
il buvait
nous buvions
vous buviez
ils buvaient

Plus-que-parfait

j' avais bu
tu avais bu
il avait bu
n. avions bu
v. aviez bu
ils avaient bu

Passé simple

je bus
tu bus
il but
nous bûmes
vous bûtes
ils burent

Passé antérieur

j' eus bu
tu eus bu
il eut bu
n. eûmes bu
v. eûtes bu
ils eurent bu

Futur simple

je boirai
tu boiras
il boira
nous boirons
vous boirez
ils boiront

Futur antérieur

j' aurai bu
tu auras bu
il aura bu
n. aurons bu
v. aurez bu
ils auront bu

SUBJONCTIF

Présent

que je boive
que tu boives
qu'il boive
que n. buvions
que v. buviez
qu'ils boivent

Passé

que j' aie bu
que tu aies bu
qu'il ait bu
que n. ayons bu
que v. ayez bu
qu'ils aient bu

Imparfait

que je busse
que tu busses
qu'il bût
que n. bussions
que v. bussiez
qu'ils bussent

Plus-que-parfait

que j' eusse bu
que tu eusses bu
qu'il eût bu
que n. eussions bu
que v. eussiez bu
qu'ils eussent bu

IMPERATIF

Présent

bois
buvons
buvez

Passé

aie bu
ayons bu
ayez bu

CONDITIONNEL

Présent

je boirais
tu boirais
il boirait
n. boirions
v. boiriez
ils boiraient

Passé 1re forme

j' aurais bu
tu aurais bu
il aurait bu
n. aurions bu
v. auriez bu
ils auraient bu

Passé 2e forme

j' eusse bu
tu eusses bu
il eût bu
n. eussions bu
v. eussiez bu
ils eussent bu

INFINITIF

Présent

boire

Passé

avoir bu

PARTICIPE

Présent

buvant

Passé

bu, ue
ayant bu

VERBE **CLORE** 70

INDICATIF

Présent

je clos
tu clos
il clôt
ils closent

Passé composé

j' ai clos
tu as clos
il a clos
n. avons clos
v. avez clos
ils ont clos

Imparfait

N'existe pas

Plus-que-parfait

j' avais clos
tu avais clos
il avait clos
n. avions clos
v. aviez clos
ils avaient clos

Passé simple

N'existe pas

Passé antérieur

j' eus clos
tu eus clos
il eut clos
n. eûmes clos
v. eûtes clos
ils eurent clos

Futur simple

je clorai
tu cloras
il clora
nous clorons
vous clorez
ils cloront

Futur antérieur

j' aurai clos
tu auras clos
il aura clos
n. aurons clos
v. aurez clos
ils auront clos

SUBJONCTIF

Présent

que je close
que tu closes
qu'il close
que n. closions
que v. closiez
qu'ils closent

Passé

que j' aie clos
que tu aies clos
qu'il ait clos
que n. ayons clos
que v. ayez clos
qu'ils aient clos

Imparfait

N'existe pas

Plus-que-parfait

que j' eusse clos
que tu eusses clos
qu'il eût clos
que n. eussions clos
que v. eussiez clos
qu'ils eussent clos

IMPERATIF

Présent

clos

Passé

aie clos
ayons clos
ayez clos

CONDITIONNEL

Présent

je clorais
tu clorais
il clorait
n. clorions
v. cloriez
ils cloraient

Passé 1re forme

j' aurais clos
tu aurais clos
il aurait clos
n. aurions clos
v. auriez clos
ils auraient clos

Passé 2e forme

j' eusse clos
tu eusses clos
il eût clos
n. eussions clos
v. eussiez clos
ils eussent clos

INFINITIF

Présent

clore

Passé

avoir clos

PARTICIPE

Présent

closant

Passé

clos, se
ayant clos

Éclore ne s'emploie guère qu'à la 3e personne. L'Académie écrit : *il éclot* sans accent circonflexe.
Enclore possède les formes *nous enclosons, vous enclosez;* impératif : *enclosons, enclosez*. L'Académie écrit sans accent circonflexe : *il enclot*.
Déclore ne prend pas l'accent circonflexe au présent de l'indicatif : *il déclot*. N'est guère usité qu'à l'infinitif et au participe passé *déclos, déclose*.

105

71 VERBES EN -CLURE : CONCLURE

INDICATIF

Présent

je	conclus
tu	conclus
il	conclut
nous	concluons
vous	concluez
ils	concluent

Passé composé

j'	ai	conclu
tu	as	conclu
il	a	conclu
n.	avons	conclu
v.	avez	conclu
ils	ont	conclu

Imparfait

je	concluais
tu	concluais
il	concluait
nous	concluions
vous	concluiez
ils	concluaient

Plus-que-parfait

j'	avais	conclu
tu	avais	conclu
il	avait	conclu
n.	avions	conclu
v.	aviez	conclu
ils	avaient	conclu

Passé simple

je	conclus
tu	conclus
il	conclut
nous	conclûmes
vous	conclûtes
ils	conclurent

Passé antérieur

j'	eus	conclu
tu	eus	conclu
il	eut	conclu
n.	eûmes	conclu
v.	eûtes	conclu
ils	eurent	conclu

Futur simple

je	conclurai
tu	concluras
il	conclura
nous	conclurons
vous	conclurez
ils	concluront

Futur antérieur

j'	aurai	conclu
tu	auras	conclu
il	aura	conclu
n.	aurons	conclu
v.	aurez	conclu
ils	auront	conclu

SUBJONCTIF

Présent

que je	conclue
que tu	conclues
qu'il	conclue
que n.	concluions
que v.	concluiez
qu'ils	concluent

Passé

que j'	aie	conclu
que tu	aies	conclu
qu'il	ait	conclu
que n.	ayons	conclu
que v.	ayez	conclu
qu'ils	aient	conclu

Imparfait

que je	conclusse
que tu	conclusses
qu'il	conclût
que n.	conclussions
que v.	conclussiez
qu'ils	conclussent

Plus-que-parfait

que j'	eusse	conclu
que tu	eusses	conclu
qu'il	eût	conclu
que n.	eussions	conclu
que v.	eussiez	conclu
qu'ils	eussent	conclu

IMPERATIF

Présent

- conclus
- concluons
- concluez

Passé

- aie conclu
- ayons conclu
- ayez conclu

CONDITIONNEL

Présent

je	conclurais
tu	conclurais
il	conclurait
n.	conclurions
v.	concluriez
ils	concluraient

Passé 1re forme

j'	aurais	conclu
tu	aurais	conclu
il	aurait	conclu
n.	aurions	conclu
v.	auriez	conclu
ils	auraient	conclu

INFINITIF

Présent	**Passé**
conclure	avoir conclu

PARTICIPE

Présent	**Passé**
concluant	conclu, ue
	ayant conclu

Passé 2e forme

j'	eusse	conclu
tu	eusses	conclu
il	eût	conclu
n.	eussions	conclu
v.	eussiez	conclu
ils	eussent	conclu

Inclure fait au participe passé *inclus(e)*. Noter l'opposition *exclu(e)/inclus(e)*.
Occlure fait au participe passé *occlus(e)*.

VERBES EN -SOUDRE : ABSOUDRE — 72

INDICATIF

Présent		Passé composé	
j'	absous	j' ai	absous
tu	absous	tu as	absous
il	absout	il a	absous
nous	absolvons	n. avons	absous
vous	absolvez	v. avez	absous
ils	absolvent	ils ont	absous

Imparfait		Plus-que-parfait	
j'	absolvais	j' avais	absous
tu	absolvais	tu avais	absous
il	absolvait	il avait	absous
nous	absolvions	n. avions	absous
vous	absolviez	v. aviez	absous
ils	absolvaient	ils avaient	absous

Passé simple	Passé antérieur	
	j' eus	absous
	tu eus	absous
N'existe pas	il eut	absous
	n. eûmes	absous
	v. eûtes	absous
	ils eurent	absous

Futur simple		Futur antérieur	
j'	absoudrai	j' aurai	absous
tu	absoudras	tu auras	absous
il	absoudra	il aura	absous
nous	absoudrons	n. aurons	absous
vous	absoudrez	v. aurez	absous
ils	absoudront	ils auront	absous

SUBJONCTIF

Présent	Passé	
que j' absolve	que j' aie	absous
que tu absolves	que tu aies	absous
qu'il absolve	qu'il ait	absous
que n. absolvions	que n. ayons	absous
que v. absolviez	que v. ayez	absous
qu'ils absolvent	qu'ils aient	absous

Imparfait	Plus-que-parfait	
	que j' eusse	absous
	que tu eusses	absous
N'existe pas	qu'il eût	absous
	que n. eussions	absous
	que v. eussiez	absous
	qu'ils eussent	absous

IMPERATIF

Présent	Passé	
absous	aie	absous
absolvons	ayons	absous
absolvez	ayez	absous

CONDITIONNEL

Présent	Passé 1re forme	
j' absoudrais	j' aurais	absous
tu absoudrais	tu aurais	absous
il absoudrait	il aurait	absous
n. absoudrions	n. aurions	absous
v. absoudriez	v. auriez	absous
ils absoudraient	ils auraient	absous

INFINITIF

Présent	Passé
absoudre	avoir absous

PARTICIPE

Présent	Passé
absolvant	absous, oute
	ayant absous

Passé 2e forme	
j' eusse	absous
tu eusses	absous
il eût	absous
n. eussions	absous
v. eussiez	absous
ils eussent	absous

Absoudre. *Absous, absoute* a éliminé un ancien participe passé *absolu* qui s'est conservé comme adjectif au sens de : *complet, sans restriction*. Bien qu'admis par Littré, le passé simple *j'absolus* ne s'emploie pas.
Dissoudre se conjugue comme **absoudre**, y compris le participe passé *dissous, dissoute*, distinct de l'ancien participe *dissolu, ue*, qui a subsisté comme adjectif au sens de *corrompu, débauché*.
Résoudre, à la différence de **absoudre**, possède un passé simple : *je résolus*, et un subjonctif imparfait : *que je résolusse*. Le participe passé est *résolu* : *J'ai résolu ce problème*. Mais il existe un participe passé *résous* (fém. *résoute* très rare), qui n'est usité qu'en parlant des choses qui changent d'état : *brouillard résous en pluie*. Noter l'adjectif *résolu* signifiant *hardi*.

73 VERBE COUDRE

INDICATIF

Présent

je	couds
tu	couds
il	coud
nous	cousons
vous	cousez
ils	cousent

Passé composé

j'	ai	cousu
tu	as	cousu
il	a	cousu
n.	avons	cousu
v.	avez	cousu
ils	ont	cousu

Imparfait

je	cousais
tu	cousais
il	cousait
nous	cousions
vous	cousiez
ils	cousaient

Plus-que-parfait

j'	avais	cousu
tu	avais	cousu
il	avait	cousu
n.	avions	cousu
v.	aviez	cousu
ils	avaient	cousu

Passé simple

je	cousis
tu	cousis
il	cousit
nous	cousîmes
vous	cousîtes
ils	cousirent

Passé antérieur

j'	eus	cousu
tu	eus	cousu
il	eut	cousu
n.	eûmes	cousu
v.	eûtes	cousu
ils	eurent	cousu

Futur simple

je	coudrai
tu	coudras
il	coudra
nous	coudrons
vous	coudrez
ils	coudront

Futur antérieur

j'	aurai	cousu
tu	auras	cousu
il	aura	cousu
n.	aurons	cousu
v.	aurez	cousu
ils	auront	cousu

SUBJONCTIF

Présent

que je	couse
que tu	couses
qu'il	couse
que n.	cousions
que v.	cousiez
qu'ils	cousent

Passé

que j'	aie	cousu
que tu	aies	cousu
qu'il	ait	cousu
que n.	ayons	cousu
que v.	ayez	cousu
qu'ils	aient	cousu

Imparfait

que je	cousisse
que tu	cousisses
qu'il	cousît
que n.	cousissions
que v.	cousissiez
qu'ils	cousissent

Plus-que-parfait

que j'	eusse	cousu
que tu	eusses	cousu
qu'il	eût	cousu
que n.	eussions	cousu
que v.	eussiez	cousu
qu'ils	eussent	cousu

IMPERATIF

Présent

couds
cousons
cousez

Passé

aie	cousu
ayons	cousu
ayez	cousu

CONDITIONNEL

Présent

je	coudrais
tu	coudrais
il	coudrait
n.	coudrions
v.	coudriez
ils	coudraient

Passé 1re forme

j'	aurais	cousu
tu	aurais	cousu
il	aurait	cousu
n.	aurions	cousu
v.	auriez	cousu
ils	auraient	cousu

Passé 2e forme

j'	eusse	cousu
tu	eusses	cousu
il	eût	cousu
n.	eussions	cousu
v.	eussiez	cousu
ils	eussent	cousu

INFINITIF

Présent

coudre

Passé

avoir cousu

PARTICIPE

Présent

cousant

Passé

cousu, ue
ayant cousu

Ainsi se conjuguent **découdre, recoudre.**

VERBE MOUDRE — 74

INDICATIF

Présent
je mouds
tu mouds
il moud
nous moulons
vous moulez
ils moulent

Passé composé
j' ai moulu
tu as moulu
il a moulu
n. avons moulu
v. avez moulu
ils ont moulu

Imparfait
je moulais
tu moulais
il moulait
nous moulions
vous mouliez
ils moulaient

Plus-que-parfait
j' avais moulu
tu avais moulu
il avait moulu
n. avions moulu
v. aviez moulu
ils avaient moulu

Passé simple
je moulus
tu moulus
il moulut
nous moulûmes
vous moulûtes
ils moulurent

Passé antérieur
j' eus moulu
tu eus moulu
il eut moulu
n. eûmes moulu
v. eûtes moulu
ils eurent moulu

Futur simple
je moudrai
tu moudras
il moudra
nous moudrons
vous moudrez
ils moudront

Futur antérieur
j' aurai moulu
tu auras moulu
il aura moulu
n. aurons moulu
v. aurez moulu
ils auront moulu

SUBJONCTIF

Présent
que je moule
que tu moules
qu'il moule
que n. moulions
que v. mouliez
qu'ils moulent

Passé
que j' aie moulu
que tu aies moulu
qu'il ait moulu
que n. ayons moulu
que v. ayez moulu
qu'ils aient moulu

Imparfait
que je moulusse
que tu moulusses
qu'il moulût
que n. moulussions
que v. moulussiez
qu'ils moulussent

Plus-que-parfait
que j' eusse moulu
que tu eusses moulu
qu'il eût moulu
que n. eussions moulu
que v. eussiez moulu
qu'ils eussent moulu

IMPERATIF

Présent
mouds
moulons
moulez

Passé
aie moulu
ayons moulu
ayez moulu

CONDITIONNEL

Présent
je moudrais
tu moudrais
il moudrait
n. moudrions
v. moudriez
ils moudraient

Passé 1re forme
j' aurais moulu
tu aurais moulu
il aurait moulu
n. aurions moulu
v. auriez moulu
ils auraient moulu

Passé 2e forme
j' eusse moulu
tu eusses moulu
il eût moulu
n. eussions moulu
v. eussiez moulu
ils eussent moulu

INFINITIF

Présent
moudre

Passé
avoir moulu

PARTICIPE

Présent
moulant

Passé
moulu, ue
ayant moulu

Ainsi se conjuguent **émoudre**, **remoudre**.

VERBE SUIVRE

INDICATIF

Présent

je suis
tu suis
il suit
nous suivons
vous suivez
ils suivent

Passé composé

j' ai suivi
tu as suivi
il a suivi
n. avons suivi
v. avez suivi
ils ont suivi

Imparfait

je suivais
tu suivais
il suivait
nous suivions
vous suiviez
ils suivaient

Plus-que-parfait

j' avais suivi
tu avais suivi
il avait suivi
n. avions suivi
v. aviez suivi
ils avaient suivi

Passé simple

je suivis
tu suivis
il suivit
nous suivîmes
vous suivîtes
ils suivirent

Passé antérieur

j' eus suivi
tu eus suivi
il eut suivi
n. eûmes suivi
v. eûtes suivi
ils eurent suivi

Futur simple

je suivrai
tu suivras
il suivra
nous suivrons
vous suivrez
ils suivront

Futur antérieur

j' aurai suivi
tu auras suivi
il aura suivi
n. aurons suivi
v. aurez suivi
ils auront suivi

SUBJONCTIF

Présent

que je suive
que tu suives
qu'il suive
que n. suivions
que v. suiviez
qu'ils suivent

Passé

que j' aie suivi
que tu aies suivi
qu'il ait suivi
que n. ayons suivi
que v. ayez suivi
qu'ils aient suivi

Imparfait

que je suivisse
que tu suivisses
qu'il suivît
que n. suivissions
que v. suivissiez
qu'ils suivissent

Plus-que-parfait

que j' eusse suivi
que tu eusses suivi
qu'il eût suivi
que n. eussions suivi
que v. eussiez suivi
qu'ils eussent suivi

IMPERATIF

Présent

suis
suivons
suivez

Passé

aie suivi
ayons suivi
ayez suivi

CONDITIONNEL

Présent

je suivrais
tu suivrais
il suivrait
n. suivrions
v. suivriez
ils suivraient

Passé 1re forme

j' aurais suivi
tu aurais suivi
il aurait suivi
n. aurions suivi
v. auriez suivi
ils auraient suivi

Passé 2e forme

j' eusse suivi
tu eusses suivi
il eût suivi
n. eussions suivi
v. eussiez suivi
ils eussent suivi

INFINITIF

Présent

suivre

Passé

avoir suivi

PARTICIPE

Présent

suivant

Passé

suivi, ie
ayant suivi

Ainsi se conjuguent **s'ensuivre** (auxiliaire **être**) et **poursuivre**.

VERBE VIVRE

INDICATIF

Présent

je	vis
tu	vis
il	vit
nous	vivons
vous	vivez
ils	vivent

Passé composé

j'	ai	vécu
tu	as	vécu
il	a	vécu
n.	avons	vécu
v.	avez	vécu
ils	ont	vécu

Imparfait

je	vivais
tu	vivais
il	vivait
nous	vivions
vous	viviez
ils	vivaient

Plus-que-parfait

j'	avais	vécu
tu	avais	vécu
il	avait	vécu
n.	avions	vécu
v.	aviez	vécu
ils	avaient	vécu

Passé simple

je	vécus
tu	vécus
il	vécut
nous	vécûmes
vous	vécûtes
ils	vécurent

Passé antérieur

j'	eus	vécu
tu	eus	vécu
il	eut	vécu
n.	eûmes	vécu
v.	eûtes	vécu
ils	eurent	vécu

Futur simple

je	vivrai
tu	vivras
il	vivra
nous	vivrons
vous	vivrez
ils	vivront

Futur antérieur

j'	aurai	vécu
tu	auras	vécu
il	aura	vécu
n.	aurons	vécu
v.	aurez	vécu
ils	auront	vécu

SUBJONCTIF

Présent

que je	vive
que tu	vives
qu'il	vive
que n.	vivions
que v.	viviez
qu'ils	vivent

Passé

que j'	aie	vécu
que tu	aies	vécu
qu'il	ait	vécu
que n.	ayons	vécu
que v.	ayez	vécu
qu'ils	aient	vécu

Imparfait

que je	vécusse
que tu	vécusses
qu'il	vécût
que n.	vécussions
que v.	vécussiez
qu'ils	vécussent

Plus-que-parfait

que j'	eusse	vécu
que tu	eusses	vécu
qu'il	eût	vécu
que n.	eussions	vécu
que v.	eussiez	vécu
qu'ils	eussent	vécu

IMPERATIF

Présent

vis
vivons
vivez

Passé

aie vécu
ayons vécu
ayez vécu

CONDITIONNEL

Présent

je	vivrais
tu	vivrais
il	vivrait
n.	vivrions
v.	vivriez
ils	vivraient

Passé 1re forme

j'	aurais	vécu
tu	aurais	vécu
il	aurait	vécu
n.	aurions	vécu
v.	auriez	vécu
ils	auraient	vécu

Passé 2e forme

j'	eusse	vécu
tu	eusses	vécu
il	eût	vécu
n.	eussions	vécu
v.	eussiez	vécu
ils	eussent	vécu

INFINITIF

Présent — vivre

Passé — avoir vécu

PARTICIPE

Présent — vivant

Passé — vécu / ayant vécu

Ainsi se conjuguent **revivre** et **survivre;** le participe passé de ce dernier est invariable.

VERBE LIRE

INDICATIF

Présent		Passé composé		
je	lis	j'	ai	lu
tu	lis	tu	as	lu
il	lit	il	a	lu
nous	lisons	n.	avons	lu
vous	lisez	v.	avez	lu
ils	lisent	ils	ont	lu

Imparfait		Plus-que-parfait		
je	lisais	j'	avais	lu
tu	lisais	tu	avais	lu
il	lisait	il	avait	lu
nous	lisions	n.	avions	lu
vous	lisiez	v.	aviez	lu
ils	lisaient	ils	avaient	lu

Passé simple		Passé antérieur		
je	lus	j'	eus	lu
tu	lus	tu	eus	lu
il	lut	il	eut	lu
nous	lûmes	n.	eûmes	lu
vous	lûtes	v.	eûtes	lu
ils	lurent	ils	eurent	lu

Futur simple		Futur antérieur		
je	lirai	j'	aurai	lu
tu	liras	tu	auras	lu
il	lira	il	aura	lu
nous	lirons	n.	aurons	lu
vous	lirez	v.	aurez	lu
ils	liront	ils	auront	lu

SUBJONCTIF

Présent		Passé		
que je	lise	que j'	aie	lu
que tu	lises	que tu	aies	lu
qu'il	lise	qu'il	ait	lu
que n.	lisions	que n.	ayons	lu
que v.	lisiez	que v.	ayez	lu
qu'ils	lisent	qu'ils	aient	lu

Imparfait		Plus-que-parfait		
que je	lusse	que j'	eusse	lu
que tu	lusses	que tu	eusses	lu
qu'il	lût	qu'il	eût	lu
que n.	lussions	que n.	eussions	lu
que v.	lussiez	que v.	eussiez	lu
qu'ils	lussent	qu'ils	eussent	lu

IMPERATIF

Présent	Passé	
lis	aie	lu
lisons	ayons	lu
lisez	ayez	lu

CONDITIONNEL

Présent		Passé 1re forme		
je	lirais	j'	aurais	lu
tu	lirais	tu	aurais	lu
il	lirait	il	aurait	lu
n.	lirions	n.	aurions	lu
v.	liriez	v.	auriez	lu
ils	liraient	ils	auraient	lu

INFINITIF

Présent	Passé
lire	avoir lu

PARTICIPE

Présent	Passé
lisant	lu, lue
	ayant lu

Passé 2e forme

j'	eusse	lu
tu	eusses	lu
il	eût	lu
n.	eussions	lu
v.	eussiez	lu
ils	eussent	lu

Ainsi se conjuguent **élire réélire, relire**.

VERBE DIRE 78

INDICATIF

Présent		Passé composé		
je	dis	j'	ai	dit
tu	dis	tu	as	dit
il	dit	il	a	dit
nous	disons	n.	avons	dit
vous	dites	v.	avez	dit
ils	disent	ils	ont	dit

Imparfait		Plus-que-parfait		
je	disais	j'	avais	dit
tu	disais	tu	avais	dit
il	disait	il	avait	dit
nous	disions	n.	avions	dit
vous	disiez	v.	aviez	dit
ils	disaient	ils	avaient	dit

Passé simple		Passé antérieur		
je	dis	j'	eus	dit
tu	dis	tu	eus	dit
il	dit	il	eut	dit
nous	dîmes	n.	eûmes	dit
vous	dîtes	v.	eûtes	dit
ils	dirent	ils	eurent	dit

Futur simple		Futur antérieur		
je	dirai	j'	aurai	dit
tu	diras	tu	auras	dit
il	dira	il	aura	dit
nous	dirons	n.	aurons	dit
vous	direz	v.	aurez	dit
ils	diront	ils	auront	dit

SUBJONCTIF

Présent		Passé		
que je	dise	que j'	aie	dit
que tu	dises	que tu	aies	dit
qu'il	dise	qu'il	ait	dit
que n.	disions	que n.	ayons	dit
que v.	disiez	que v.	ayez	dit
qu'ils	disent	qu'ils	aient	dit

Imparfait		Plus-que-parfait		
que je	disse	que j'	eusse	dit
que tu	disses	que tu	eusses	dit
qu'il	dît	qu'il	eût	dit
que n.	dissions	que n.	eussions	dit
que v.	dissiez	que v.	eussiez	dit
qu'ils	dissent	qu'ils	eussent	dit

IMPERATIF

Présent	Passé	
dis	aie	dit
disons	ayons	dit
dites	ayez	dit

CONDITIONNEL

Présent		Passé 1re forme		
je	dirais	j'	aurais	dit
tu	dirais	tu	aurais	dit
il	dirait	il	aurait	dit
n.	dirions	n.	aurions	dit
v.	diriez	v.	auriez	dit
ils	diraient	ils	auraient	dit

INFINITIF

Présent	Passé
dire	avoir dit

PARTICIPE

Présent	Passé
disant	dit, ite
	ayant dit

Passé 2e forme

j'	eusse	dit
tu	eusses	dit
il	eût	dit
n.	eussions	dit
v.	eussiez	dit
ils	eussent	dit

Ainsi se conjugue **redire**. **Contredire**, **dédire**, **interdire**, **médire** et **prédire** ont au présent de l'indicatif et de l'impératif les formes : *(vous) contredisez, dédisez, interdisez, médisez, prédisez*. Quant à **maudire** il se conjugue sur **finir** : *nous maudissons, vous maudissez, ils maudissent, je maudissais*, etc., *maudissant*, sauf au participe passé : *maudit, ite*.

113

79 VERBE RIRE

INDICATIF

Présent

je ris
tu ris
il rit
nous rions
vous riez
ils rient

Passé composé

j' ai ri
tu as ri
il a ri
n. avons ri
v. avez ri
ils ont ri

Imparfait

je riais
tu riais
il riait
nous riions
vous riiez
ils riaient

Plus-que-parfait

j' avais ri
tu avais ri
il avait ri
n. avions ri
v. aviez ri
ils avaient ri

Passé simple

je ris
tu ris
il rit
nous rîmes
vous rîtes
ils rirent

Passé antérieur

j' eus ri
tu eus ri
il eut ri
n. eûmes ri
v. eûtes ri
ils eurent ri

Futur simple

je rirai
tu riras
il rira
nous rirons
vous rirez
ils riront

Futur antérieur

j' aurai ri
tu auras ri
il aura ri
n. aurons ri
v. aurez ri
ils auront ri

SUBJONCTIF

Présent

que je rie
que tu ries
qu'il rie
que n. riions
que v. riiez
qu'ils rient

Passé

que j' aie ri
que tu aies ri
qu'il ait ri
que n. ayons ri
que v. ayez ri
qu'ils aient ri

Imparfait (rare)

que je risse
que tu risses
qu'il rît
que n. rissions
que v. rissiez
qu'ils rissent

Plus-que-parfait

que j' eusse ri
que tu eusses ri
qu'il eût ri
que n. eussions ri
que v. eussiez ri
qu'ils eussent ri

IMPERATIF

Présent

ris
rions
riez

Passé

aie ri
ayons ri
ayez ri

CONDITIONNEL

Présent

je rirais
tu rirais
il rirait
n. ririons
v. ririez
ils riraient

Passé 1re forme

j' aurais ri
tu aurais ri
il aurait ri
n. aurions ri
v. auriez ri
ils auraient ri

Passé 2e forme

j' eusse ri
tu eusses ri
il eût ri
n. eussions ri
v. eussiez ri
ils eussent ri

INFINITIF

Présent

rire

Passé

avoir ri

PARTICIPE

Présent

riant

Passé

ri
ayant ri

Remarquer les deux **i** de suite aux deux premières personnes du pluriel de l'imparfait de l'indicatif et du présent du subjonctif. Ainsi se conjugue **sourire**.

VERBE ÉCRIRE 80

INDICATIF

Présent		*Passé composé*	
j'	écris	j' ai	écrit
tu	écris	tu as	écrit
il	écrit	il a	écrit
nous	écrivons	n. avons	écrit
vous	écrivez	v. avez	écrit
ils	écrivent	ils ont	écrit

Imparfait		*Plus-que-parfait*	
j'	écrivais	j' avais	écrit
tu	écrivais	tu avais	écrit
il	écrivait	il avait	écrit
nous	écrivions	n. avions	écrit
vous	écriviez	v. aviez	écrit
ils	écrivaient	ils avaient	écrit

Passé simple		*Passé antérieur*	
j'	écrivis	j' eus	écrit
tu	écrivis	tu eus	écrit
il	écrivit	il eut	écrit
nous	écrivîmes	n. eûmes	écrit
vous	écrivîtes	v. eûtes	écrit
ils	écrivirent	ils eurent	écrit

Futur simple		*Futur antérieur*	
j'	écrirai	j' aurai	écrit
tu	écriras	tu auras	écrit
il	écrira	il aura	écrit
nous	écrirons	n. aurons	écrit
vous	écrirez	v. aurez	écrit
ils	écriront	ils auront	écrit

SUBJONCTIF

Présent		*Passé*	
que j'	écrive	que j' aie	écrit
que tu	écrives	que tu aies	écrit
qu'il	écrive	qu'il ait	écrit
que n.	écrivions	que n. ayons	écrit
que v.	écriviez	que v. ayez	écrit
qu'ils	écrivent	qu'ils aient	écrit

Imparfait		*Plus-que-parfait*	
que j'	écrivisse	que j' eusse	écrit
que tu	écrivisses	que tu eusses	écrit
qu'il	écrivît	qu'il eût	écrit
que n.	écrivissions	que n. eussions	écrit
que v.	écrivissiez	que v. eussiez	écrit
qu'ils	écrivissent	qu'ils eussent	écrit

IMPERATIF

Présent	*Passé*	
écris	aie	écrit
écrivons	ayons	écrit
écrivez	ayez	écrit

CONDITIONNEL

Présent		*Passé 1re forme*	
j'	écrirais	j' aurais	écrit
tu	écrirais	tu aurais	écrit
il	écrirait	il aurait	écrit
nous	écririons	n. aurions	écrit
vous	écririez	v. auriez	écrit
ils	écriraient	ils auraient	écrit

Passé 2e forme

j'	eusse	écrit
tu	eusses	écrit
il	eût	écrit
n.	eussions	écrit
v.	eussiez	écrit
ils	eussent	écrit

INFINITIF

Présent	*Passé*
écrire	avoir écrit

PARTICIPE

Présent	*Passé*
écrivant	écrit, ite
	ayant écrit

Ainsi se conjuguent **récrire**, **décrire**, et tous les composés en **-scrire** (page 119).

VERBE CONFIRE

INDICATIF

Présent

je confis
tu confis
il confit
nous confisons
vous confisez
ils confisent

Passé composé

j' ai confit
tu as confit
il a confit
n. avons confit
v. avez confit
ils ont confit

Imparfait

je confisais
tu confisais
il confisait
nous confisions
vous confisiez
ils confisaient

Plus-que-parfait

j' avais confit
tu avais confit
il avait confit
n. avions confit
v. aviez confit
ils avaient confit

Passé simple

je confis
tu confis
il confit
nous confîmes
vous confîtes
ils confirent

Passé antérieur

j' eus confit
tu eus confit
il eut confit
n. eûmes confit
v. eûtes confit
ils eurent confit

Futur simple

je confirai
tu confiras
il confira
nous confirons
vous confirez
ils confiront

Futur antérieur

j' aurai confit
tu auras confit
il aura confit
n. aurons confit
v. aurez confit
ils auront confit

SUBJONCTIF

Présent

que je confise
que tu confises
qu'il confise
que n. confisions
que v. confisiez
qu'ils confisent

Passé

que j' aie confit
que tu aies confit
qu'il ait confit
que n. ayons confit
que v. ayez confit
qu'ils aient confit

Imparfait

que je confisse
que tu confisses
qu'il confît
que n. confissions
que v. confissiez
qu'ils confissent

Plus-que-parfait

que j' eusse confit
que tu eusses confit
qu'il eût confit
que n. eussions confit
que v. eussiez confit
qu'ils eussent confit

IMPERATIF

Présent

confis
confisons
confisez

Passé

aie confit
ayons confit
ayez confit

CONDITIONNEL

Présent

je confirais
tu confirais
il confirait
n. confirions
v. confiriez
ils confiraient

Passé 1re forme

j' aurais confit
tu aurais confit
il aurait confit
n. aurions confit
v. auriez confit
ils auraient confit

INFINITIF

Présent

confire

Passé

avoir confit

PARTICIPE

Présent

confisant

Passé

confit, ite
ayant confit

Passé 2e forme

j' eusse confit
tu eusses confit
il eût confit
n. eussions confit
v. eussiez confit
ils eussent confit

Circoncire, tout en se conjuguant sur **confire,** fait au participe passé *circoncis, ise.*
Frire n'est usité qu'au singulier du présent de l'indicatif et de l'impératif : *je fris, tu fris, il frit, fris;* rarement au futur et au conditionnel : *je frirai... je frirais...;* au participe passé *frit, frite,* et aux temps composés formés avec l'auxiliaire **avoir.** Aux temps et aux personnes où **frire** est défectif, on lui substitue le verbe **faire frire,** du moins quand **frire** devrait être employé au sens transitif : *Ils font frire du poisson.* Le verbe **frire** peut en effet être employé au sens intransitif : *Le beurre frit dans la poêle.*
Suffire se conjugue sur **confire.** Remarquer toutefois que le participe passé est *suffi* (sans **t**), invariable même à la forme pronominale : *Les pauvres femmes se sont suffi avec peine jusqu'à présent.*

VERBES EN -UIRE : CUIRE — 82

INDICATIF

Présent
je cuis
tu cuis
il cuit
nous cuisons
vous cuisez
ils cuisent

Passé composé
j' ai cuit
tu as cuit
il a cuit
n. avons cuit
v. avez cuit
ils ont cuit

Imparfait
je cuisais
tu cuisais
il cuisait
nous cuisions
vous cuisiez
ils cuisaient

Plus-que-parfait
j' avais cuit
tu avais cuit
il avait cuit
n. avions cuit
v. aviez cuit
ils avaient cuit

Passé simple
je cuisis
tu cuisis
il cuisit
nous cuisîmes
vous cuisîtes
ils cuisirent

Passé antérieur
j' eus cuit
tu eus cuit
il eut cuit
n. eûmes cuit
v. eûtes cuit
ils eurent cuit

Futur simple
je cuirai
tu cuiras
il cuira
nous cuirons
vous cuirez
ils cuiront

Futur antérieur
j' aurai cuit
tu auras cuit
il aura cuit
n. aurons cuit
v. aurez cuit
ils auront cuit

SUBJONCTIF

Présent
que je cuise
que tu cuises
qu'il cuise
que n. cuisions
que v. cuisiez
qu'ils cuisent

Passé
que j' aie cuit
que tu aies cuit
qu'il ait cuit
que n. ayons cuit
que v. ayez cuit
qu'ils aient cuit

Imparfait
que je cuisisse
que tu cuisisses
qu'il cuisît
que n. cuisissions
que v. cuisissiez
qu'ils cuisissent

Plus-que-parfait
que j' eusse cuit
que tu eusses cuit
qu'il eût cuit
que n. eussions cuit
que v. eussiez cuit
qu'ils eussent cuit

IMPERATIF

Présent
cuis
cuisons
cuisez

Passé
aie cuit
ayons cuit
ayez cuit

CONDITIONNEL

Présent
je cuirais
tu cuirais
il cuirait
n. cuirions
v. cuiriez
ils cuiraient

Passé 1re forme
j' aurais cuit
tu aurais cuit
il aurait cuit
n. aurions cuit
v. auriez cuit
ils auraient cuit

Passé 2e forme
j' eusse cuit
tu eusses cuit
il eût cuit
n. eussions cuit
v. eussiez cuit
ils eussent cuit

INFINITIF

Présent
cuire

Passé
avoir cuit

PARTICIPE

Présent
cuisant

Passé
cuit, uite
ayant cuit

Ainsi se conjuguent **conduire**, **construire**, **luire**, **nuire** et leurs composés (page 119). Noter les participes passés invariables : *lui, nui.*
Pour *reluire* comme pour *luire,* le passé simple **je (re)luisis** est supplanté par **je (re)luis... ils (re)luirent.**

LISTE ALPHABÉTIQUE DE TOUS LES VERBES DU 3ᵉ GROUPE[1]

22 **aller**
23 **tenir**
abstenir (s')
appartenir
contenir
détenir
entretenir
maintenir
obtenir
retenir
soutenir
venir
advenir
circonvenir
contrevenir
convenir
devenir
disconvenir
intervenir
obvenir
parvenir
prévenir
provenir
redevenir
ressouvenir (se)
revenir
souvenir (se)
subvenir
survenir
24 **acquérir**
conquérir
enquérir (s')
quérir
reconquérir
requérir
25 **sentir**
consentir
pressentir
ressentir
mentir
démentir
partir
départir
repartir
repentir (se)
sortir
ressortir

26 **vêtir**
dévêtir
revêtir
27 **couvrir**
découvrir
recouvrir
ouvrir
entrouvrir
rentrouvrir
rouvrir
offrir
souffrir
28 **cueillir**
accueillir
recueillir
29 **assaillir**
saillir
tressaillir
30 **faillir**
défaillir
31 **bouillir**
débouillir
32 **dormir**
endormir
rendormir
33 **courir**
accourir
concourir
discourir
encourir
parcourir
recourir
secourir
34 **mourir**
35 **servir**
desservir
resservir
(asservir)
19
36 **fuir**
enfuir (s')
37 **ouïr**
38 **recevoir**
apercevoir
concevoir
décevoir
percevoir

39 **voir**
entrevoir
prévoir
revoir
40 **pourvoir**
dépourvoir
41 **savoir**
42 **devoir**
redevoir
43 **pouvoir**
44 **mouvoir**
émouvoir
promouvoir
45 **pleuvoir**
repleuvoir
46 **falloir**
47 **valoir**
équivaloir
prévaloir
revaloir
48 **vouloir**
49 **asseoir**
rasseoir
50 **seoir**
messeoir
51 **surseoir**
52 **choir**
déchoir
échoir
53 **rendre**
défendre
descendre
condescendre
redescendre
fendre
pourfendre
refendre
pendre
appendre
dépendre
rependre
suspendre
tendre
attendre
détendre

distendre
entendre
étendre
prétendre
retendre
sous-entendre
sous-tendre
vendre
mévendre
revendre
épandre
répandre
fondre
confondre
morfondre (se)
parfondre
refondre
pondre
répondre
correspondre
tondre
retondre
perdre
reperdre
mordre
démordre
remordre
tordre
détordre
distordre
retordre
rompre
corrompre
interrompre
foutre
contrefoutre (se)
54 **prendre**
apprendre
comprendre
déprendre
désapprendre
entreprendre
éprendre (s')
méprendre (se)
réapprendre
reprendre
surprendre

55 battre
abattre
combattre
contrebattre
débattre
ébattre (s')
embattre
rabattre
rebattre

56 mettre
admettre
commettre
compromettre
démettre
émettre
entremettre (s')
omettre
permettre
promettre
réadmettre
remettre
retransmettre
soumettre
transmettre

57 peindre
dépeindre
repeindre
astreindre
étreindre
restreindre
atteindre
ceindre
enceindre
empreindre
enfreindre
feindre
geindre
teindre
déteindre
éteindre
reteindre

58 joindre
adjoindre
conjoindre
disjoindre
enjoindre
rejoindre
oindre
poindre

59 craindre
contraindre
plaindre

60 vaincre
convaincre

61 traire
abstraire
distraire
extraire
retraire
soustraire
braire

62 faire
contrefaire
défaire
forfaire
malfaire
méfaire
parfaire
redéfaire
refaire
satisfaire
surfaire

63 plaire
complaire
déplaire
taire

64 connaître
méconnaître
reconnaître
paraître
apparaître
comparaître
disparaître
réapparaître
recomparaître
reparaître
transparaître

65 naître
renaître

66 paître
repaître

67 croître
accroître
décroître
recroître

68 croire
accroire

69 boire
emboire

70 clore
déclore
éclore
enclore
forclore

71 conclure
exclure
inclure
occlure
reclure

72 absoudre
dissoudre
résoudre

73 coudre
découdre
recoudre

74 moudre
émoudre
remoudre

75 suivre
ensuivre (s')
poursuivre

76 vivre
revivre
survivre

77 lire
élire
réélire
relire

78 dire
contredire
dédire
interdire

19 (maudire)
médire
prédire
redire

79 rire
sourire

80 écrire
circonscrire
décrire
inscrire
prescrire
proscrire
récrire
réinscrire
retranscrire
souscrire
transcrire

81 confire
déconfire
circoncire
frire
suffire

82 cuire
recuire
conduire
déduire
éconduire
enduire
induire
introduire
produire
reconduire
réduire
réintroduire
reproduire
retraduire
séduire
traduire
construire
détruire
instruire
reconstruire
luire
reluire
nuire
entre-nuire (s')

---

1. Classés dans l'ordre des tableaux de conjugaison où se trouve entièrement conjugué soit le verbe lui-même, soit le verbe type (en gras) qui lui sert de modèle, à l'auxiliaire près.

LE CHOIX DE L'AUXILIAIRE

Se conjuguent avec être ou avoir (◊), selon la nuance de l'emploi, les verbes :

apparaître[1]	déborder	diminuer	expirer	rajeunir
atterrir	décamper	disconvenir[3]	faillir	ressusciter
augmenter	déchoir	disparaître[4]	grandir	résulter
camper	décroître	divorcer	grossir	sonner
changer	dégeler	échapper[5]	maigrir	stationner
chavirer	dégénérer	échouer	monter[7]	tourner
convenir	déménager	éclore[6]	paraître	trébucher
crever	demeurer	embellir	passer	trépasser
crouler	dénicher	empirer	pourrir	vieillir
croupir	descendre[2]	enlaidir		

1. **Apparaître**, selon les grammairiens et l'Académie, se construit, comme *disparaître*, indifféremment avec les auxiliaires **être** ou **avoir** : *Les spectres lui* **ont** *apparu* ou *lui* **sont** *apparus* (Ac.). Il semble cependant préférable d'employer **avoir** si l'on considère l'action : *Les patriarches lui dressèrent des autels en certains endroits où il leur* **avait** *apparu* (Massillon) ; **être** si l'on considère le résultat : *Elle m'***est** *apparue avec trop d'avantage* (Racine). Mais l'usage tend à généraliser l'auxiliaire **être**, même quand on considère uniquement l'action : *Cet homme m'***est** *apparu au moment où je le croyais bien loin* (Ac.).

2. **Descendre.** Quand on veut insister sur le résultat, on emploie toujours l'auxiliaire **être** : *Il* **est** *descendu chez des amis* (Ac.). Mais, même pour indiquer l'action, l'auxiliaire **être** s'emploie plus couramment qu'**avoir** : *Nous* **sommes** *aussitôt descendus de voiture.* Cependant on peut correctement écrire : *Il* **a** *descendu bien promptement* (Ac.).

3. **Disconvenir**, comme **convenir**, se conjugue avec l'auxiliaire **être** au sens de *ne pas convenir d'une chose, la nier*, avec l'auxiliaire **avoir** au sens de *ne pas convenir à*, mais cette acception est désuète.

4. **Disparaître**, comme **apparaître**, prend normalement l'auxiliaire **avoir** pour exprimer l'action, l'auxiliaire **être** pour exprimer l'état résultant de cette action. Quand, avec l'Académie, je dis : *Le soleil* **a** *disparu derrière l'horizon*, j'indique qu'à un moment donné le soleil a fait, apparemment, l'action de descendre par-delà la ligne d'horizon. Mais si, constatant l'absence du soleil dans le ciel, je veux exprimer l'état consécutif à cette disparition, je dirai : *Le soleil* **est** *disparu.*

5. **Échapper** veut toujours l'auxiliaire **avoir** au sens de *n'être pas saisi, n'être pas compris* : *Votre demande m'avait d'abord échappé.* Au sens de *être dit* ou *fait par inadvertance*, il prend l'auxiliaire **être** : *Il est impossible qu'une pareille bévue lui* **soit** *échappée* (Ac.). Au sens de *s'enfuir*, il utilise **avoir** ou **être** selon que l'on insiste sur l'action ou sur l'état : *Le prisonnier* **a** *échappé. Il* **est** *échappé de prison.* Noter le participe passé non accordé dans l'expression : *Il l'a* **échappé** *belle.*

6. **Éclore**. On emploie parfois l'auxiliaire **avoir** pour insister sur l'action elle-même : *Ces poussins* **ont** *éclos ce matin ; ceux-là* **sont** *éclos depuis hier.* Mais l'auxiliaire **être** est toujours possible : *Ces fleurs* **sont** *écloses cette nuit* (Ac.).

7. **Monter**, verbe intransitif, est conjugué normalement avec l'auxiliaire **être** : *Il est monté à sa chambre* (Ac.). Cependant, pour insister sur l'action en train de se faire, il peut se construire avec l'auxiliaire **avoir**; particulièrement dans certaines expressions consacrées par l'usage : *Il est hors d'haleine pour* **avoir** *monté trop vite* (Ac.). *La Seine* **a** *monté ; le thermomètre* **a** *monté ; les prix* **ont** *monté.*

Dictionnaire orthographique des verbes

AVEC INDICATIONS D'EMPLOI ET RENVOIS AUX TABLEAUX

CODE DES SIGNES DU DICTIONNAIRE

battre	Ces verbes sont particulièrement fréquents (voir l'Échelle Dubois-Buyse qui correspond au vocabulaire que devraient connaître les enfants en fin de primaire).
aimer 6	Renvoi aux verbes types dans les tableaux.
19	Renvoi aux tableaux (soit au modèle soit aux notes).
à, de,, etc.	Rappel de la préposition régie par le verbe.
I	Verbe ou emploi intransitif.
T	Verbe ou emploi transitif direct.
P	Verbe ou emploi pronominal.
P	Participe invariable dans l'emploi pronominal : *ils se sont **plu***.
♦	Ce verbe se conjugue avec *être*.
◊	Ce verbe se conjugue avec *être* OU *avoir* (cf. p. 120).
D	Verbe défectif.
il	Verbe ou emploi impersonnel.
≃	Ne s'emploie que sous cette forme.

ABAISSER / ADULTÉRER

a

abaisser, T, P, de, par ... 6
abandonner, T, P. ... 6
abasourdir, T, de, par ... 19
abâtardir, T, P ... 19
abattre, T, P ... 55
abdiquer, I, T, devant ... 6
aberrer, I ... 6
abêtir, T, P ... 19
abhorrer, T ... 6
abîmer, T, P, dans ... 6
abjurer, I, T ... 6
abloquer, T ... 6
abolir, T ... 19
abominer, T ... 6
abonder, I ... 6
abonner, T, P ... 6
abonnir, T, P ... 19
aborder, I, T ... 6
aboucher, T, P ... 6
abouler, T, P ... 6
abouter, T ... 6
aboutir, I ... 19
aboyer, I ... 17
abraser, T ... 6
abréger, T ... 14
abreuver, T, P ... 6
abricoter, T ... 6
abriter, T, P ... 6
abroger, T ... 8
abrutir, T, P ... 19
absenter, P ... 6
absorber, T, P ... 6
absoudre, T ... 72
abstenir, P ... 23

abstraire, T, P ... 61
abuser, T, P, de ... 6
acagnarder, P ... 6
accabler, T ... 6
accaparer, T ... 6
accastiller, T ... 6
accéder, à ... 10
accélérer, T, P ... 10
accentuer, T, P ... 6
accepter, T ... 6
accidenter, T ... 6
acclamer, T ... 6
acclimater, T, P ... 6
accointer, P ... 6
accoler, T ... 6
accommoder, T, P ... 6
accompagner, T, P ... 6
accomplir, T, P ... 19
accorder, T, P ... 6
accorer, T ... 6
accoster, T, P ... 6
accoter, T, P ... 6
accoucher, I, ◊, T, de ... 6
accouder, P ... 6
accouer, T ... 6
accoupler, T, P ... 6
accourcir, I ... 19
accourir, I, ◊ ... 33
accoutrer, T, P ... 6
accoutumer, T, P ... 6
accréditer, T, P ... 6
accrocher, I, T, P ... 6
accroire, T ... D
≃ infinitif
accroître, T, P ... 67
accroupir, P ... 19
accueillir, T ... 28
acculer, T ... 6
acculturer, T ... 6
accumuler, T, P ... 6
accuser, T, P ... 6
acenser, T ... 6
acérer, T ... 10

acétifier, T ... 15
acétyler, T ... 6
achalander, T ... 6
acharner, T, P ... 6
acheminer, T, P ... 6
acheter, T, P ... 12
achever, T, P ... 9
achopper, sur, à, P ... 6
acidifier, T, P ... 15
aciduler, T ... 6
aciérer, T ... 10
aciseler, T ... 12
acoquiner, P ... 6
acquérir, T, P ... 24
acquiescer, I, à ... 7
acquitter, T, P ... 6
acter, T ... 6
actionner, T ... 6
activer, I, T, P ... 6
actualiser, T ... 6
adapter, T, P ... 6
additionner, T, P ... 6
adhérer, à ... 10
adjectiver, T ... 6
adjectiviser, T ... 6
adjoindre, T, P ... 58
adjuger, T, P ... 8
adjurer, T ... 6
admettre, T ... 56
administrer, T, P ... 6
admirer, T ... 6
admonester, T ... 6
adoniser, P ... 6
adonner, P ... 6
adopter, T ... 6
adorer, T ... 6
adosser, T, P ... 6
adouber, I, T ... 6
adoucir, T, P ... 19
adresser, T, P ... 6
adsorber, T ... 6
aduler, T ... 6
adultérer, T ... 10

ADVENIR / AMENUISER

advenir, I, ♦, il 23	agglutiner, T, P 6	alentir, T 19
aérer, T, P 10	aggraver, T, P 6	alerter, T 6
affabuler, T 6	agioter, I 6	aléser, T 10
affadir, T, P 19	**agir,** I, P, il, de 19	aleviner, T 6
affaiblir, T, P 19	**agiter,** T, P 6	aliéner, T, P 10
affairer, P 6	agneler, I 11	aligner, T, P 6
affaisser, T, P 6	agonir, T 19	alimenter, T, P 6
affaler, T, P 6	agoniser, I 6	aliter, T, P 6
affamer, T 6	agrafer, T 6	allaiter, T 6
afféager, T 8	agrandir, T, P 19	allécher, T 10
affecter, T 6	agréer, T, à 13	alléger, T 14
affectionner, T 6	agréger, T, P 14	allégir, T 19
afférer, I 10	agrémenter, T 6	allégoriser, T 6
affermer, T 6	agresser, T 6	alléguer, T 10
affermir, T, P 19	agricher, T 6	**aller,** I, ♦, P, en 22
afficher, T, P 6	agriffer, P 6	**allier,** T, P 15
affiler, T 6	agripper, T, P 6	**allonger,** I, T, P . . . 8
affilier, T, P 15	aguerrir, T, P 19	allouer, T 6
affiner, T, P 6	aguicher, T 6	**allumer,** T, P 6
affirmer, T, P 6	ahaner, I 6	alluvionner, I 6
affleurer, I, T 6	aheurter, P 6	alourdir, T, P 19
affliger, T, P 8	ahurir, T 19	alpaguer, T 6
afflouer, T 6	aider, T, à, P, de 6	alphabétiser, T 6
affluer, I 6	aigrir, I, T, P 19	altérer, T, P 10
affoler, I, T, P 6	aiguiller, T 6	alterner, I, T 6
affouager, T 8	aiguilleter, T 11	aluminer, T 6
affourcher, T 6	aiguillonner, T 6	aluner, T 6
affour(r)ager, T . . . 8	**aiguiser,** T, P 6	alunir, I, ◊ 19
affranchir, T, P 19	ailler, T 6	amadouer, T 6
affréter, T 10	aimanter, T 6	amaigrir, T, P 19
affriander, T 6	**aimer,** T, P 6	amalgamer, T, P . . . 6
affricher, T 6	airer, I 6	amariner, T, P 6
affrioler, T 6	ajointer, T 6	amarrer, T 6
affriter, T 6	ajourer, T 6	amasser, T, P 6
affronter, T, P 6	ajourner, T 6	amatir, T 19
affruiter, I 6	**ajouter,** T, P 6	ambitionner, T 6
affubler, T, P 6	ajuster, T, P 6	ambler, I 6
affurer, I, T 6	alambiquer, T 6	ambrer, T 6
affûter, T 6	alanguir, T, P 19	améliorer, T, P 6
agacer, T, P 7	alarmer, T, P 6	aménager, T 8
agencer, T, P 7	alcaliniser, T 6	amender, T, P 6
agenouiller, P . . . 6	alcaliser, T 6	**amener,** T, P 9
agglomérer, T, P . . . 10	alcooliser, T, P 6	amenuiser, T, P 6

AMERRIR / ARTICULER

amerrir, I, ◊ 19	anordir, I 19	approfondir, T, P . . 19
ameublir, T 19	anticiper, I, T 6	approprier, T, P 15
ameuter, T 6	antidater, T 6	**approuver,** T 6
amidonner, T 6	aoûter, T, P 6	approvisionner, T, P 6
amincir, T, P 19	**apaiser,** T, P 6	**appuyer,** T, P 17
amnistier, T 15	apanager, T 8	apurer, T 6
amodier, T 15	**apercevoir,** T, P, de 38	araser, T 6
amoindrir, T 19	apeurer, T 6	arbitrer, T 6
amollir, T, P 19	apiquer, T 6	arborer, T 6
amonceler, T, P. . . . 11	apitoyer, T, P. 17	arboriser, I 6
amorcer, T, P 7	aplanir, T, P 19	arc-bouter, T, P . . . 6
amordancer, T 7	**aplatir,** T, P 19	archaïser, I 6
amortir, T, P 19	apostasier, I 15	architecturer, T. . . . 6
amouracher, P 6	aposter, T 6	archiver, T 6
amplifier, T, P 15	apostiller, T 6	arçonner, T 6
amputer, T 6	apostropher, T 6	ardoiser, T 6
amuïr, P 19	appairer, T 6	**argenter,** T 6
amurer, T 6	**apparaître,** I, ◊ . . . 64	argotiser, I 6
amuser, T, P 6	appareiller, T 6	arguer [arge], T. . . 6
analgésier, T 15	apparenter, P 6	arguer [argye], T, de 6
analyser, T, P 6	apparier, T 15	argumenter, I 6
anastomoser, P . . . 6	apparoir . . . . D	**armer,** T, P 6
anathématiser, T . . 6	≃ il appert	armorier, T 15
ancrer, T, P 6	**appartenir,** à, P . . 23	arnaquer, T 6
anéantir, T, P 19	appâter, T 6	aromatiser, T 6
anémier, T 15	appauvrir, T, P 19	arpéger, I, T 14
anesthésier, T 15	**appeler,** T, P 11	arpenter, T 6
anglaiser, T 6	appendre, T 53	arquer, I, T, P 6
angliciser, T, P 6	appesantir, T, P. . . . 19	**arracher,** T, P 6
angoisser, T 6	appéter, T 10	arraisonner, T 6
anhéler, I 10	**applaudir,** T, P . . . 19	**arranger,** T, P 8
animaliser, T 6	**appliquer,** T, P . . . 6	arrenter, T 6
animer, T, P 6	appointer, T, P 6	arrérager, I, P 8
aniser, T 6	appointir, T 19	**arrêter,** I, T, P 6
ankyloser, T, P 6	apponter, I 6	arriérer, T, P 6
anneler, T 11	**apporter,** T 6	arrimer, T 6
annexer, T, P 6	apposer, T 6	ar(r)iser, I 6
annihiler, T 6	**apprécier,** T 15	**arriver,** I, ♦ 6
annoncer, T, P . . . 7	appréhender, T 6	arroger, P 8
annoter, T 6	**apprendre,** T, P . . 54	**arrondir,** T, P 19
annuler, T, P 6	apprêter, T, P 6	**arroser,** T 6
anoblir, T, P 19	apprivoiser, T, P . . . 6	arsouiller, P 6
ânonner, T 6	**approcher,** T, P, de 6	articuler, T, P. 6

125

ASCENSIONNER / BAFOUER

ascensionner, I, T . .	6	
aseptiser, T	6
aspecter, T	6
asperger, T, P	8
asphalter, T	6
asphyxier, T, P . . .	15
aspirer, T, à	6
assagir, T, P	19
assaillir, T	**29**
assainir, T	19
assaisonner, T . . .	6
assarmenter, T . . .	6
assassiner, T	6
assavoir	D
≃ infinitif	
assécher, T, P	10
assembler, T, P . .	6
assener, T	9
aussi asséner, T	10
asseoir, T, P	**49**
assermenter, T	6
asservir, T, P	19
assibiler, T, P	6
assiéger, T	**14**
assigner, T	6
assimiler, T, P	6
assister, T, à	6
associer, T, P	15
assoler, T	6
assombrir, T, P . . .	19
assommer, T	6
assoner, I	6
assortir, T, P	19
assoupir, T, P	19
assouplir, T, P	19
assourdir, T	19
assouvir, T, P	19
assujettir, T, P	19
assumer, T, P	6
assurer, T, P	6
asticoter, T	6
astiquer, T	6
astreindre, T, P	57
atermoyer, I	17
atomiser, T	6
atrophier, T, P	15
attabler, T, P	6
attacher, T, P	6
attaquer, T, P	6
attarder, T, P	6
atteindre, T	57
atteler, T, P, à	11
attendre, I, T, P, à .	53
attendrir, T, P	19
attenter, T, à	6
atténuer, T, P	6
atterrer, T	6
atterrir, I, ◊	19
attester, T	6
attiédir, T, P	19
attifer, T, P	6
attiger, I	8
attirer, T	6
attiser, T	6
attitrer, T	6
attraper, T, P	6
attribuer, T, P	6
attriquer, T	6
attrister, T, P	6
attrouper, T, P	6
auditionner, T	6
augmenter, I, ◊, T, P	6
augurer, T	6
auréoler, T, P.	6
aurifier, T	15
ausculter, T	6
authentifier, T	15
authentiquer, T . . .	6
autodéterminer, P . .	6
autofinancer, P	7
autographier, T . . .	15
autoguider, P	6
automatiser, T	6
autopsier, T	15
autoriser, T, P . . .	6
autosuggestionner, P	6
autotomiser, P	6
avachir, T, P	19
avaler, T	6
avaliser, T	6
avancer, I, T, P . . .	7
avantager, T	8
avarier, T	15
avenir, I	D
≃ avenant	
aventurer, T, P	6
avérer, T, P	10
avertir, T	19
aveugler, T, P	6
aveulir, T, P	19
avilir, T, P	19
aviner, T	6
aviser, I, T, P, de . .	6
avitailler, T	6
aviver, T	6
avoir, T	**1**
avoisiner, T	6
avorter, I	6
avouer, T, P	6
axer, T	6
axiomatiser, T	6
azurer, T	6

b

babiller, I	6
bâcher, T	6
bachoter, I, T	6
bâcler, T	6
badigeonner, T	6
badiner, I	6
baffer, T	6
bafouer, T	6

BAFOUILLER / BISTOURNER

bafouiller, I, T 6	barbouiller, T 6	bêler, I, T 6
bâfrer, I, T 6	barder, I, ça, T 6	bémoliser, T 6
bagarrer, I, P 6	baréter, I 10	bénéficier, de 15
baguenauder, I, P . . 6	barguigner, I 6	**bénir,** T 19
baguer, T 6	barioler, T 6	(une union bénie)
baigner, I, T, P . . . 6	baronner, T 6	(l'eau bénite)
bailler, T 6	barouder, I 6	béquer, T 10
(la bailler belle)	**barrer,** I, T, P 6	béqueter, T 11
bâiller, I 6	barricader, T, P 6	béquiller, I, T 6
(bâiller d'ennui)	barrir, I 19	**bercer,** T, P 7
bâillonner, T 6	basaner, T 6	berner, T 6
baiser, T 6	basculer, I, T 6	besogner, I 6
baisoter, T 6	baser, T, P 6	bêtifier, I 15
baisser, I, T, P 6	bassiner, T 6	bêtiser, I 6
balader, T, P 6	bastillonner, T 6	bétonner, T 6
balafrer, T 6	bastionner, T 6	beugler, I, T 6
balancer, I, T, P . . 7	batailler, I 6	beurrer, T, P 6
balayer, T 16	bateler, T 11	biaiser, I 6
balbutier, I, T 15	bâter, T 6	bibeloter, I 6
baleiner, T 6	batifoler, I 6	biberonner, I 6
baliser, T 6	bâtir, T 19	bicher, I, ça 6
balkaniser, T, P . . . 6	bâtonner, T 6	bichonner, T 6
ballaster, T 6	**battre,** I, T, P 55	bichoter, ça 6
baller, I 6	bauger, P 8	bidonner, P 6
ballonner, T 6	**bavarder,** I 6	bienvenir . . . . D
ballotter, I, T 6	bavasser, I 6	≃ infinitif
bambocher, I 6	baver, I 6	biffer, T 6
banaliser, T 6	bavocher, I 6	bifurquer, I 6
bancher, T 6	bayer, I 16	bigarrer, T 6
bander, I, T, P 6	(aux corneilles)	bigler, I, T 6
banner, T 6	bazarder, T 6	bigorner, T 6
bannir, T 19	béatifier, T 15	biler, P 6
banquer, I, T 6	bêcher, I, T 6	billebauder, I 6
banqueter, I 11	bécoter, T 6	billonner, T 6
baptiser, T 6	becquer, T 6	biloquer, T 6
baqueter, T 11	becqueter, T 11	biner, I, T 6
baragouiner, I, T . . 6	becter, T 6	biscuiter, T 6
baraquer, I 6	bedonner, I 6	biseauter, T 6
baratiner, I, T 6	béer 13	bisegmenter, T 6
baratter, T 6	béant	biser, I, T 6
barber, T 6	bouche bée	bisquer, I 6
barbifier, T 15	bégayer, I, T 16	bisser, T 6
barboter, I, T 6	bégueter, I 12	bistourner, T 6

127

BISTRER / BRILLER

bistrer, T 6	bondériser, T 6	boursicoter, I 6
biter, T............ 6	**bondir,** I 19	boursoufler, T, P ... 6
bitter, T........... 6	bondonner, T 6	bousculer, T, P 6
bitumer, T......... 6	bonifier, T, P 15	bousiller, I, T 6
bituminer, T 6	bonimenter, I 6	boustifailler, I 6
bit(t)urer, P 6	border, T 6	bouter, T 6
bivouaquer, I 6	borner, T, P 6	boutonner, I, T, P .. 6
bizuter, T 6	bornoyer, I, T 17	bouturer, I 6
blablater, I 6	bosseler, T, P 11	boxer, I, T 6
blackbouler, T 6	bosser, T 6	boycotter, T 6
blaguer, I, T 6	bossuer, T......... 6	braconner, I, T 6
blairer, T.......... 6	botaniser, I........ 6	brader, T.......... 6
blâmer, T.......... 6	botteler, T......... 11	brailler, I, T 6
blanchir, I, T, P ... 19	botter, I, T......... 6	braire, I 61
blaser, T, P 6	boucaner, T 6	braiser, T......... 6
blasonner, T...... 6	boucharder, T..... 6	bramer, I, T....... 6
blasphémer, I, T .. 10	**boucher,** T, P 6	brancher, I, T, P ... 6
blatérer, T 10	bouchonner, T 6	brandiller, I, T 6
blêmir, I, T........ 19	boucler, I, T, P..... 6	brandir, T 19
bléser, T 10	**bouder,** I, T...... 6	branler, I, T, P 6
blesser, T, P 6	boudiner, T....... 6	braquer, I, T, P 6
blettir, I........... 19	bouffer, I, T, P..... 6	braser, T 6
bleuir, I, T......... 19	bouffir, I, T 19	brasiller, I 6
bleuter, T 6	bouffonner, I 6	brasser, T, P 6
blinder, T 6	**bouger,** I, T, P ... 8	braver, T 6
blondir, I, T....... 19	bougonner, I 6	brayer, I, T 16
blondoyer, I 17	**bouillir,** I, T...... 31	bredouiller, I, T.... 6
bloquer, T, P 6	bouillonner, I...... 6	bréler, T.......... 10
blottir, P 19	bouillotter, I 6	brêler, T.......... 6
blouser, I, T....... 6	boulanger, I, T 8	breller, T 6
bluffer, I, T 6	bouler, I, T 6	brésiller, T, P 6
bluter, T 6	**bouleverser,** T... 6	bretteler, T, P 11
bobiner, T........ 6	boulonner, I, T 6	bretter, T......... 6
bocarder, T....... 6	boulotter, T....... 6	breveter, T 11
boetter, T 6	boumer, I, ça 6	bricoler, I, T 6
boire, T 69	bouquiner, I, T.... 6	brider, T 6
boiser, T 6	bourder, I 6	bridger, I 8
boiter, I........... 6	bourdonner, I..... 6	brif(f)er, T........ 6
boitiller, I 6	bourgeonner, I.... 6	brigander, I, T..... 6
bolchéviser, T..... 6	bourlinguer, I..... 6	briguer, T 6
bombarder, T 6	bourreler, T....... 11	brillanter, T....... 6
bomber, I, T 6	bourrer, I, T, P..... 6	brillantiner, T 6
bonder, T 6	bourriquer, I...... 6	**briller,** I......... 6

BRIMBALER / CAPITONNER

brimbaler, I, T 6	butiner, I, T 6	calciner, T 6
brimer, T 6	butter, T 6	**calculer,** I, T 6
bringueballer, I, T.. 6	buvoter, I 6	caler, T, P 6
brinquebal(l)er, I, T 6		caleter, I, P 12
briquer, T 6		calfater, T 6
briqueter, T 11		calfeutrer, T, P 6
briser, T, P 6		calibrer, T 6
brocanter, T 6	*C*	câliner, T 6
brocarder, T 6		calligraphier, T ... 15
brocher, T 6		**calmer,** T, P 6
broder, I, T 6		calmir, I 19
broncher, I 6	cabaler, I 6	calomnier, T 15
bronzer, I, T, P 6	cabaner, T 6	calorifuger, T 8
brosser, I, T, P ... 6	câbler, T 6	calotter, T 6
brouetter, T 6	cabosser, T 6	calquer, T 6
brouillasser, il 6	caboter, I 6	calter, I, P 6
brouiller, T, P 6	cabotiner, I 6	cambrer, T 6
brouillonner, T 6	cabrer, T, P 6	cambrioler, T 6
brouter, I, T 6	cabrioler, I 6	cambuter, I, T 6
broyer, T 17	cacaber, I 6	cameloter, I 6
bruiner, il 6	cacarder, I 6	camionner, T 6
bruir, T 19	**cacher,** T, P 6	camoufler, T 6
bruire, I, T .... D	cacheter, T 11	**camper,** I, ◊, T, P.. 6
≃ il bruit	cadancher, I 6	canaliser, T 6
ils bruissent	cadastrer, T 6	canarder, I, T 6
il bruissait	cadenasser, T 6	cancaner, I 6
ils bruissaient	cadencer, I, T 7	candir, T, P 19
qu'il bruisse	cadrer, I, T 6	caner, I 6
qu'ils bruissent	cafarder, T 6	can(n)er, I 6
p.pr. bruissant	cafouiller, I 6	canneler, T 11
(adj. : bruyant)	cafter, I, T 6	canner, I, T 6
bruiter, I 6	cagnarder, I 6	canoniser, T 6
brûler, I, T, P 6	cagner, I 6	canonner, T 6
brumasser, il 6	cahoter, I, T 6	canoter, I 6
brumer, il 6	caillebotter, I, T ... 6	cantonner, I, T, P .. 6
brunir, I, T, P 19	cailler, I, P 6	canuler, I, T 6
brusquer, T 6	cailleter, I 11	caoutchouter, T ... 6
brutaliser, T 6	caillouter, T 6	caparaçonner, T, P. 6
bûcher, I, T 6	cajoler, T 6	capéer, I 13
budgétiser, T 6	calaminer, P 6	capeler, T 11
bureaucratiser, T, P. 6	calamistrer, T 6	capeyer, I 6
buriner, T 6	calancher, I 6	capitaliser, I, T 6
buter, I, T 6	calandrer, T 6	capitonner, T, P ... 6

CAPITULER / CHEMINER

capituler, I 6	casser, I, T, P 6	chambarder, T 6
caponner, I 6	castagner, P 6	chambouler, T 6
caporaliser, T 6	castrer, T 6	chambrer, T 6
capoter, I, T 6	cataloguer, T 6	chamoiser, T 6
capsuler, T 6	catalyser, T 6	champagniser, T . . 6
capter, T 6	catapulter, T 6	champlever, T 9
captiver, T, P 6	catastropher, T 6	chanceler, I 11
capturer, T 6	catcher, I 6	chancir, I, P 19
capuchonner, T . . . 6	catéchiser, T 6	chanfreiner, T 6
caquer, T 6	cauchemarder, I . . . 6	**changer,** I, ◊, T, P . . 8
caqueter, I 11	**causer,** I, T 6	chansonner, T 6
caracoler, I 6	cautériser, T 6	chanstiquer, I, T . . . 6
caractériser, T, P . . . 6	cautionner, T 6	**chanter,** I, T 6
caramboler, I, T, P . 6	cavalcader, I 6	chantonner, I, T . . . 6
caraméliser, I, T, P . 6	cavaler, I, T, P 6	chantourner, T 6
carapater, P 6	caver, I, T, P 6	chaparder, T 6
carbonater, T 6	caviarder, T 6	chapeauter, T 6
carboniser, T 6	**céder,** I, T 10	chapeler, T 11
carburer, I, T 6	ceindre, T 57	chaperonner, T 6
carcailler, I 6	ceinturer, T 6	chapitrer, T 6
carder, T 6	**célébrer,** T 10	chaponner, T 6
carencer, T 7	celer, T 12	chaptaliser, T 6
caréner, T 10	cémenter, T 6	charbonner, I, T . . . 6
caresser, T 6	cendrer, T 6	charcuter, T 6
carguer, T 6	censurer, T 6	**charger,** T, P 8
caricaturer, T 6	centraliser, T 6	**charmer,** T 6
carier, T, P 15	centrer, T 6	charpenter, T 6
carillonner, I, T 6	centrifuger, T 8	charrier, I, T 15
carmer, T 6	centupler, I, T 6	charroyer, T 17
carminer, T 6	cercler, T 6	**chasser,** I, T 6
carnifier, P 15	cerner, T 6	châtier, T 15
carotter, I, T 6	certifier, T 15	chatonner, I 6
carreler, T 11	**cesser,** I, T, de 6	chatouiller, T 6
carrer, T, P 6	chabler, T 6	chatoyer, I 17
carrosser, T 6	chagriner, T 6	châtrer, T 6
carroyer, T 17	chahuter, I, T 6	**chauffer,** I, T, P . . . 6
cartonner, T 6	chaîner, T 6	chauler, T 6
cascader, I 6	challenger, T 8	chaumer, I, T 6
caséifier, T 15	chaloir . . . . D	**chausser,** I, T, P . . 6
casemater, T 6	(peu lui chaut...)	chauvir, I 19
caser, T, P 6	chalouper, I 6	chavirer, I, ◊, T 6
caserner, T 6	chamailler, P 6	ch(e)linguer, I, T . . 6
casquer, I, T 6	chamarrer, T 6	cheminer, I 6

CHEMISER / COLLETER

chemiser, T. 6	chronométrer, T. . . 10	clicher, T. 6
chercher, I, T, P . . 6	chroumer, I, T. 6	cligner, I, T, de 6
chérer, I 6	chuchoter, I, T 6	clignoter, I 6
chérir, T. 19	chuinter, I. 6	climatiser, T 6
cherrer, I. 6	chuter, I, T 6	cliqueter, I 11
chevaler, T 6	cicatriser, I, T, P . . . 6	clisser, T 6
chevaucher, I, T, P . 6	ciller, I, T. 6	cliver, T, P 6
cheviller, T 6	cimenter, T 6	clochardiser, T, P . . 6
chevreter, I. 11	cinématographier, T 15	**clocher,** I, T 6
chevronner, T. 6	cingler, I, T 6	cloisonner, T 6
chevroter, I. 6	cintrer, T. 6	cloîtrer, T, P 6
chiader, T 6	circoncire, T. 81	clopiner, I. 6
chialer, I 6	circonscrire, T, P. . . 80	cloquer, I 6
chicaner, I, T. 6	circonstancier, T . . 15	clore, T 70
chicoter, I. 6	circonvenir, T. 23	clôturer, I, T 6
chienner, I 6	circuler, I 6	**clouer,** T 6
chier, I, T. 15	**cirer,** T. 6	clouter, T 6
chiffonner, I, T 6	cisailler, T 6	coaguler, I, T, P. . . . 6
chiffrer, I, T. 6	ciseler, T. 12	coaliser, T, P 6
chiner, T 6	**citer,** T. 6	coasser, I 6
chinoiser, I 6	civiliser, T, P 6	cocher, T. 6
chiper, T 6	clabauder, I 6	côcher, T. 6
chipoter, I, T, P 6	claboter, I, T. 6	cochonner, I, T. . . . 6
chiquer, I, T 6	claironner, I, T 6	cocufier, T 15
chirographier, T . . . 15	clamer, T. 6	coder, T. 6
chlorer, T 6	clamper, T. 6	codifier, T. 15
chloroformer, T . . . 6	clamser, I 6	coexister, I 6
chlorurer, T. 6	claper, T 6	coffrer, T. 6
choir, I 52	clapir, I. 19	cogiter, I, T 6
choisir, T 19	clapoter, I. 6	cogner, I, T, P 6
chômer, I, T 6	clapper, I 6	cohabiter, I. 6
choper, T 6	clapser, I. 6	cohériter, I 6
chopiner, I 6	claquemurer, T. . . . 6	**coiffer,** T, P. 6
chopper, I. 6	**claquer,** I, T, P. . . . 6	coincer, T, P 7
choquer, T 6	claqueter, I. 11	coïncider, I. 6
chosifier, T. 15	clarifier, T. 15	cokéfier, T. 15
chouchouter, T . . . 6	classer, T, P. 6	collaborer, I, à 6
chouraver, T. 6	classifier, T. 15	collationner, T 6
chouriner, T. 6	claudiquer, I. 6	collecter, T, P 6
choyer, T. 17	claustrer, T 6	collectionner, T . . . 6
christianiser, T 6	claver, T 6	collectiviser, T 6
chromer, T 6	clavet(t)er, T 11	**coller,** I, T, P 6
chroniquer, I 6	clayonner, T 6	colleter, T 11

COLLIGER / CONTACTER

colliger, T 8	comploter, I, T 6	conformer, T, P 6
colloquer, T 6	comporter, T, P 6	conforter, T 6
colmater, T 6	**composer,** I, T, P . 6	confronter, T 6
coloniser, T 6	composter, T 6	congédier, T 15
colorer, T, P 6	**comprendre,** T, P 54	congeler, T, P 12
colorier, T 15	comprimer, T 6	congestionner, T, P 6
colporter, T 6	compromettre, T, P 56	conglomérer, T 10
coltiner, T 6	comptabiliser, T . . . 6	conglutiner, T 6
combattre, I, T . . 55	**compter,** I, T, P . . . 6	congratuler, T, P . . . 6
combiner, T, P . . . 6	compulser, T 6	congréer, T 13
combler, T 6	computer, T 6	cônir, T 19
commander, I, T, P 6	concasser, T 6	conjecturer, T 6
commanditer, T . . . 6	concéder, T 10	conjoindre, T 58
commémorer, T . . . 6	concélébrer, T 10	conjuguer, T, P 6
commencer, I, T, P 7	concentrer, T, P . . . 6	conjurer, T, P 6
commenter, T 6	conceptualiser, T . . 6	**connaître,** T, P . . . 64
commercer, I 7	concerner, T 6	connecter, T 6
commercialiser, T . . 6	concerter, I, T, P . . . 6	connoter, T 6
commérer, I 10	**concevoir,** T 38	conobrer, T 6
commettre, T, P . 56	concilier, T, P 15	**conquérir,** T 24
commissionner, T . 6	**conclure,** T 71	**consacrer,** T, P . . . 6
commotionner, T . . 6	concocter, T 6	**conseiller,** I 6
commuer, T 6	concorder, I 6	**consentir,** à, T . . . 25
communaliser, T . . 6	concourir, I, T 33	**conserver,** T, P . . . 6
communier, I 15	concréter, T 10	**considérer,** T 10
communiquer, I, T, P 6	concrétiser, T, P . . . 6	consigner, T 6
commuter, T 6	concurrencer, T . . . 7	**consister,** en, à . . 6
comparaître, I 64	**condamner,** T . . . 6	**consoler,** T, P 6
comparer, T, P . . . 6	condenser, T 6	consolider, T 6
comparoir, I . . . . . . D	condescendre, à . . 53	consommer, I, T . . . 6
(être assigné à c.)	conditionner, T 6	consoner, I 6
compartimenter, T . 6	**conduire,** T, P . . . 82	conspirer, I, T 6
compasser, T 6	confectionner, T . . 6	conspuer, T 6
compatir, à 19	conférer, I, T 10	constater, T 6
compenser, T 6	**confesser,** T, P . . . 6	consteller, T, P 6
compéter, à 10	**confier,** T, P 15	consterner, T 6
compiler, T 6	configurer, T 6	constiper, T 6
complaire, à, P 63	confiner, à, T, P 6	constituer, T, P 6
compléter, T 10	**confire,** T, P 81	constitutionnaliser, T 6
complexer, T 6	**confirmer,** T, P . . . 6	**construire,** T 82
complexifier, T 15	confisquer, T 6	**consulter,** I, T, P . 6
complimenter, T . . . 6	confluer, I 6	consumer, T, P 6
compliquer, T, P . . . 6	**confondre,** T, P . . 53	contacter, T 6

CONTAGIONNER / CRÂNER

contagionner, T... 6	contrister, T...... 6	cotiser, I, P....... 6
containeriser, T... 6	contrôler, T, P..... 6	cotonner, T, P..... 6
contaminer, T..... 6	controuver, T..... 6	côtoyer, T........ 17
contempler, T..... 6	controverser, I, T.. 6	**coucher,** I, T, P... 6
contenir, T, P.... 23	contusionner, T... 6	couder, T........ 6
contenter, T, P, de 6	**convaincre,** T, P, de 60	coudoyer, T...... 17
conter, T........ 6	**convenir,** I, ◊, T,..	**coudre,** T....... 73
contester, I, T, sur.. 6	P, de............ 23	couiner, I........ 6
contingenter, T... 6	conventionner, T.. 6	**couler,** I, T, P..... 6
continuer, I, T, P. 6	converger, I...... 8	coulisser, I, T..... 6
contorsionner, T, P. 6	converser, I...... 6	coupailler, T...... 6
contourner, T..... 6	convertir, T, P..... 19	coupeller, T...... 6
contracter, T, P.... 6	convier, T........ 15	**couper,** I, T, P..... 6
contractualiser, T.. 6	convoiter, T...... 6	coupler, T....... 6
contracturer, T.... 6	convoler, I....... 6	courailler, I...... 6
contraindre, T, P. 59	convoquer, T..... 6	courbaturer, T.... 6
contrarier, T...... 15	convoyer, T...... 17	p.p. : courbaturé
contraster, I, T.... 6	convulser, T, P.... 6	ou courbatu
contre-attaquer, T. 6	convulsionner, T.. 6	**courber,** T, P...... 6
contrebalancer, T... 7	coopérer, à....... 10	**courir,** I, T....... 33
contrebattre, T.... 55	coopter, T........ 6	**couronner,** T, P.. 6
contrebouter, T... 6	coordonner, T.... 6	courre, I......... D
contrebuter, T.... 6	copier, T......... 15	chasse à courre
ou contre-buter, T. 6	copiner, I........ 6	courroucer, T, P.... 7
contrecarrer, T.... 6	coquer, T........ 6	court-circuiter, T.. 6
contredire, T, P.... 78	coqueter, I....... 11	courtiser, T....... 6
contrefaire, T..... 62	coquiller, I....... 6	cousiner, I....... 6
contreficher, P.... 6	cordeler, T....... 11	**coûter,** I, T....... 6
contrefoutre, P.. D 53	corder, T, P....... 6	couturer, T....... 6
contre-indiquer, T. 6	cordonner, T...... 6	couver, I, T....... 6
contremander, T... 6	corner, I, T....... 6	**couvrir,** T, P..... 27
contre-manifester, I 6	correspondre, I, à, P 53	**cracher,** T, P...... 6
contremarquer, T.. 6	**corriger,** T, P..... 8	crachiner, il....... 6
contre-miner, T... 6	corroborer, T..... 6	crachoter, I....... 6
contre-murer, T... 6	corroder, T....... 6	crachouiller, I..... 6
contre-passer, T... 6	corrompre, T, P.... 53	crailler, I......... 6
contre-plaquer, T.. 6	corroyer, T....... 17	**craindre,** T...... 59
contrer, I, T....... 6	corser, T, P....... 6	cramer, I, T....... 6
contre-sceller, T... 6	corseter, T........ 12	cramponner, T, P.. 6
contresigner, T.... 6	cosser, I......... 6	crampser, I....... 6
contre-tirer, T..... 6	costumer, T, P..... 6	cramser, I........ 6
contrevenir, à..... 23	coter, T.......... 6	craner, T......... 6
contribuer, à.... 6	cotir, T........... 19	crâner, I......... 6

133

CRANTER / DÉBOUCLER

cranter, T	6	
crapahuter, I, P	6	
crapaüter, I, P	6	
crapuler, I	6	
craqueler, T, P	11	
craquer, I, T	6	
craqueter, I	11	
crasser, T	6	
cravacher, I, T	6	
cravater, T	6	
crawler, I	6	
crayonner, T	6	
crécher, I	10	
créditer, T	6	
créer, T	13	
crémer, I	10	
créneler, T	11	
créner, T	10	
créosoter, T	6	
crêper, T, P	6	
crépir, T	19	
crépiter, I	6	
crétiniser, T	6	
creuser, T, P	6	
crevasser, T, P	6	
crever, I, ◊, T, P	9	
criailler, I	6	
cribler, T	6	
crier, I, T	15	
criminaliser, T	6	
crisper, T, P	6	
crisser, I	6	
cristalliser, I, T, P	6	
criticailler, I, T	6	
critiquer, T	6	
croasser, I	6	
crocher, I, T	6	
crocheter, T	12	
croire, I, T, à, P	68	
croiser, I, T, P	6	
croître, I, ♦	67	
croquer, I, T	6	
crosser, T	6	
crotter, I, T	6	
crouler, I, ♦	6	
croupir, I, ♦	19	
croustiller, I	6	
croûter, I, T	6	
crucifier, T	15	
cuber, I, T	6	
cueillir, T	28	
cuirasser, T, P	6	
cuire, T	82	
cuisiner, T	6	
cuiter, P	6	
cuivrer, T	6	
culbuter, I, T	6	
culer, I, T	6	
culminer, I	6	
culotter, T, P	6	
culpabiliser, T	6	
cultiver, T, P	6	
cumuler, T	6	
curer, T, P	6	
cureter, T	11	
cuveler, T	11	
cuver, I, T	6	
cylindrer, T	6	

d

dactylographier, T	15	
daguer, T	6	
daigner, +inf. T	6	
daller, T	6	
damasquiner, T	6	
damasser, T	6	
damer, T	6	
damner, I, T, P	6	
dandiner, T, P	6	
danser, I, T	6	
dansotter, I	6	
darder, I, T, P	6	
dater, I, T	6	
dauber, I, T, sur	6	
déactiver, T	6	
déambuler, I	6	
débâcher, I, T, P	6	
débâcler, I	6	
débagouler, I, T	6	
déballer, I, T	6	
déballonner, P	6	
débalourder, T	6	
débanaliser, T	6	
débander, T, P	6	
débaptiser, T	6	
débarbouiller, T, P	6	
débarder, T	6	
débarquer, I, T	6	
débarrasser, T, P	6	
débarrer, T	6	
débâter, T	6	
débâtir, T	19	
débattre, T, P	55	
débaucher, T, P	6	
débecqueter, T	11	
débecter, T	6	
débiliter, T	6	
débillarder, T	6	
débiner, T, P	6	
débiter, T	6	
déblatérer, I, contre	10	
déblayer, T	16	
débleuir, T	19	
débloquer, I, T	6	
débobiner, T	6	
déboiser, T	6	
déboîter, I, T, P	6	
déborder, I, ◊, T, P	6	
débosseler, T	11	
débotter, T	6	
déboucher, I, T	6	
déboucler, T	6	

DÉBOUDER / DÉCRASSER

débouder, I, T, P, ♦	6	
débouillir, T	31	
débouler, I, T	6	
déboulonner, T	6	
débouquer, I	6	
débourber, T	6	
débourrer, I, T	6	
débourser, T	6	
déboussoler, T	6	
débouter, T	6	
déboutonner, T, P	6	
débrailler, P	6	
débrancher, T	6	
débrayer, T	16	
débrider, I, T	6	
débrocher, T	6	
débrouiller, T, P	6	
débroussailler, T	6	
débucher, I, T	6	
débudgétiser, T	6	
débuller, T	6	
débureaucratiser, T	6	
débusquer, T	6	
débuter, I, T	6	
décacheter, T	11	
décadenasser, T	6	
décaféiner, T	6	
décaisser, T	6	
décalaminer, T	6	
décalcifier, T, P	15	
décaler, T	6	
décalotter, T	6	
décalquer, T	6	
décamper, I, ◊	6	
décaniller, I	6	
décanter, I, T, P	6	
décapeler, T	11	
décaper, T	6	
décapiter, T	6	
décapoter, T	6	
décapsuler, T	6	
décapuchonner, T	6	
décarburer, T	6	
décarcasser, T, P	6	
décarreler, T, P	11	
décarrer, I	6	
décartonner, T	6	
décatir, T, P	19	
décéder, I, ♦	10	
déceler, T	12	
décélérer, I	10	
décentraliser, T	6	
décentrer, I, P	6	
décercler, T	6	
décerner, T	6	
décesser, T	6	
décevoir, T	38	
déchagriner, T	6	
déchaîner, T, P	6	
déchanter, I	6	
déchaper, T	6	
déchaperonner, T	6	
décharger, I, T, P	8	
décharner, T	6	
déchaumer, T	6	
déchausser, T, P	6	
déchevêtrer, T	6	
décheviller, T	6	
déchiffonner, T	6	
déchiffrer, T	6	
déchiqueter, T	11	
déchirer, T, P	6	
déchlorurer, T	6	
déchoir, I, ◊	52	
déchristianiser, T	6	
déchromer, T	6	
décider, de, T, P	6	
décimer, T	6	
décintrer, T	6	
déclamer, I, T	6	
déclarer, T, P	6	
déclasser, T	6	
déclaveter, T	11	
déclencher, T, P	6	
décléricaliser, T	6	
décliner, I, T, P	6	
décliqueter, T	11	
décloisonner, T	6	
déclore, T	70	
déclouer, T	6	
décocher, T	6	
décoder, T	6	
décoiffer, T, P	6	
décoincer, T	7	
décolérer, I	10	
décoller, I, T, P	6	
décolleter, T, P	11	
décoloniser, T	6	
décommander, T, P	6	
décommettre, T	56	
décomplexer, T	6	
décomposer, T, P	6	
décomprimer, T	6	
décompter, T	6	
déconcentrer, T, P	6	
déconcerter, T	6	
déconfire, T	81	
décongeler, T	12	
décongestionner, T	6	
déconnecter, T	6	
déconseiller, T	6	
déconsigner, T	6	
déconstiper, T	6	
décontaminer, T	6	
décontenancer, T, P	7	
décontracter, T, P	6	
décorder, P	6	
décorer, T	6	
décorner, T	6	
décortiquer, T	6	
découcher, I	6	
découdre, en, T	73	
découler, I	6	
découper, T, P	6	
découpler, T	6	
décourager, T, P	8	
découronner, T	6	
découvrir, T, P	27	
décrasser, T	6	

DÉCRÉDITER / DÉHALER

décréditer, T 6	**défendre,** T, P.... 53	dégasoliner, T 6
décrêper, T 6	déféquer, I, T 10	dégauchir, T 19
décrépir, T 19	déférer, à, T 10	dégazer, I, T 6
décrépiter, T 6	déferler, I, T 6	dégazoliner, T 6
décréter, T 10	déferrer, T 6	dégazonner, T 6
décreuser, T 6	déferriser, T 6	dégeler, I, ◊, T, il ... 12
décrier, T 15	défeuiller, T 6	dégénérer, I, ◊ 10
décriminaliser, T... 6	défeutrer, T....... 6	dégermer, I....... 6
décrire, T 80	défibrer, T........ 6	dégingander, T, P.. 6
décrisper, T....... 6	déficeler, T 11	dégîter, T 6
décrocher, I, T, P .. 6	déficher, T 6	dégivrer, T 6
décroiser, T....... 6	défier, T, P........ 15	déglacer, T 6
décroître, I, ◊ 67	défiger, T 8	déglinguer, T 6
décrotter, T....... 6	défigurer, T....... 6	dégluer, T........ 6
décroûter, T 6	défiler, I, T, P...... 6	déglutir, T........ 19
décruer, T 6	définir, T......... 19	dégobiller, I, T 6
décruser, T....... 6	déflagrer, I 6	dégoiser, I, T...... 6
décrypter, T 6	déflaquer, I....... 6	dégonder, T 6
décuire, T 82	défleurir, I, T...... 19	dégonfler, T, P 6
décuivrer, T 6	déflorer, T........ 6	dégorger, I, T 8
déculasser, T 6	défoncer, T, P..... 7	dégot(t)er, I, T 6
déculotter, T, P... 6	déformer, T....... 6	dégouliner, I...... 6
déculpabiliser, T .. 6	défouler, T, P 6	dégoupiller, T..... 6
décupler, I, T 6	défourailler, I, T... 6	dégourdir, T, P.... 19
décuver, T........ 6	défourner, T...... 6	**dégoûter,** T, P ... 6
dédaigner, T...... 6	défourrer, T....... 6	dégoutter, I, T..... 6
dédicacer, T 7	défraîchir, T 19	dégrader, T, P..... 6
dédier, T 15	défranciser, T..... 6	dégrafer, T, P 6
dédire, P 78	défrayer, T 16	dégraisser, T...... 6
dédommager, T, P . 8	défretter, T 6	dégravoyer, T..... 17
dédorer, T........ 6	défricher, T....... 6	dégréer, T 13
dédouaner, T, P ... 6	défringuer, T, P ... 6	dégrever, T 9
dédoubler, T, P.... 6	défriper, T........ 6	dégringoler, I, T ... 6
dédramatiser, T ... 6	défriser, T 6	dégriser, T, P...... 6
déduire, T........ 82	défroisser, T 6	dégrosser, T 6
défaillir, I 30	défroncer, T 7	dégrossir, T....... 19
défaire, T, P 62	défroquer, I, T, P... 6	dégrouiller, P 6
défalquer, T 6	défruiter, T 6	déguerpir, I, T 19
défarder, T 6	**dégager,** I, T, P ... 6	dégueuler, I, T 6
défatiguer, T, P.... 6	dégainer, T 6	**déguiser,** T, P.... 6
défaufiler, T 6	dégalonner, T..... 6	dégurgiter, T...... 6
défausser, T, P 6	déganter, P....... 6	déguster, T 6
défavoriser, T 6	dégarnir, T, P 19	déhaler, T, P 6

DÉHANCHER / DÉPAREILLER

déhancher, T, P ... 6	démancher, T, P ... 6	démoustiquer, T... 6
déharder, T 6	**demander,** après, T, P 6	démultiplier, T 15
déharnacher, T 6	démanger, T 8	démunir, T, P 19
déhotter, I, T, P 6	démanteler, T 12	démurer, T 6
déifier, T 15	démantibuler, T, P . 6	démurger, I, T 8
déjanter, T 6	démaquiller, T, P .. 6	démuseler, T 11
déjauger, I 8	démarier, T, P 15	démystifier, T 15
déjaunir, T 19	démarquer, T, P ... 6	démythifier, T 15
déjeter, T, P 11	démarrer, I, T 6	dénasaliser, T..... 6
déjeuner, de 6	démascler, T...... 6	dénationaliser, T .. 6
déjouer, T 6	démasquer, T, P ... 6	dénatter, T 6
déjucher, I, T 6	démastiquer, T.... 6	dénaturaliser, T ... 6
déjuger, P........ 8	démâter, I, T 6	dénaturer, T, P 6
délabrer, T, P 6	dématérialiser, T... 6	dénébuliser, T 6
délacer, T 7	démazouter, I..... 6	déneiger, T 8
délainer, T........ 6	démêler, T, P...... 6	dénerver, T 6
délaisser, T 6	démembrer, T..... 6	déniaiser, T 6
délaiter, T 6	**déménager,** I, ◊, T. 8	dénicher, I, ◊, T. ... 6
délarder, T 6	démener, P 9	dénickeler, T...... 6
délasser, T, P 6	démentir, T, P 25	dénicotiniser, T ... 6
délatter, T, P 6	démerder, P 6	dénier, T 15
délaver, T 6	démériter, I....... 6	dénigrer, T 6
délayer, T 16	déméthaniser, T... 6	dénitrer, T 6
délecter, T, P...... 6	démettre, T, P..... 56	dénitrifier, T 15
déléguer, T 10	démeubler, T 6	déniveler, T....... 11
délester, T, P...... 6	**demeurer,** I, ◊ ... 6	dénombrer, T 6
délibérer, I, de , T ... 10	démieller, T....... 6	dénommer, T 6
délier, T, P 15	démilitariser, T.... 6	dénoncer, T 7
délimiter, T....... 6	déminer, T 6	dénoter, T........ 6
délirer, I 6	déminéraliser, T... 6	dénouer, T, P 6
délisser, T 6	démissionner, I, T.. 6	dénoyauter, T..... 6
déliter, T, P 6	démobiliser, T 6	dénoyer, T 17
délivrer, T....... 6	démocratiser, T, P . 6	denteler, T 11
déloger, I, T 8	démoder, P....... 6	dénucléariser, T ... 6
déloquer, T, P..... 6	**démolir,** T....... 19	dénuder, T, P 6
délover, T 6	démonétiser, T.... 6	dénuer, P 6
délurer, T 6	démonter, T, P 6	dépailler, T 6
délustrer, T....... 6	démontrer, T...... 6	dépaisseler, T..... 11
déluter, T 6	démoraliser, T, P... 6	dépalisser, T...... 6
démaçonner, T.... 6	démordre, I....... 53	dépanner, T 6
démagnétiser, T... 6	démoucheter, T ... 11	dépaqueter, T..... 11
démailler, T, P..... 6	démouler, I, T..... 6	déparaffiner, T 6
démailloter, T..... 6	démouscailler, P .. 6	dépareiller, T 6

137

DÉPARER / DESCELLER

déparer, T 6	dépolir, T, P 19	dérouiller, I, T, P ... 6
déparier, T 15	dépolitiser, T 6	**dérouler,** T, P 6
départager, T 8	dépolluer, T 6	dérouter, T 6
départir, T, P, de ... 25	dépolymériser, T .. 6	désabonner, T, P .. 6
dépasser, I, T, P .. 6	dépontiller, I 6	désabuser, T 6
dépassionner, T ... 6	déporter, T, P 6	désacclimater, T ... 6
dépatouiller, P 6	**déposer,** I, T, P .. 6	désaccorder, P 6
dépaver, T 6	déposséder, T 10	désaccoupler, T ... 6
dépayser, T 6	dépoter, T 6	désaccoutumer, T, P 6
dépecer, T ... c/ç 7	dépoudrer, T 6	désacraliser, T 6
e/è 9	**dépouiller,** T, P .. 6	désactiver, T 6
dépêcher, T, P .. 6	dépourvoir, T, P ... 40	désadapter, T 6
dépeigner, T 6	dépoussiérer, T ... 10	désaffecter, T 6
dépeindre, T 57	dépraver, T 6	désaffectionner, P . 6
dépelotonner, T ... 6	déprécier, T, P 15	désaffilier, T 15
dépendre, ça, de, I . 53	déprendre, P, de ... 54	désagencer, T 7
dépenser, T, P ... 6	déprimer, T 6	désagréger, T, P ... 14
dépérir, I 19	dépriser, T 6	désaimanter, T 6
dépersonnaliser, T . 6	déprolétariser, T ... 6	désajuster, T 6
dépêtrer, T, P 6	dépropaniser, T ... 6	désaliéner, T 10
dépeupler, T, P 6	dépuceler, T 11	désaltérer, I, T, P ... 10
déphaser, T 6	dépulper, T 6	désamarrer, T 6
dépiauter, T 6	dépurer, T 6	désamidonner, T .. 6
dépiler, T 6	députer, T 6	désamorcer, T 7
dépingler, T 6	déquiller, T 6	désannexer, T 6
dépiquer, T 6	déraciner, T 6	désapparier, T 15
dépister, T 6	dérader, I 6	désappointer, T ... 6
dépiter, T, P 6	dérager, I 8	désapprendre, T ... 54
déplacer, T, P 7	déraidir, T, P 19	désapprouver, T ... 6
déplafonner, T 6	dérailler, I 6	désapprovisionner, T 6
déplaire, I, P 63	déraisonner, I 6	désarçonner, T 6
déplanquer, T, P ... 6	**déranger,** T, P 8	désargenter, T 6
déplanter, T 6	déraper, I 6	désarmer, T 6
déplâtrer, T 6	déraser, T 6	désarrimer, T 6
déplier, T, P 15	dérater, T 6	désarticuler, T, P ... 6
déplisser, T, P 6	dératiser, T 6	désassembler, T ... 6
déplomber, T 6	dérayer, I, T 16	désassimiler, T 6
déplorer, T 6	dérégler, T, P 10	désassortir, T 19
déployer, T, P 17	dérider, T, P 6	désavantager, T ... 8
déplumer, T, P 6	dériver, de , I, T ... 6	désaveugler, T 6
dépoétiser, T 6	**dérober,** T, P 6	désavouer, T 6
dépointer, T 6	déroder, T 6	désaxer, T 6
dépolariser, T 6	déroger, I, à 8	desceller, T, P 6

DESCENDRE / DÉTERMINER

D
D

descendre, I, ◊, T . 53	désépaissir, T 19	désorienter, T 6
deséchouer, T 6	déséquilibrer, T . . . 6	désosser, T 6
désembourber, T . . 6	déséquiper, T 6	désoxyder, T 6
désembourgeoiser, T 6	déserter, I, T 6	désoxygéner, T . . . 10
désembouteiller, T . 6	**désespérer,** I, T, P . 10	desquamer, T 6
désembrayer, T 16	désétablir, T 19	dessabler, T 6
désembuer, T 6	désétamer, T 6	dessaisir, T, P 19
désemmancher, T . 6	**déshabiller,** T, P . 6	dessaler, I, T 6
désemparer, I, T . . . 6	déshabituer, T, P . . 6	dessangler, T 6
désempeser, T . . . 9	désherber, T 6	dessaouler, I, T 6
désemplir, T, P 19	déshériter, T 6	dessécher, T, P 10
désemprisonner, T . 6	déshonorer, T, P . . . 6	desseller, T 6
désencadrer, T 6	déshumaniser, T, P . 6	desserrer, T 6
désencarter, T 6	déshumidifier, T . . . 15	dessertir, T 19
désenchaîner, T . . . 6	déshydrater, T 6	desservir, T 35
désenchanter, T . . . 6	déshydrogéner, T . . 10	dessiller, T 6
désenclaver, T 6	**désigner,** T 6	**dessiner,** T, P 6
désencombrer, T . . 6	désillusionner, T . . 6	dessoler, T 6
désencrasser, T . . . 6	désincarner, P 6	dessouder, T 6
désénerver, T 6	désincorporer, T . . . 6	dessouler, I, T 6
désenfiler, T 6	désincruster, T 6	dessoûler, I, T 6
désenflammer, T . . 6	désinculper, T 6	dessuinter, T 6
désenfler, I, T 6	désinfecter, T 6	destiner, T, P 6
désenfumer, T 6	désinsectiser, T . . . 6	**destituer,** T 6
désengager, T 8	désintégrer, T, P . . . 10	destructurer, T 6
désengorger, T 8	désintéresser, T, P . 6	désulfiter, T 6
désenivrer, T 6	désintoxiquer, T, P . 6	désunir, T, P 19
désenlacer, T 7	désinvestir, T 19	désynchroniser, T . 6
désenlaidir, I, T 19	désinviter, T 6	**détacher,** T, P 6
désennuyer, T 17	**désirer,** T 6	détailler, T 6
désenrayer, T 16	désister, P 6	détaler, I 6
désenrhumer, T . . . 6	**désobéir,** I, à 19	détaller, T 6
désenrouer, T 6	désobliger, T 8	détapisser, T 6
désensabler, T 6	désobstruer, T 6	détartrer, T 6
désensibiliser, T . . . 6	désoccuper, T 6	détaxer, T 6
désensorceler, T . . . 11	désodoriser, T 6	détecter, T 6
désentoiler, T 6	**désoler,** T, P 6	déteindre, I, T 57
désentortiller, T . . . 6	désolidariser, T, P . . 6	dételer, T 11
désentraver, T 6	désopiler, P 6	détendre, T, P 53
désenvaser, T 6	désorber, T 6	détenir, T 23
désenvelopper, T . . 6	désorbiter, T 6	déterger, T 8
désenvenimer, T . . . 6	désordonner, T 6	détériorer, T, P 6
désenverguer, T . . . 6	désorganiser, T . . . 6	**déterminer,** T, P . 6

DÉTERRER / DIVORCER

déterrer, T 6	**deviner,** T, P 6	discorder, I 6
détester, T 6	déviriliser, T 6	discourir, I, de 33
détirer, T, P 6	déviroler, T 6	discréditer, T 6
détisser, T 6	dévisager, T 8	discriminer, T 6
détoner, I 6	deviser, I, de 6	disculper, T, P 6
détonneler, T 11	dévisser, I, T, P 6	discutailler, I, T 6
détonner, I 6	dévitaliser, T 6	**discuter,** I, T, P ... 6
détordre, T 53	dévitrifier, T 15	disgracier, T 15
détortiller, T 6	dévoiler, T, P 6	disjoindre, T, P 58
détourer, T 6	**devoir,** T, P 42	disjoncter, I 6
détourner, T, P ... 6	**dévorer,** T, P 6	disloquer, T, P 6
détracter, T 6	**dévouer,** T, P 6	**disparaître,** I, ◊ .. 64
détrancher, I 6	dévoyer, T, P 17	dispenser, T, P 6
détransposer, T ... 6	diagnostiquer, T ... 6	**disperser,** T, P 6
détraquer, T, P 6	dialectaliser, T 6	**disposer,** T, P 6
détremper, T 6	dialectiser, T 6	disproportionner, T 6
détresser, T 6	dialoguer, I 6	disputailler, I 6
détricoter, T 6	dialyser, T 6	**disputer,** T, P 6
détromper, T 6	diamanter, T 6	disqualifier, T, P ... 15
détroncher, I 6	diaphragmer, T 6	disséminer, T, P ... 6
détrôner, T 6	diaprer, T 6	disséquer, T 10
détroquer, T 6	**dicter,** T 6	disserter, I 6
détrousser, T 6	diffamer, T 6	dissimuler, T, P 6
détruire, T, P 82	différencier, T, P ... 15	**dissiper,** T, P 6
dévaler, I, T 6	**différer,** I, T 10	dissocier, T 15
dévaliser, T 6	difformer, T 6	dissoner, I 6
dévaloriser, T, P ... 6	diffracter, T 6	dissoudre, T, P ... 72
dévaluer, I, T, P 6	diffuser, T, P 6	dissuader, T 6
devancer, T 7	digérer, T, P 10	distancer, T 7
dévaser, T 6	dilacérer, T 10	distancier, T 15
dévaster, T 6	dilapider, T 6	distendre, T, P ... 53
développer, T, P . 6	dilater, T, P 6	distiller, I, T 6
devenir, I, ♦ 23	diluer, T, P 6	**distinguer,** T, P .. 6
déventer, T 6	**diminuer,** I, ◊, T, P 6	distordre, T 53
déverdir, I 19	dindonner, T 6	**distraire,** I, T, P .. 61
dévergonder, P ... 6	**dîner,** I 6	distribuer, T 6
déverguer, T 6	dinguer, T 6	divaguer, I 6
dévernir, T 19	**dire,** T, P 78	diverger, I 8
déverrouiller, T 6	**diriger,** T, P 8	diversifier, T 15
déverser, T, P 6	discerner, I 6	divertir, T, P 19
dévêtir, T, P 26	discipliner, T 6	diviniser, T 6
dévider, T, P 6	discontinuer, I 6	**diviser,** T, P 6
dévier, I, T 15	disconvenir, I, ◊, de 23	divorcer, I, ◊ 7

DIVULGUER / ÉCORCHER

divulguer, T, P	6
documenter, T, P	6
dodeliner, I, T	6
dogmatiser, I	6
doigter, T	6
doler, T	6
domestiquer, T	6
domicilier, T	15
dominer, T, P	6
dompter, T	6
donner, I, T, P	6
doper, T, P	6
dorer, T, P	6
dorloter, T, P	6
dormir, I, T	32
doser, T	6
doter, T, P	6
doubler, I, T, P	6
doucher, T, P	6
doucir, T	19
douer, T	D 6
≃ p.p.	
(formes composées)	
douter, T, P	6
dragéifier, T	15
drageonner, I	6
draguer, I, T	6
drainer, T	6
dramatiser, I, T	6
drapeler, T	42
draper, T, P	6
drayer, Tr	16
dresser, T, P	6
dribbler, I, T	6
driller, T	6
driver, T	6
droguer, T, P	6
drosser, T	6
dulcifier, T	15
duper, T, P	6
duplexer, T	6
dupliquer, T	6
durcir, I, T, P	19

durer, I	6
duveter, P	11
dynamiser, T	6
dynamiter, T	6

e

ébahir, T, P	19
ébarber, T	6
ébattre, P	55
ébaubir, P	19
ébaucher, T, P	6
ébaudir, P	19
ébavurer, T	6
éberluer, T	6
éblouir, T	19
éborgner, T	6
ébosser, T	6
ébouer, T	6
ébouillanter, T, P	6
ébouler, T, P	6
ébourgeonner, T	6
ébouriffer, T	6
ébourrer, T	6
ébouter, T	6
ébraiser, T	6
ébrancher, T	6
ébranler, T, P	6
ébraser, T	6
ébrécher, T, P	10
ébrouer, P	6
ébruiter, T, P	6
ébruter, T	6
écacher, T	6
écaffer, T	6
écailler, T, P	6
écaler, T, P	6

écanguer, T	6
écarquiller, T	6
écarteler, T	12
écarter, I, T, P	6
écatir, T	19
échafauder, I, T	6
échampir, T	19
échancrer, T	6
échanfreiner, T	6
échanger, T	8
échantillonner, T	6
échapper, I, ◊, à, P	6
échardonner, T	6
écharner, T	6
écharper, T	6
échauder, T	6
échauffer, T, P	6
échauler, T	6
échaumer, T	6
échelonner, T, P	6
écheniller, T	6
écheveler, T	11
échiner, T, P	6
échoir, I, ♦, à	52
échopper, T	6
échouer, I, ◊, T, P	6
écimer, T	6
éclabousser, T	6
éclaircir, T, P	19
éclairer, T, P	6
éclater, I, ◊, T, P	6
éclipser, T, P	6
éclisser, T	6
écloper, T	6
éclore, I, ◊	70
écluser, I, T	6
écobuer, T	6
écœurer, T	6
éconduire, T	82
économiser, T	6
écoper, I, de, T	6
écorcer, T	7
écorcher, T	6

141

E

ÉCORER / EMBRANCHER

écorer, T 6	effleurer, T 6	élucider, T. 6
écorner, T 6	effleurir, I 19	élucubrer, T 6
écornifler, T 6	effluver, I 6	éluder, T 6
écosser, T 6	effondrer, T, P. 6	émacier, P. 15
écouler, T, P. 6	**efforcer,** P 7	émailler, T, de 6
écourter, T 6	effranger, T, P. 8	émanciper, T, P. . . . 6
écouter, I, T, P . . . 6	**effrayer,** T, P, de . . 16	émaner, I 6
écouvillonner, T. . . 6	effriter, T, P. 6	émarger, I, T, à 8
écrabouiller, T 6	égailler, P 6	émasculer, T. 6
écraser, I, T, P. . . . 6	égaler, T 6	emballer, T, P 6
écrémer, T. 10	égaliser, I, T 6	emballotter, T. 6
écrêter, T. 6	**égarer,** T, P 6	embarbouiller, T, P. 6
écrier, P 15	égayer, T 16	embarder, T, P 6
écrire, I, T, P 80	égorger, T, P 8	**embarquer,** I, T, P 6
écrivailler, I, T. . . . 6	égosiller, P 6	**embarrasser,** T, P,
écrivasser, I 6	égoutter, I, T, P. . . . 6	de 6
écrouer, T 6	égrainer, T, P. 6	embarrer, I, T 6
écrouir, T 19	égrapper, T. 6	embastiller, T 6
écrouler, P 6	égratigner, T, P. . . . 6	embastionner, T. . . 6
écroûter, T 6	égrener, T, P 9	embat(t)re, T 55
écuisser, T 6	égriser, T. 6	embaucher, T, P . . . 6
éculer, T 6	égruger, T. 8	embaumer, I, T 6
écumer, I, T. 6	éjaculer, T. 6	embecquer, T 6
écurer, T 6	éjarrer, T 6	embéguiner, P 6
écussonner, T. 6	éjecter, T. 6	embellir, I, ◊, T, P . . 19
édenter, T. 6	éjointer, T 6	emberlificoter, T, P. 6
édicter, T. 6	élaborer, T, P. 6	embêter, T, P. 6
édifier, T 15	élaguer, T 6	embidonner, T 6
éditer, T. 6	**élancer,** I, T, P. . . . 7	emblaver, T. 6
éditionner, T. 6	**élargir,** I, T, P 19	embobeliner, T. . . . 6
édulcorer, T 6	électrifier, T 15	embobiner, T 6
éduquer, T 6	électriser, T. 6	emboire, P 69
éfaufiler, T 6	électrocuter, T 6	emboîter, T, P. 6
effacer, T, P 7	électrolyser, T. 6	embosser, T, P 6
effaner, T 6	électroniser, T 6	embotteler, T 11
effarer, T. 6	**élever,** T, P 9	emboucher, T. 6
effaroucher, T, P. . . 6	élider, T. 6	embouer, I, T 6
effectuer, T, P . . . 6	élimer, ... 6	embourber, T, P . . . 6
efféminer, T 6	éliminer, I, T 6	embourgeoiser, T, P 6
effeuiller, T 6	élinguer, T 6	embourrer, T, P. . . . 6
effiler, T, P. 6	**élire,** T 77	embouteiller, T. . . . 6
effilocher, T, P 6	**éloigner,** T, P 6	emboutir, T. 19
efflanquer, T, P. . . . 6	élonger, T 8	embrancher, T, P . . 6

142

EMBRAQUER / ENCHIFRENER

embraquer, T	6	
embraser, T, P	6	
embrasser, T, P	6	
embrayer, T	16	
embreler, T	12	
embrever, T	9	
embrigader, T, P	6	
embringuer, T	6	
embrocher, T	6	
embroncher, T	6	
embrouiller, T, P	6	
embroussailler, T	6	
embrumer, T	6	
embrunir, T	19	
embuer, T	6	
embusquer, T, P	6	
émécher, T	10	
émerger, I	8	
émerillonner, T	6	
émeriser, T	6	
émerveiller, T, P	6	
émettre, I, T	56	
émier, T	15	
émietter, T, P	6	
émigrer, I	6	
émincer, T	7	
emmagasiner, T	6	
emmailloter, T	6	
emmancher, T, P	6	
emmarger, T	8	
emmêler, T	6	
emménager, I, T	8	
emmener, T	9	
emmerder, T, P	6	
emmétrer, T	10	
emmitonner, T	6	
emmitoufler, T	6	
emmortaiser, T	6	
emmouscailler, T	6	
emmurer, T	6	
émonder, T	6	
émorfiler, T	6	
émotionner, T	6	
émotter, T	6	
émoucher, T	6	
émoucheter, T	12	
émoudre, T	74	
émousser, T, P	6	
émoustiller, T	6	
émouvoir, T, P	44	
empailler, T	6	
empaler, T, P	6	
empalmer, T	6	
empanacher, T	6	
empanner, I, T	6	
empapilloter, T	6	
empaqueter, T	11	
emparer, P, de	6	
emparquer, T	6	
empâter, T, P	6	
empatter, T	6	
empaumer, T	6	
empêcher, T, P, de	6	
empeigner, T	6	
empêner, I, T	6	
empenner, T	6	
empercher, T	6	
emperler, T	6	
empeser, T	9	
empester, T	6	
empêtrer, T, P	6	
empiéger, T	8	
empierrer, T	6	
empiéter, I, sur	10	
empiffrer, P	6	
empiler, T, P	6	
empirer, I, ◊, T	6	
emplâtrer, T	6	
emplir, I, T, P	19	
employer, T, P, à	17	
emplumer, T	6	
empocher, T	6	
empoigner, T, P	6	
empoisonner, T, P	6	
empoisser, T	6	
empoissonner, T	6	
emporter, T, P	6	
empoter, T	6	
empourprer, T, P	6	
empoussiérer, T, P	10	
empreindre, T, P, de	57	
empresser, P	6	
emprésurer, T	6	
emprisonner, T	6	
emprunter, T	6	
empuantir, T	19	
émulsifier, T	15	
émulsionner, T	6	
enamourer, P	6	
énamourer, P	6	
encabaner, T	6	
encadrer, T	6	
encager, T	8	
encaisser, T	6	
encanailler, T, P	6	
encapuchonner, T, P	6	
encarter, T	6	
encartonner, T	6	
encartoucher, T	6	
encaserner, T	6	
encasteler, P	12	
encastrer, T, P	6	
encaustiquer, T	6	
encaver, T	6	
enceindre, T	57	
encenser, I, T	6	
encercler, T	6	
enchaîner, I, T, P	6	
enchanter, T, P	6	
enchaperonner, T	6	
encharner, T	6	
enchâsser, T	6	
enchatonner, T	6	
enchausser, T	6	
enchemiser, T	6	
enchérir, I, sur, T	19	
enchevaucher, T	6	
enchevêtrer, T, P	6	
enchifrener, T	9	

143

ENCIRER / ENRÊNER

encirer, T. 6	enferrer, T, P 6	engueuler, T, P 6
enclaver, T 6	enfieller, T. 6	enguirlander, T. . . . 6
enclencher, T, P . . . 6	enfiévrer, T, P 10	enhardir, T, P 19
encliqueter, T. 11	enfiler, T, P 6	enharnacher, T. . . . 6
encloîtrer, T 6	enflammer, T, P . . . 6	enherber, T. 6
enclore, T 70	enflécher, T 10	énieller, T 6
enclouer, T. 6	enfler, I, T, P 6	enivrer, T, P. 6
encocher, T 6	enfleurer, T. 6	enjamber, I, T 6
encoder, T 6	**enfoncer,** I, T, P . . 7	enjaveler, T. 11
encoffrer, T. 6	enforcir, I 19	enjoindre, T 58
encoller, T. 6	enfouir, T, P 19	enjôler, T. 6
encombrer, T, P, de . 6	enfourcher, T 6	enjoliver, T, P 6
encorder, T, P 6	enfourner, T 6	enjoncer, T 7
encorner, T. 6	enfreindre, T. 57	enjouer, T 6
encourager, T . . . 8	**enfuir,** P 36	enjuguer, ... 6
encourir, T 33	enfumer, T, P 6	enjuiver, T. 6
encrasser, T, P 6	enfutailler, T. 6	enjuponner, T. 6
encrêper, T. 6	**engager,** T, P 8	enkyster, P 6
encrer, I, T. 6	engainer, T. 6	enlacer, T, P 7
encroûter, T, P 6	engamer, T. 6	enlaidir, I, ♦, T, P . . . 19
encuver, T. 6	engargousser, T . . . 6	**enlever,** T, P 9
endauber, T 6	engaver, T. 6	enliasser, T. 6
endenter, T. 6	engazonner, T 6	enlier, T. 15
endetter, T, P 6	engendrer, T. 6	enligner, T 6
endeuiller, T. 6	engerber, T. 6	enliser, T, P. 6
endêver, I, ≃ inf . . . D	englacer, T 7	enluminer, T. 6
endiabler, I, T 6	englober, T 6	enneiger, T. 8
endiguer, T. 6	**engloutir,** T, P . . . 19	ennoblir, T 19
endimancher, T . . . 6	engluer, T 6	ennuager, T, P 8
endivisionner, T. . . 6	engober, T 6	**ennuyer,** T, P 17
endoctriner, T. 6	engommer, T 6	énoncer, T, P. 7
endolorir, T. 19	engoncer, T 7	enorgueillir, T, P. . . 19
endommager, T . . . 8	engorger, T, P. 8	énouer, T 6
endormir, T, P . . . 32	engouer, P 6	enquérir, P 24
endosser, T. 6	engouffrer, T, P. . . . 6	enquêter, I 6
enduire, T 82	engouler, T. 6	enquiquiner, T, P . . 6
endurcir, T, P 19	engourdir, T, P 19	enraciner, T, P. 6
endurer, T. 6	engraisser, I, T, P . . 6	enrager, I 8
énerver, T, P 6	engranger, T. 8	enrailler, T. 6
enfaîter, T. 6	engraver, T. 6	enrayer, T, P 16
enfanter, I, T. 6	engrener, T. 9	enrégimenter, T . . . 6
enfariner, T. 6	engrosser, T 6	**enregistrer,** T . . . 6
enfermer, T, P . . . 6	engrumeler, T, P. . . 11	enrêner, T 6

ENRHUMER / ÉPINER

enrhumer, T, P	6
enrichir, T, P	19
enrober, T	6
enrocher, T	6
enrôler, T, P	6
enrouer, T, P	6
enrouiller, I, P	6
enrouler, T, P	6
enrubanner, T	6
ensabler, T, P	6
ensaboter, T	6
ensacher, T	6
ensaisiner, T	6
ensanglanter, T	6
ensauver, P	6
enseigner, T	6
ensemencer, T	7
enserrer, T	6
ensevelir, T, P	19
ensiler, T	6
ensoleiller, T	6
ensorceler, T	11
ensoufrer, T	6
enstérer, T	10
ensuivre, P	D 75
≃ inf + p.p.	
+ 3ᵉ pers. à tous les temps	
cela s'est ensuivi	
cela s'en est ensuivi	
cela s'en est suivi	
entabler, T, P	6
entacher, T	6
entailler, T, P	6
entamer, T	6
entaquer, T	6
entartrer, T	6
entasser, T, P	6
entendre, I, T, P	53
enténébrer, T	10
enter, T	6
entériner, T	6
enterrer, T, P	6
entêter, T, P	6
enthousiasmer, T, P	6
enticher, P, de	6
entoiler, T	6
entôler, T	6
entonner, T	6
entortiller, T, P	6
entourer, T, P	6
entraccorder, P	6
entraccuser, P	6
entradmirer, P	6
entraider, P	6
entr'aimer, P	6
entraîner, T, P	6
entr'apercevoir, P	38
entraver, T	6
entrebâiller, T	6
entrebattre, P	55
entrechoquer, P	6
entrecouper, T, P	6
entrecroiser, T, P	6
entre-déchirer, P	6
entre-détruire, P	82
entre-dévorer, P	6
entr'égorger, P	8
entre-frapper, P	6
entre-haïr, P	20
entre-heurter, P	6
entrelacer, T, P	7
entrelarder, T	6
entre-louer, P	6
entre-manger,	8
entremêler, T, P	6
entremettre, P	56
entre-nuire, P	82
entreposer, T	6
entreprendre, T	54
entrer, I, ♦, T	6
entre-regarder, P	6
entretailler, P	6
entretenir, T, P	23
entretoiser, T	6
entre-tuer, P	6
entrevoir, T, P	39
entrouvrir, T, P	27
énucléer, T	13
énumérer, T	10
envahir, T	19
envaser, T, P	6
envelopper, T, P	6
envenimer, T, P	6
enverger, T	8
enverguer, T	6
envider, T	6
envier, T	15
envieillir, T, P	19
environner, T, P	6
envisager, T	8
envoiler, P	6
envoler, P	6
envoûter, T	6
envoyer, T, P	18
épaissir, I, T, P	19
épaler, T	6
épancher, T, P	6
épandre, T, P	53
épanneler, T	11
épanner, T	6
épanouir, T, P	19
épargner, T, P	6
éparpiller, T, P	6
épater, T	6
épauler, I, T, P	6
épeler, T, P	11
épépiner, T	6
éperdre, P	53
éperonner, T	6
épeuler, T	6
épicer, T	7
épier, I, T	15
épierrer, T	6
épiler, T	6
épiloguer, I, T, sur	6
épinceler, T	12
épincer, T	7
épiner, T	6

E

ÉPINGLER / ÉVANGÉLISER

épingler, T 6	escher, T 6	étamer, T 6
épisser, T 6	esclaffer, P 6	étamper, T 6
éployer, T, P 17	escompter, T 6	étancher, T 6
éplucher, T 6	escorter, T 6	étançonner, T 6
épointer, T 6	escrimer, P 6	étarquer, T 6
éponger, T, P 8	escroquer, T 6	étatiser, I 6
épontiller, T 6	espacer, T, P 7	étayer, T, P 16
épouiller, T 6	**espérer,** I, T 10	**éteindre,** T, P 57
époumoner, T, P . . . 6	espionner, T 6	**étendre,** T, P 53
épouser, T 6	espoliner, T 6	éterniser, T, P 6
épousseter, T 11	espouliner, T 6	éternuer, I 6
époustoufler, T 6	esquinter, T, P 6	étêter, T 6
époutier, T 15	esquisser, T, P 6	éthérifier, T 15
époutir, T 19	esquiver, T, P 6	éthériser, T 6
épouvanter, T, P . . . 6	essaimer, I 6	étinceler, I 11
éprendre, P 54	essanger, T 8	étioler, T, P 6
éprouver, T, P 6	essarter, T 6	étiqueter, T 11
épucer, T 7	**essayer,** T, P 16	étirer, T, P 6
épuiser, T, P 6	essorer, T, P 6	étoffer, T, P 6
épurer, T 6	essoriller, T 6	étoiler, T, P 6
équarrir, T 19	essoucher, T 6	**étonner,** T, P 6
équerrer, T 6	essouffler, T, P 6	**étouffer,** I, T, P 6
équilibrer, T, P 6	**essuyer,** T, P 17	étouper, T 6
équiper, T, P 6	estamper, T 6	étoupiller, T 6
équivaloir, à 47	estampiller, T 6	étourdir, T, P 19
équivoquer, I 6	ester, I . . . . D	étrangler, T, P 6
érafler, T 6	≃ infinitif	**être** 2
érailler, T, P 6	estérifier, T 15	étrécir, T 19
érayer, T 16	**estimer,** T, P 6	étreindre, T, P 57
éreinter, T, P 6	estiver, T 6	étrenner, T 6
ergoter, I 6	estomaquer, T 6	étrésillonner, T 6
ériger, T, P, en 8	estomper, T, P 6	étriller, T 6
éroder, T, P 6	estoquer, T 6	étriper, T, P 6
érotiser, T 6	estourbir, T 19	étriquer, T 6
errer, I 6	estrapader, T 6	étronçonner, T 6
éructer, I, T 6	estrapasser, T 6	**étudier,** I, T, P 15
esbaudir, P 19	estropier, T 15	étuver, T 6
esbigner, P 6	établer, T 6	euphoriser, T 6
esbroufer, T 6	**établir,** T, P 19	européaniser, T . . . 6
escalader, T 6	étager, T, P 8	évacuer, T 6
escamoter, T 6	étalager, T 8	évader, P 6
escarmoucher, I . . . 6	**étaler,** T, P 6	évaluer, T 6
escarrifier, T 15	étalonner, T 6	évangéliser, T 6

146

f

évanouir, P	19	
évaporer, T, P	6	
évaser, T, P	6	
éveiller, T, P	6	
éventer, T, P	6	
éventrer, T	6	
évertuer, P	6	
évider, T	6	
évincer, T	7	
éviter, I, T	6	
évoluer, I	6	
évoquer, T	6	
exacerber, T, P	6	
exagérer, I, T, P	10	
exalter, T, P	6	
examiner, I, T, P	6	
exaspérer, T, P	10	
exaucer, T	7	
excaver, T	6	
excéder, T	10	
exceller, I	6	
excentrer, T	6	
excepter, T	6	
exciper, T	6	
exciser, T	6	
exciter, T, P	6	
exclamer, P	6	
exclure, T, P	71	
excommunier, T	15	
excorier, T	15	
excréter, T	10	
excursionner, I	6	
excuser, T, P	6	
exécrer, T	10	
exécuter, T, P	6	
exempter, T	6	
exercer, I, T, P	7	
exfolier, T, P	15	
exhaler, T, P	6	
exhausser, T	6	
exhéréder, T	10	
exhiber, T, P	6	
exhorter, T	6	
exhumer, T	6	
exiger, T	8	
exiler, T, P	6	
exister, I	6	
exonder, P	6	
exonérer, T	10	
exorciser, T	6	
expatrier, T, P	15	
expectorer, I, T	6	
expédier, T	15	
expérimenter, T	6	
expertiser, T	6	
expier, T	15	
expirer, I, ◊, T	6	
expliciter, T	6	
expliquer, T, P	6	
exploiter, I, T	6	
explorer, T	6	
exploser, I	6	
exporter, I, T	6	
exposer, T, P	6	
exprimer, T, P	6	
exproprier, T	15	
expulser, T	6	
expurger, T	8	
exsuder, I, T	6	
extasier, P	15	
exténuer, T, P	6	
extérioriser, T, P	6	
exterminer, T	6	
extirper, T, P	6	
extorquer, T	6	
extrader, T	6	
extraire, T, P	61	
extrapoler, I, T	6	
extravaguer, I	6	
extravaser, T, P	6	
extruder, T	6	
exulter, I	6	
fabriquer, I, T	6	
fabuler, I	6	
facetter, T	6	
fâcher, T, P	6	
faciliter, T	6	
façonner, T	6	
factoriser, T	6	
facturer, T	6	
fader, T	6	
fagoter, T, P	6	
faiblir, I	19	
faignanter, I	6	
failler, P	6	
faillir, I, ◊, à	30	
fainéanter, I	6	
faire, T, P, il	62	
faisander, T, P	6	
falloir, I, il, P, en	46	
falsifier, T	15	
familiariser, T, P	6	
fanatiser, T, P	6	
faner, T, P	6	
fanfaronner, I	6	
fanfrelucher, T	6	
fantasmer, I	6	
farcir, T, P	19	
farder, I, T, P	6	
farfouiller, I, T	6	
fariner, I, T	6	
farter, T	6	
fasciner, T	6	
fasciser, T	6	
faseiller, I	6	
aussi faseyer	6	
et faséyer	10	

FATIGUER / FORER

fatiguer, I, T, P ... 6	ficeler, T 11	fleurer, I, T 6
faucarder, T 6	ficher, T 6	**fleurir,** I, T, P 19
faucher, I, T 6	*les adresses fichées*	*pour « orner de fleurs »*
fauconner, I 6	ficher, P 6	*toujours : fleurissant,*
faufiler, I, T, P 6	*les occasions fichues*	*fleurissait*
fausser, T 6	fieffer, T 6	*pour « prospérer »*
fauter, I 6	fienter, I 6	*de préférence :*
favoriser, T 6	**fier,** P 6	*florissant, florissait*
fayot(t)er, I 6	figer, I, T, P 8	flibuster, I, T 6
féconder, T 6	fignoler, T 6	flinguer, T 6
féculer, T 6	figurer, I, T, P 6	flipper, I 6
fédéraliser, T, P ... 6	filer, I, T, P 6	flirter, I 6
fédérer, T, P 10	fileter, T 12	floconner, I 6
feignanter, I 6	filigraner, T 6	floculer, I 6
feindre, I, T 57	filmer, T 6	**flotter,** I, T 6
feinter, I, T 6	filocher, I, T 6	flotter, *il* 6
fêler, T, P 6	filouter, I, T 6	flouer, T 6
féliciter, T, P 6	filtrer, I, T 6	flouser, I 6
féminiser, T, P 6	financer, I, T 7	fluctuer, I 6
fendiller, T, P 6	finasser, I, T 6	fluer, I 6
fendre, T, P 53	**finir,** I, T 19	fluidifier, T 15
fenestrer, T 6	finlandiser, T, P ... 6	fluidiser, T 6
fenêtrer, T 6	fiscaliser, T 6	fluoriser, T 6
férir, T .... D	fissionner, T 6	flûter, I 6
sans coup férir	fissurer, T, P 6	fluxer, T 6
féru de...	**fixer,** T, P 6	focaliser, T 6
ferler, T 6	flageller, T, P 6	foirer, I 6
fermenter, I 6	flageoler, I 6	foisonner, I 6
fermer, I, T, P ... 6	flagorner, T 6	folâtrer, I 6
ferrailler, I 6	flairer, T 6	folichonner, I 6
ferrer, T 6	**flamber,** I, T 6	folioter, T 6
fertiliser, T 6	flamboyer, I 17	fomenter, T 6
fesser, T 6	flancher, I, T 6	**foncer,** I, T 7
festonner, T 6	flâner, I 6	fonctionnariser, T . 6
festoyer, I, T, P .. 17	flanquer, T, P 6	fonctionner, I 6
fêter, T 6	flaquer, I 6	**fonder,** I, T, P ... 6
fétichiser, T 6	flasher, I 6	**fondre,** I, T, P ... 53
feuiller, I, T 6	**flatter,** T, P 6	**forcer,** I, T, P 7
feuilleter, T 11	flauper, T 6	forcir, I 19
feuilletiser, T 6	flécher, T 10	forclore, ... D
feuler, I 6	fléchir, I, T, P 19	*≃ infinitif*
feutrer, I, T, P 6	flemmarder, I 6	*et p.p. forclos (e)*
fiancer, T, P 7	flétrir, T, P 19	forer, T 6

FORFAIRE / GARGOTER

F / G

forfaire, à . . . . D
   ≃ infinitif
   et temps composés
forger, I, T, P 8
forjeter, I, T, P 11
forlancer, T 7
forligner, I 6
formaliser, T, P 6
former, T, P 6
formoler, T 6
formuler, T 6
forniquer, I 6
fortifier, T, P 15
fossiliser, T, P 6
fossoyer, T 17
fouailler, T 6
foudroyer, T 17
fouetter, I, T 6
fouger, I 8
fouiller, I, T, P 6
fouiner, I 6
fouir, T 19
fouler, T, P 6
fourailler, I, T 6
fourber, I, T 6
fourbir, T 19
fourcher, I, T 6
fourgonner, I, T . . . 6
fourguer, T 6
fourmiller, I 6
fournir, T, P 19
fourrager, I, T 8
fourrer, T, P 6
fourvoyer, T, P 17
foutre, T, P, de . . . D 53
fracasser, T, P 6
fractionner, T, P . . . 6
fracturer, T 6
fragiliser, T 6
fragmenter, T 6
fraîchir, I 19
fraiser, T 6
framboiser, T 6

franchir, T 19
franciser, T 6
franger, T 8
frapper, I, T, P 6
fraterniser, I 6
frauder, I, T 6
frayer, I, T, P 16
fredonner, I, T 6
freiner, I, T 6
frelater, T 6
frémir, I 19
fréquenter, I, T . . 6
fréter, T 10
frétiller, I 6
fretter, T 6
fricasser, T 6
fricoter, I, T 6
frictionner, T, P 6
frigorifier, T 15
frigorifuger, T 8
frimer, I, T 6
fringuer, T, P 6
friper, T, P 6
friponner, I, T 6
frire, I, T 81
friser, I, T 6
frisotter, T 6
frissonner, I 6
fritter, I, T 6
froidir, I 19
froisser, T, P 6
frôler, T, P 6
froncer, T 7
fronder, I, T 6
frotter, I, T, P 6
frouer, I 6
froufrouter, I 6
fructifier, I 15
frusquer, T, P 6
frustrer, T 6
fuguer, I 6
fuir, I, T 36
fulgurer, I, T 6

fulminer, I, T 6
fumer, I, T 6
fumiger, T 8
fureter, I 12
fuseler, T 11
fuser, I 6
fusiller, T 6
fusionner, I, T 6
fustiger, T 8

g

gabionner, T 6
gâcher, I, T 6
gadgétiser, T 6
gaffer, I, T 6
gager, T 8
gagner, I, T, P 6
gainer, T 6
galber, T 6
galéjer, I 10
galipoter, T 6
galonner, T 6
galoper, I, T 6
galvaniser, T 6
galvauder, I, T, P . . 6
gambader, I 6
gamberger, I, T 8
gambiller, I 6
gaminer, I 6
gangrener, T, P 9
ganser, T 6
ganter, T 6
garancer, T 7
garantir, T 19
garder, T, P 6
garer, T, P 6
gargariser, P 6
gargoter, I 6

149

G/G

GARGOUILLER / GRINCHER

gargouiller, I 6	**glacer,** I, il, T, P . . . 7	graduer, T 6
garnir, T, P 19	glairer, T 6	grailler, I, T 6
garrotter, T 6	glaiser, T 6	graillonner, I 6
gasconner, I 6	glander, I 6	grainer, T 6
gaspiller, I 6	glandouiller, I 6	graisser, T 6
gâter, T, P 6	glaner, T 6	grammaticaliser, T . 6
gauchir, I, T, P 19	glapir, I, T 19	**grandir,** I, ◊, T, P . . 19
gaufrer, T 6	glatir, I 19	graniter, T 6
gauler, T 6	glaviot(t)er, I 6	granuler, T 6
gausser, I, T, P 6	**glisser,** I, T, P 6	graphiter, T 6
gaver, T, P 6	globaliser, T 6	grappiller, I, T 6
gazéifier, T 15	glorifier, T, P 15	grasseyer, I 6
gazer, I, T 6	gloser, I, T 6	l'y est conservé partout
gazonner, I, T 6	glouglouter, I 6	gratifier, T 15
gazouiller, I 6	glousser, I 6	gratiner, I, T 6
geindre, I 57	glycériner, T 6	**gratter,** I, T, P 6
gélatiner, T 6	gober, T 6	graver, I, P 6
gélatiniser, T 6	goberger, P 8	gravir, T 19
geler, I, il, T, P 12	gobeter, T 11	graviter, I 6
gélifier, T, P 15	godailler, I 6	grecquer, T 6
géminer, T 6	goder, I 6	gréer, T 13
gémir, I, T 19	godiller, I 6	greffer, T, P 6
gemmer, T 6	godronner, T 6	grêler, il 6
gendarmer, P 6	goguenarder, I 6	**grelotter,** I 6
gêner, T, P 6	goinfrer, I, P 6	grenailler, T 6
généraliser, T, P . . . 6	gominer, P 6	greneler, T 11
générer, T 10	gommer, T 6	grener, I, T 9
géométriser, T 6	gonder, T 6	grenouiller, I 6
gerber, I, T 6	gondoler, I, P 6	gréser, T 10
gercer, I, T, P 7	**gonfler,** I, T, P 6	grésiller, il, I, T 6
gérer, T 10	gorger, T, P 8	grever, T 9
germaniser, I, T, P . . 6	gouacher, T 6	gribouiller, I, T 6
germer, I 6	gouailler, I 6	griffer, T 6
gésir, I, D 37	goudronner, T 6	griffonner, I, T 6
gesticuler, I 6	goujonner, T 6	grigner, I 6
giboyer, T 17	goupiller, T, P 6	grignoter, I, T 6
gicler, I 6	goupillonner, T . . . 6	grillager, T 8
gifler, T 6	gourer, P 6	griller, I, T, P 6
gigoter, I 6	gourmander, T 6	grimacer, I, T 7
gironner, T 6	**goûter,** I, à, de, T . . 6	grimer, T, P 6
girouetter, I 6	goutter, I 6	**grimper,** I, T 6
gîter, I 6	**gouverner,** I, T, P . 6	grincer, I 7
givrer, T 6	gracier, T 15	grincher, T 6

150

GRINGUER / **HYPERTROPHIER**

G / H

gringuer, I.	6	**habituer,** T, P	6	*heurter, de contre T, P, à	6
gripper, I, T, P	6	*habler, I	6	hiberner, I, T	6
grisailler, I, T	6	*hacher, T	6	hiérarchiser, T	6
griser, T, P	6	*hachurer, T	6	*hisser, T, P	6
grisol(l)er, I	6	***haïr,** T	20	historier, T	15
grisonner, I	6	*haler, T	6	hiverner, I, T	6
griveler, I, T	11	*hâler, T	6	*hocher, T	6
grognasser, I	6	*haleter, I	12	homogénéifier, T	15
grogner, I	6	halluciner, T	6	homogénéiser, T	6
grommeler, I, T	11	hameçonner, T	6	homologuer, T	6
gronder, I, T	6	*hancher, I, T, P	6	*hongrer, T	6
grossir, I, ◊, T	19	*handicaper, T	6	*hongroyer, T	17
grouiller, I, P	6	*hanter, T	6	*honnir, T	19
grouper, I, T, P	6	*happer, T	6	**honorer,** T, P	6
gruger, T	8	*haranguer, T	6	*hoqueter, I	11
grumeler, P	11	*harasser, T	6	horrifier, T	15
guéer, T	13	*harceler, T	11, 12	horripiler, T	6
guérir, I, T, P	19	*harder, T	6	hospitaliser, T	6
guerroyer, I	17	harmoniser, T, P	6	*houblonner, T	6
guêtrer, T	6	*harnacher, T	6	*houer, T	6
guetter, T	6	*harpailler, I	6	*houpper, T	6
gueuler, I, T	6	*harper, T	6	*hourder, T	6
gueuletonner, I	6	*harponner, T	6	*hourdir, T	19
gueuser, I, T	6	*hasarder, T, P	6	*houspiller, T	6
guider, T, P	6	***hâter,** T, P	6	housser, T	6
guigner, T	6	*haubaner, T	6	houssiner, T	6
guillemeter, T	11	***hausser,** T, P	6	*hucher, T	6
guillocher, T	6	*haver, I, T	6	*huer, I, T	6
guillotiner, T	6	*havir, I, T	19	huiler, T	6
guincher, I	6	héberger, T	8	*hululer, I	6
guinder, T	6	hébéter, T	10	humaniser, T, P	6
guiper, T	6	hébraïser, I	6	humecter, T, P	6
		*héler, T	10	*humer, T	6
		helléniser, T, P	6	humidifier, T	15
		hennir, I	19	**humilier,** T, P	15
		herbager, T	8	***hurler,** I, T	6
		herber, T	6	hybrider, T, P	6
		herboriser, I	6	hydrater, T, P	6
		*hérisser, T, P	6	hydrofuger, T	8
		*hérissonner, I, T, P	6	hydrogéner, T	10
		hériter, I, T, de	6	hydrolyser, T	6
		*herser, T	6	hypertrophier, P	15
		hésiter, I	6		

h

h = h aspiré

habiliter, T	6	
habiller, T, P	6	
habiter, I, T	6	

151

HYPNOTISER / INSTAURER

hypnotiser, T, P ... 6
hypostasier, T 15
hypothéquer, T ... 10

i

idéaliser, T, P 6
identifier, T, P 15
idéologiser, T 6
idiotiser, T 6
idolâtrer, T 6
ignifuger, T 8
ignorer, T, P 6
illuminer, T, P 6
illusionner, T, P ... 6
illustrer, T, P 6
imager, T 8
imaginer, T, P 6
imbiber, T, P 6
imbriquer, T, P 6
imiter, T 6
immatérialiser, T... 6
immatriculer, T.... 6
immerger, T, P 8
immigrer, I 6
immiscer, P 7
immobiliser, T, P... 6
immoler, T, P 6
immortaliser, T, P .. 6
immuniser, T 6
impacter, T 6
impartir, T 19
impatienter, T, P... 6
imperméabiliser, T. 6
impétrer, T 10
implanter, T, P 6
implémenter, T 6
impliquer, T 6
implorer, T 6

imploser, I 6
importer, I, T 6
importuner, T 6
imposer, T, P 6
imprégner, T, P 10
impressionner, T .. 6
imprimer, T, P ... 6
improuver, T 6
improviser, I, T, P .. 6
impulser, T 6
imputer, T, à, de, sur . 6
inaugurer, T 6
incarcérer, T 10
incarner, T, P 6
incendier, T 15
incinérer, T 10
inciser, T 6
inciter, T, à 6
incliner, I, T, P ... 6
inclure, T 71
incomber, I, à 6
incommoder, T.... 6
incorporer, T, P.... 6
incrémenter, T 6
incriminer, T...... 6
incruster, T, P 6
incuber, T 6
inculper, T 6
inculquer, T 6
incurver, T, P 6
indemniser, T, P ... 6
indexer, T 6
indicer, T 7
indifférer, T 10
indigner, T, P 6
indiquer, T 6
indisposer, T 6
individualiser, T, P . 6
induire, T 82
indurer, T 6
industrialiser, T, P.. 6
infantiliser, T 6
infatuer, T, P 6

infecter, T, P 6
inféoder, T, P 6
inférer, T 10
infester, T 6
infiltrer, T, P 6
infirmer, T 6
infléchir, T, P 19
infliger, T, à 8
influencer, T...... 7
influer, I, sur 6
informatiser, T 6
informer, T, P 6
infuser, I, T 6
ingénier, P 15
ingérer, T, P, dans .. 10
ingurgiter, T 6
inhaler, T 6
inhiber, T 6
inhumer, T 6
initialiser, T 6
initier, T, P, à 15
injecter, T, P 6
injurier, T 15
innerver, T 6
innocenter, T 6
innover, I, T 6
inoculer, T, P 6
inonder, T 6
inquiéter, T, P, de . 10
inscrire, T, P 80
insculper, T 6
inséminer, T 6
insensibiliser, T.... 6
insérer, T, P 10
insinuer, T, P 6
insister, I 6
insoler, T 6
insolubiliser, T 6
insonoriser, T 6
inspecter, T 6
inspirer, I, T, P ... 6
installer, T, P ... 6
instaurer, T 6

INSTILLER / KLAXONNER

instiller, T	6	intuber, T	6	jargonner, I	6
instituer, T, P	6	invaginer, T, P	6	jaser, I	6
institutionnaliser, T, P	6	invalider, T	6	jasper, T	6
instruire, T, P	82	invectiver, I, contre, T	6	jaspiner, I, T	6
instrumenter, I, T	6	**inventer,** T, P	6	jauger, I, T	8
insuffler, T	6	inventorier, T	15	**jaunir,** I, T	19
insulter, I, à, T	6	inverser, T, P	6	javeler, I, T	11
insurger, P, contre	8	invertir, T	19	javelliser, T	6
intailler, I	6	investir, I, T, P	19	**jeter,** T, P	11
intégrer, I, T, P	10	invétérer, P	10	jeûner, I	6
intellectualiser, T	6	**inviter,** T, P	6	jobarder, T	6
intensifier, T, P	15	**invoquer,** T	6	jodler, I, T	6
intenter, T	6	ioder, T	6	**joindre,** I, T, P	58
intercaler, T, P	6	iodler, I, T	6	jointoyer, T	17
intercéder, I	10	ioniser, T	6	joncer, T	7
intercepter, T	6	iouler, I, T	6	joncher, T	6
interclasser, T	6	iriser, T, P	6	jongler, I	6
interdire, T, P	78	ironiser, I, sur	6	jouailler, I	6
intéresser, T, P	6	irradier, I, T, P	15	**jouer,** I, T, P	6
interférer, I	10	irriguer, T	6	**jouir,** I, de	19
intérioriser, T	6	**irriter,** I, P	6	jouter, I	6
interjeter, T	11	islamiser, T, P	6	jouxter, T	6
interligner, T	6	**isoler,** T, P	6	jubiler, I	6
interloquer, T	6	issir, I	D	jucher, I, T, P	6
internationaliser, T, P	6	≃ p.p. : issu (e)		**juger,** I, T, P	8
interner, T	6	itérer, I	10	juguler, T	6
interpeller, T	6			jumeler, T	11
interpénétrer, P	10			juponner, I, T	6
interpoler, T	6			**jurer,** I, T, P	6
interposer, T, P	6			justifier, de, T, P	15
interpréter, T, P	10			juter, I, T	6
interroger, T, P	8			juxtaposer, T	6
interrompre, T, P	53				
intervenir, I, ♦	23	jabler, T	6		
intervertir, T	19	jaboter, I, T	6		
interviewer, T	6	jacasser, I	6		
intimer, T	6	jacter, I, T	6		
intimider, T	6	**jaillir,** I	19		
intituler, T, P	6	jalonner, I, T	6		
intoxiquer, T, P	6	jalouser, T	6		
intriguer, I, T	6	japonner, T	6	kidnapper, T	6
introduire, T, P	82	japper, I	6	kilométrer, T	10
introniser, T	6	jardiner, I, T	6	klaxonner, I, T	6

LABIALISER / LYSER

l

labialiser, T, P	6
labourer, T	6
lacer, T	7
lacérer, T	10
lâcher, I, T	6
laïciser, T, P	6
lainer, T	6
laisser, T, P	6
laitonner, T	6
lambiner, I	6
lambrisser, T	6
lamenter, P	6
lamer, T	6
laminer, T	6
lamper, T	6
lancer, T, P	7
lanciner, I, T	6
langer, T	8
langueyer, T	6
languir, I, P	19
lanterner, I, T	6
laper, I, T	6
lapider, T	6
laquer, T	6
larder, T	6
lardonner, T	6
larguer, T	6
larmoyer, I, T	17
lasser, T, P	6
latter, T	6
laver, T, P	6
layer, T	16
lécher, T, P	10
légaliser, T	6
légiférer, I	10
légitimer, T	6
léguer, T	10
lénifier, T	15
léser, T	10
lésiner, I, sur	6
lessiver, T	6
lester, T, P	6
leurrer, T, P	6
lever, I, T, P	9
levretter, I	6
lexicaliser, T	6
lézarder, I, T	6
liaisonner, T	6
liarder, I	6
libeller, T	6
libéraliser, T, P	6
libérer, T, P	10
licencier, T	15
licher, I, T	6
liciter, T	6
liéger, T	14
lier, T, P	15
ligaturer, T	6
ligner, T	6
lignifier, P	15
ligoter, T	6
liguer, T, P	6
limander, T	6
limer, T	6
limiter, T	6
limoger, T	8
limoner, T	6
limousiner, T	6
linger, T, P	8
liquéfier, T, P	15
liquider, T	6
lire, I, T, P	77
liserer, T	12
lisérer, T	10
lisser, T	6
lister, T	6
lithographier, T	15
livrer, T, P	6
lober, T	6
localiser, T, P	6
locher, I, T	6
lock-outer, T	6
lofer, I	6
loger, I, T, P	8
longer, T	8
loquer, T, P	6
lorgner, T	6
lotionner, T	6
lotir, T	19
louanger, T	8
loucher, I	6
louchir, I	19
louer, T, P	6
loufer, I	6
louper, I, T	6
lourder, T	6
lourer, T	6
louver, T	6
louveter, T	11
louvoyer, I	17
lover, T, P	6
lubrifier, T	15
luger, I	8
luire, I	82
luncher, I	6
lustrer, T	6
luter, T	6
lutiner, T	6
lutter, I	6
luxer, T, P	6
lyncher, T	6
lyophiliser, T	6
lyser, T	6

MACADAMISER / MÉDIRE

m

macadamiser, T	6
macérer, I, T	10
mâcher, T	6
machicoter, I	6
machiner, T	6
mâchonner, T	6
mâchouiller, T	6
mâchurer, T	6
macler, I, T	6
maçonner, T	6
macquer, T	6
maculer, T	6
madéfier, T	15
madériser, T, P	6
madrigaliser, I	6
magasiner, T	6
magner, P	6
magnétiser, T	6
magnétoscoper, T	6
magnifier, T	15
magouiller, I, T	6
maigrir, I, ◊, T	19
mailler, I, T, P	6
mainmettre, T	56
maintenir, T, P	23
maîtriser, T, P	6
majorer, T	6
malaxer, T	6
malfaire, I	D
≃ infinitif	
malléabiliser, T	6
malmener, T	9
malter, T	6
maltraiter, T	6
mamelonner, T	6
manager, T	8
manchonner, T	6

mandater, T	6
mander, T	6
manéger, T	14
mangeotter, T	6
manger, T	8
manier, T, P	15
maniérer, T	10
manifester, I, T, P	6
manigancer, T	7
manipuler, T	6
mannequiner, T	6
manœuvrer, I, T	6
manoquer, T	6
manquer, I, à, de, T, P	6
mansarder, T	6
manucurer, T	6
manufacturer, T	6
manutentionner, T	6
maquer, T	6
maquignonner, T	6
maquiller, T, P	6
marauder, I	6
marbrer, T	6
marchander, I, T	6
marcher, I	6
marcotter, T	6
marger, T	8
marginaliser, T	6
marginer, T	6
margot(t)er, I	6
marier, T, P	15
mariner, I, T	6
marivauder, I	6
marmiter, T	6
marmonner, T	6
marmoriser, T	6
marmotter, I, T	6
marner, I, T	6
maronner, I	6
maroquiner, T	6
maroufler, T	6
marquer, I, T, P	6
marqueter, T	11

marrer, P	6
marronner, I	6
marteler, T	12
martyriser, T	6
marxiser, T	6
masculiniser, T	6
masquer, I, T	6
massacrer, T	6
masser, I, T, P	6
massicoter, T	6
mastiquer, T	6
masturber, T, P	6
matcher, I, T	6
matelasser, T, P	6
mater, T	6
mâter, T	6
matérialiser, T, P	6
materner, T	6
materniser, T	6
mathématiser, T	6
mâtiner, T	6
matir, T	19
matraquer, T	6
matricer, T	7
matriculer, T	6
maturer, T	6
maudire, T	19
mais p.p. : maudit, e	
maugréer, I, T	13
maximaliser, T	6
maximiser, T	6
mazouter, I, T	6
mécaniser, T	6
mécher, T	10
mécompter, P	6
méconnaître, T	64
mécontenter, T	6
mécroire, T	68
médailler, T	6
médiatiser, T	6
médicamenter, T	6
médire, I, de	78
mais : (vous) médisez	

155

MÉDISER / MOULURER

médiser, I 6	meuler, T 6	moitir, T 19
méditer, I, T 6	meurtrir, T 19	molester, T 6
méduser, T 6	mévendre, T 53	moleter, T 11
méfaire, I ...... D 62	miauler, I 6	mollarder, I, T 6
≃ infinitif	mignarder, T 6	molletonner, T 6
méfier, P **4**	mignoter, T, P 6	mollir, I, T 19
mégir, T 19	migrer, I 6	momifier, T, P 15
mégisser, T 6	mijoter, I, T, P 6	monder, T 6
mégoter, I, T 6	militariser, T 6	mondialiser, ... 6
méjuger, de T, P ... 8	militer, I 6	monétiser, T 6
mélanger, T, P 8	millésimer, T 6	monnayer, T 16
mêler, T, P 6	mimer, T 6	monologuer, I 6
mémoriser, I, T 6	minauder, I, T 6	monopoliser, T ... 6
menacer, I, T 7	mincir, I 19	**monter,** I, ◊, T, P .. 6
ménager, T, P 8	miner, T 6	**montrer,** T, P 6
mendier, I, T 15	minéraliser, T 6	**moquer,** T, P 6
mendigoter, I, T ... 6	miniaturer, T 6	moraliser, I, T 6
mener, I, T 9	miniaturiser, T 6	morceler, T 11
mensualiser, T 6	minimiser, T 6	mordancer, T 7
mensurer, T 6	minorer, T 6	mordiller, I, T 6
mentionner, T 6	minuter, T 6	mordorer, T 6
mentir, I, à, P 25	mirer, T, P 6	**mordre,** I, T, P 53
menuiser, T 6	miroiter, I 6	morfiler, T 6
méprendre, P, sur, à . 54	miser, I, sur, T 6	morfler, T 6
mépriser, T 6	miter, I, T, P 6	morfondre, P 53
merceriser, T 6	mithridatiser, T 6	morigéner, T 10
merdoyer, I 17	mitiger, T 8	mortaiser, T 6
meringuer, T 6	mitonner, I, T 6	mortifier, T, P 15
mériter, de T 6	mitrailler, T 6	motionner, I 6
mésallier, P 15	mixer, T 6	motiver, T 6
mésestimer, T 6	mixtionner, T 6	motoriser, T 6
messeoir, I **50**	mobiliser, T 6	motter, P 6
mesurer, I, T, P ... 6	**modeler,** T, P **12**	moucharder, T 6
mésuser, de 6	modéliser, T 6	moucher, I, T, P ... 6
métalliser, T 6	**modérer,** T, P 10	moucheronner, I .. 6
métamorphiser, T .. 6	moderniser, T, P ... 6	moucheter, T 11
métamorphoser, T, P 6	modifier, T, P 15	**moudre,** T **74**
météoriser, T 6	moduler, I, T 6	mouetter, I 6
métisser, T 6	moirer, T 6	moufter, I 6
métrer, T 10	moiser, T 6	**mouiller,** I, T, P ... 6
mettre, T, P **56**	moisir, I 19	mouler, T 6
meubler, T, P 6	**moissonner,** T ... 6	mouliner, I, T 6
meugler, I 6	moiter, I 6	moulurer, T 6

MOURIR / OCCIDENTALISER

M/O

mourir, I, ♦, P	34
mouronner, I, P	6
mousser, I	6
moutonner, I, T, P	6
mouvementer, T	6
mouver, I, P	6
mouvoir, I, de, T, P	44
moyenner, T	6
mucher, T	6
muer, I, T, P, en	6
mugir, I, T	19
mugueter, T	11
muloter, I	6
multiplexer, T	6
multiplier, T, P	15
municipaliser, T	6
munir, T, P, de	19
munitionner, T	6
murailler, T	6
murer, T, P	6
mûrir, I, T	19
murmurer, I, T	6
musarder, I	6
muscler, T	6
museler, T	11
muser, I	6
musiquer, I, T	6
musquer, T	6
musser, T	6
muter, T	6
mutiler, T	6
mutiner, P	6
mystifier, T	15

n

nacrer, T	6
nager, I, T	8
naître, I, ♦	65
nantir, T, P	19
napper, T	6
narguer, T	6
narrer, T	6
nasaliser, T	6
nasiller, I, T	6
nationaliser, T	6
natter, T	6
naturaliser, T	6
naufrager, I	8
naviguer, I	6
navrer, T	6
néantiser, T, P	6
nécessiter, T	6
nécroser, T, P	6
négliger, T, P	8
négocier, I, T, P	15
neigeoter, il	6
neiger, il	8
nervurer, T	6
nettoyer, T	17
neutraliser, T, P	6
niaiser, I	6
nicher, I, T, P	6
nickeler, T	11
nicotiniser, T	6
nidifier, I	15
nieller, T	6
nier, I, T	15
nimber, T	6
nipper, T, P	6
nitrater, T	6
nitrer, T	6
nitrifier, T, P	15
nitrurer, T	6
niveler, T	11
noircir, I, T, P	19
noliser, T	6
nomadiser, I	6
nombrer, T	6
nominaliser, T	6
nommer, T, P	6
noper, T	6
nordir, I	19
normaliser, T, P	6
noter, T	6
notifier, T	15
nouer, I, T, P	6
nourrir, T, P	19
nover, T	6
noyauter, T	6
noyer, T, P	17
nuancer, T	7
nucléer, T	13
nuer, T	6
nuire, I, à, P	82
numériser, T	6
numéroter, T	6

o

obéir, I, à	19
obérer, T, P	10
objecter, T	6
objectiver, T	6
objurguer, I	6
obliger, T, P	8
obliquer, I	6
oblitérer, T	10
obnubiler, T	6
obscurcir, T, P	19
obséder, T	10
observer, T, P	6
obstiner, P	6
obstruer, T	6
obtempérer, I, à	10
obtenir, T, P	23
obturer, T	6
obvenir, I, ♦	23
obvier, à	15
occasionner, T	6
occidentaliser, T, P	6

OCCIRE / PARADER

occire, ... D
  ≃ infinitif
  temps composés
  p.p. occis, e
occlure, T 71
occulter, T 6
occuper, T, P 6
ocrer, T 6
octroyer, T, P 17
octupler, T 6
œuvrer, I 6
offenser, T, P 6
officialiser, T 6
officier, I 15
offrir, T, P 27
offusquer, T, P 6
oindre, T 58
oiseler, I, T 11
ombrager, T 8
ombrer, T 6
omettre, T 56
ondoyer, I, T 17
onduler, I, T 6
opacifier, T 15
opaliser, T 6
opérer, I, T, P 10
opiacer, T 7
opiner, I 6
opiniâtrer, P 6
opposer, T, P 6
oppresser, T 6
opprimer, T 6
opter, I 6
optimaliser, T 6
optimiser, T 6
oranger, T 8
orbiter, I 6
orchestrer, T 6
ordonnancer, T .. 7
ordonner, T, P ... 6
organiser, T, P ... 6
orienter, T, P 6
oringuer, T 6

ornementer, T 6
orner, T 6
orthographier, T .. 15
osciller, I 6
oser, T 6
ossifier, T, P 15
ostraciser, T 6
ôter, T, P 6
ouater, T 6
ouatiner, T 6
oublier, T, P 15
ouiller, T 6
ouïr, T 37
ourdir, T 19
ourler, T 6
outiller, T 6
outrager, T 8
outrepasser, T ... 6
outrer, T 6
ouvrager, T 8
ouvrer, I, T 6
ouvrir, I, T, P 27
ovaliser, T 6
ovationner, T 6
oxyder, T, P 6
oxygéner, T, P 10
ozoniser, T 6

p

pacager, I, T 8
pacifier, T 15
pacquer, T 6
pactiser, I 6
paganiser, I, T 6
pagayer, I 16
pager, I, P 8
pageoter, P 6

paginer, T 6
pagnoter, ... 6
paillarder, I, P 6
paillassonner, T .. 6
pailler, T 6
pailleter, T 11
paillonner, T 6
paisseler, T 11
paître, I, T 66
pajoter, P 6
palabrer, I 6
palancrer, T 6
ou palangrer, T ... 6
palanguer, I 6
ou palanquer, I ... 6
paletter, T 6
palettiser, T 6
pâlir, I, T 19
palissader, T 6
palisser, T 6
palissonner, T 6
pallier, T 15
palmer, T 6
paloter, T 6
palper, T 6
palpiter, I 6
pâmer, I, P 6
panacher, I, T, P .. 6
paner, T 6
panifier, T 15
paniquer, I, P 6
panneauter, T 6
panner, T 6
panser, T 6
panteler, I 11
pantoufler, I 6
papillonner, I 6
papilloter, T 6
papoter, I 6
papouiller, T 6
parachever, T 9
parachuter, T 6
parader, I 6

PARAFER / PERTURBER

parafer, T 6	parvenir, I, ♦ 23	peloter, I, T 6
paraffiner, T 6	passementer, T 6	pelotonner, T, P . . . 6
paraisonner, T 6	passepoiler, T 6	pelucher, I 6
paraître, I, ◊ 64	**passer,** I, ◊, T, P . . 6	pénaliser, T 6
paralléliser, T 6	passionner, T, P 6	**pencher,** I, T, P . . . 6
paralyser, T 6	pasteller, I, T 6	pendiller, I 6
parangonner, T . . . 6	pasteuriser, T 6	pendouiller, I 6
parapher, T 6	pasticher, T 6	**pendre,** I, T, P 53
paraphraser, T 6	pastiller, T 6	**pénétrer,** I, T, P . . 10
parasiter, T 6	patafioler, T 6	**penser,** I,à , T 6
parcellariser, T 6	patauger, I 8	pensionner, T 6
parceller, T 6	pateliner, I, T 6	pépier, I 15
parcelliser, T 6	patenter, T 6	**percer,** I, T 7
parcheminer, T 6	pâter, I 6	percevoir, T 38
parcourir, T 33	patienter, I 6	percher, I, T, P 6
pardonner, T,à ,P . . 6	patiner, I, T 6	percuter, I, T 6
parementer, T 6	pâtir, I 19	**perdre,** I, T, P 53
parer, T, P 6	pâtisser, I, T 6	pérégriner, I 6
paresser, I 6	patoiser, I 6	pérenniser, T 6
parfaire, T . . . . . D 62	patouiller, I, T 6	perfectionner, T, P . 6
≃ indicatif présent	patronner, T 6	perforer, T 6
infinitif et p.p.	patrouiller, I 6	péricliter, I 6
parfiler, T 6	patter, T 6	périmer, T 6
parfondre, T 53	pâturer, I, T 6	périphraser, I 6
parfumer, T, P . . . 6	paumer, T, P 6	**périr,** I 19
parier, I, T 15	paupériser, T 6	perler, I, T 6
parjurer, P 6	pauser, I 6	permanenter, T 6
parkériser, T 6	pavaner, P 6	perméabiliser, T . . . 6
parlementer, I 6	paver, T 6	**permettre,** T, P . . 56
parler, I, T,de ,P . . 6	pavoiser, I, T 6	permuter, I, T 6
parloter, I 6	**payer,** I, T 16	pérorer, I 6
parodier, T 15	peaufiner, T 6	perpétrer, T 10
parquer, I, T 6	peausser, I 6	perpétuer, T, P 6
parqueter, T 11	**pécher,** I 10	perquisitionner, I, T 6
parrainer, T 6	pêcher, I, T 6	persécuter, T 6
parsemer, T 9	pédaler, I 6	persévérer, I,dans . . 10
partager, T, P 8	**peigner,** T, P 6	persifler, T 6
participer,à ,de . . . 6	**peindre,** T, P 57	persiller, T 6
particulariser, T, P . 6	peiner, I, T, P 6	persister, I,dans . . . 6
partir, I, ♦, T 25	peinturer, T 6	personnaliser, T . . . 6
T : avoir maille à partir	peinturlurer, T 6	personnifier, T 15
. . . . D	peler, I, T, P 12	**persuader,** T,de , P 6
des avis mi-partis	pelleter, T 11	perturber, T 6

PERVERTIR / PONCTIONNER

pervertir, T, P 19	pincer, T 7	pleuvasser, il 6
peser, I, T 9	pinter, I, T, P 6	pleuviner, il 6
pester, I 6	**piocher,** I, T 6	**pleuvoir,** I, il 45
pestiférer, T 10	pioncer, I 7	pleuvoter, il 6
pétarader, I 6	pionner, I 6	**plier,** I, T, P 15
pétarder, I, T 6	piper, I, T 6	plisser, T, P 6
péter, I, T, P 10	pique-niquer, I 6	plomber, T 6
pétiller, I 6	**piquer,** I, T, P 6	**plonger,** I, T, P ... 8
pétitionner, I 6	piqueter, T 11	ploquer, T, P 6
pétrifier, T, P 15	pirater, I 6	ployer, I, T 17
pétrir, T 19	pirouetter, I 6	plucher, I 6
pétuner, I 6	pisser, I, T 6	plumer, I, T, P 6
peupler, I, T, P ... 6	pistacher, P 6	pluviner, il 6
phagocyter, T 6	pister, T 6	pocher, I, T 6
philosopher, I 6	pistonner, T 6	poêler, T 6
phosphater, T 6	pitonner, I 6	poétiser, T 6
phosphorer, I 6	pivoter, I, T 6	poignarder, T 6
photocopier, T 15	placarder, T 6	poiler, P 6
photographier, T .. 15	**placer,** T, P 7	poinçonner, T 6
phraser, I, T 6	plafonner, I, T 6	poindre, I 58
piaffer, I 6	plagier, I, T 15	pointer, I, T, P 6
piailler, I 6	plaider, I, T 6	pointiller, I, T 6
pianoter, I, T 6	**plaindre,** T, P 59	poireauter, I 6
piauler, I 6	plainer, T 6	aussi poiroter, I ... 6
picoler, I, T 6	**plaire,** I, à, P 63	poisser, T 6
picorer, I, T 6	**plaisanter,** I, T ... 6	poivrer, T, P 6
picoter, T 6	planchéier, T 15	polariser, T, P 6
piéger, T 14	plancher, I 6	polémiquer, I 6
pierrer, T 6	planer, I, T 6	policer, T 7
piéter, T, P 10	planifier, T 15	**polir,** T 19
piétiner, I, T 6	planquer, T, P 6	polissonner, I 6
pieuter, I, P 6	**planter,** T, P 6	politiquer, T 6
pif(f)er, T 6	plaquer, T 6	politiser, T 6
pigeonner, T 6	plasmifier, T 15	polluer, I, T 6
piger, T 8	plastifier, T 15	polycopier, T 15
pigmenter, T 6	plastiquer, T 6	polymériser, T 6
pignocher, I, T 6	plastronner, I, T ... 6	pommader, T 6
piler, I, T 6	platiner, T 6	pommeler, P 11
piller, T 6	platiniser, T 6	pommer, I 6
pilonner, T 6	plâtrer, T 6	pomper, I, T 6
piloter, T 6	plébisciter, T 6	pomponner, T 6
pimenter, T 6	**pleurer,** I, T 6	poncer, T 7
pinailler, I 6	pleurnicher, I 6	ponctionner, T 6

PONCTUER / PROPOSER

ponctuer, T.	6	
pondérer, T.	10	
pondre, I, T.	53	
ponter, I, T	6	
pontifier, I.	15	
pontiller, T	6	
populariser, T.	6	
poquer, I.	6	
porphyriser, T.	6	
porter, I, T, P.	6	
portraiturer, T.	6	
poser, I, T, P	6	
positionner, T.	6	
posséder, T, P	10	
postdater, T	6	
poster, T.	6	
posticher, I.	6	
postillonner, I.	6	
postposer, T.	6	
postsynchroniser, T	6	
postuler, T	6	
potasser, I, T.	6	
potiner, I.	6	
poudrer, T.	6	
poudroyer, I.	17	
pouffer, I.	6	
pouliner, I.	6	
pouponner, I	6	
pourchasser, T.	6	
pourfendre, T.	53	
pourlécher, T, P	10	
pourprer, P.	6	
pourrir, I, ◊, T, P.	19	
poursuivre, T, P.	75	
pourvoir, à, T, de, P	40	
pousser, I, T, P.	6	
pouvoir, I, P, il	43	
praliner, T.	6	
pratiquer, I, T, P.	6	
préacheter, T	12	
préaviser, T.	6	
précautionner, T, P.	6	
précéder, T.	10	

prêcher, I, T	6	
précipiter, T, P.	6	
préciser, T, P.	6	
précompter, T.	6	
préconiser, T	6	
prédestiner, T.	6	
prédéterminer, T.	6	
prédire, T	78	
prédisposer, T	6	
prédominer, I	6	
préempter, T.	6	
préétablir, T	19	
préexister, I	6	
préfacer, T	7	
préférer, T.	10	
préfigurer, T.	6	
préfixer, T.	6	
préformer, T.	6	
préjudicier, I.	15	
préjuger, de, T.	8	
prélasser, P.	6	
prélever, T.	9	
préluder, I, à	6	
préméditer, T	6	
prémunir, T, contre, P	19	
prendre, I, T, P	54	
prénommer, T, P.	6	
préoccuper, T, P, de	6	
préparer, T, P.	6	
préposer, T.	6	
présager, T.	8	
prescrire, I, T, P.	80	
présenter, I, T, P.	6	
préserver, T.	6	
présider, I, à, T.	6	
pressentir, T.	25	
presser, I, T, P	6	
pressurer, T.	6	
pressuriser, T.	6	
présumer, de, T.	6	
présupposer, T.	6	
présurer, T	6	
prétendre, à, I, T	53	

prêter, I, T, P.	6	
prétexter, T.	6	
prévaloir, I, P, de	47	
prévariquer, I	6	
prévenir, T	23	
prévoir, T	39	
prier, I, T	15	
primariser, T.	6	
primer, I, T	6	
priser, I, T	6	
privatiser, T.	6	
priver, T, P	6	
privilégier, T.	15	
procéder, I, à, de	10	
processionner, I	6	
proclamer, T.	6	
procréer, T	13	
procurer, T, P.	6	
prodiguer, T.	6	
produire, I, T, P	82	
profaner, T.	6	
proférer, T.	10	
professer, I, T	6	
profiler, I, T, P.	6	
profiter, I, à, de	6	
programmer, I, T.	6	
progresser, I.	6	
prohiber, T.	6	
projeter, T	11	
prolétariser, T.	6	
proliférer, I.	10	
prolonger, T, P.	8	
promener, T, P.	9	
promettre, I, T, P.	56	
promouvoir, T.	44	
promulguer, T	6	
prôner, I, T	6	
prononcer, I, T, P.	7	
pronostiquer, T	6	
propager, T, P.	8	
prophétiser, I, T	6	
proportionner, T, P.	6	
proposer, I, T, P.	6	

PROPULSER / RAILLER

propulser, T, P 6
proroger, T 8
proscrire, T 80
prosodier, T 15
prospecter, T 6
prospérer, I 10
prosterner, P 6
prostituer, I, P 6
protéger, T 14
protester, I, de ... 6
prouver, T 6
provenir, I, ♦ 23
proverbialiser, T ... 6
provigner, T 6
provoquer, T 6
psalmodier, I, T 15
psychanalyser, T .. 6
psychiatriser, I 6
publier, T 15
puer, I, T 6

rares : passé simple
subj. imparfait
et temps composés

puiser, T 6
pulluler, I 6
pulser, T 6
pulvériser, T 6
punir, T 19
purger, T 8
purifier, T 15
putréfier, T, P 15
pyramider, I 6
pyrograver, T 6

q

quadriller, T 6
quadrupler, I, T 6
qualifier, T, P 15
quantifier, T 15
quarrer, T 6
quartager, T 8
quarter, T 6
quémander, I, T ... 6
quereller, T, P 6
quérir, T .... D
≃ infinitif
aussi querir
questionner, T 6
quêter, I, T 6
queuter, I 6
quintessencier, T .. 15
quintupler, I, T 6
quittancer, T 7
quitter, T 6
quotter, I 6

r

rabâcher, I, T 6
rabaisser, T, P 6
rabanter, T 6
rabattre, I, T, P 55
rabibocher, T 6
rabioter, I, T 6
râbler, T 6
rabonnir, I, T 19
raboter, T 6
rabougrir, I, T, P ... 19
rabouter, T 6
rabrouer, T 6
raccommoder, T,
P 6
raccompagner, T .. 6
raccorder, T, P 6
raccourcir, I, T, P 19
raccoutrer, T...... 6
raccrocher, I, T, P .. 6
racheter, T, P...... 12
raciner, I, T 6
racler, T, P........ 6
racoler, T......... 6
raconter, T, P 6
racornir, T, P 19
rader, T 6
radicaliser, T, P 6
radier, T 15
radiner, I, P 6
radiobaliser, T 6
radiodiffuser, T 6
radiographier, T ... 15
radioguider, T 6
radioscoper, T 6
radiotélégraphier, T 15
radoter, I 6
radouber, T....... 6
radoucir, I, T, P 19
raffermir, T, P 19
raffiner, I, T 6
raffoler, T, de 6
rafistoler, T 6
rafler, T 6
rafraîchir, I, T, P .. 19
ragaillardir, T 19
rager, I 8
ragoter, I 6
ragoûter, T 6
ragrafer, T 6
ragréer, T 13
raguer, I, T, P 6
raidir, T, P 19
railler, I, T, P 6

RAINER / REBOUTER

rainer, T. 6	raplatir, T 19	ravoir, T. . . . . D
raineter, T 11	rapointir, T 19	≃ infinitif
rainurer, T 6	rappareiller, T 6	rayer, T, P 16
raire, I 61	rapparier, T 15	rayonner, I, T 6
raisonner, I, T, P . 6	**rappeler,** I, T, P . . . 11	razzier, T 15
rajeunir, I, ◊, T, P . . 19	rappliquer, I 6	réabonner, T, P 6
rajouter, T 6	**rapporter,** I, T, P . 6	réabsorber, T 6
ralentir, I, T, P 19	**rapprocher,** T, P . 6	r(é)accoutumer, T, P 6
râler, I 6	raquer, I, T 6	réactiver, T 6
ralinguer, T 6	raréfier, T, P 15	réadapter, T, P 6
ralléger, I 8	raser, T, P 10	réadmettre, T 56
rallier, I, T, P 15	rassasier, T, P 15	réaffirmer, T 6
rallonger, I, T, P . . . 8	**rassembler,** T, P . 6	r(é)affûter, T 6
rallumer, I, T, P 6	rasseoir, I, T, P 49	réagir, I, à 19
ramager, I, T 8	rasséréner, T, P 10	r(é)ajuster, T, P . . . 6
ramailler, ... 6	rassir, ... D	réaléser, T 10
ramander, I, T 6	≃ infinitif	**réaliser,** T, P 6
ramarrer, T 6	et p.p. : rassis, e	réamorcer, T 7
ramasser, T, P . . . 6	**rassurer,** T, P 6	réanimer, T 6
ramastiquer, T 6	ratatiner, T, P 6	réapparaître, I, ◊ . . 64
ramender, T 6	râteler, T 11	r(é)apprendre, T . . 54
ramener, T, P 9	rater, I, T 6	r(é)approvisionner,
ramer, I, T 6	ratiboiser, T 6	T, P 6
rameuter, T, P 6	ratifier, T 15	réargenter, T, P 6
ramifier, T, P 15	ratiner, T 6	réarmer, T, P 6
ramollir, T, P 19	ratiociner, I 6	réarranger, T 8
ramoner, T 6	rationaliser, T 6	réassigner, T 6
ramper, I 6	rationner, T, P 6	r(é)assortir, T 19
rancarder, T 6	ratisser, T 6	réassurer, T, P 6
rancir, I 19	rattacher, T, P 6	rebaisser, I 6
rançonner, T 6	**rattraper,** T, P . . . 6	rebander, T 6
randonner, I 6	raturer, T 6	rebaptiser, T 6
ranger, T, P 8	raugmenter, I 6	rebâtir, T 19
ranimer, T, P 6	**ravager,** T 8	rebattre, T 55
rapapilloter, T 6	ravaler, T, P 6	rebeller, P 6
rapatrier, T, P 15	ravauder, I, T 6	rebiffer, P 6
râper, T 6	ravigoter, T 6	rebiquer, I, T 6
rapetasser, T 6	ravilir, T 19	reblanchir, T 19
rapetisser, I, T, P . . 6	raviner, T 6	reboiser, T 6
rapiécer, T . . . . c/ç 7	**ravir,** T 19	rebondir, I 19
é/è 10	raviser, P 6	reborder, T 6
rapiéceter, T 12	ravitailler, T, P 6	reboucher, T, P 6
rapiner, I, T 6	raviver, T, P 6	rebouter, T 6

163

REBOUTONNER / RÉESCOMPTER

reboutonner, T, P	6
rebroder, T	6
rebrousser, I, T	6
rebuter, T, P	6
recacheter, T	6
recalcifier, T	15
recaler, T	6
récapituler, T	6
recarder, T	6
recarreler, T	11
recaser, T, P	6
recéder, T	10
receler, I, T, P	12
recéler, I, T, P	10
recenser, T	6
receper, T	9
recéper, T	10
réceptionner, T	6
recercler, T	6
recevoir, I, T, P	38
rechampir, T	19
réchampir, T	19
rechanger, T	8
rechanter, T	6
rechaper, T	6
réchapper, I, à, de	6
recharger, T	8
rechasser, I, T	6
réchauffer, T, P	6
rechausser, T, P	6
rechercher, T	6
rechigner, I	6
rechristianiser, T	6
rechuter, I	6
récidiver, I	6
réciter, T	6
réclamer, I, T, P	6
reclasser, T	6
récliner, I	6
reclouer, I	6
reclure,	D
≃ infinitif	
et p.p. : reclus, e	
recoiffer, T, P	6
récoler, T	6
recoller, I, T, P	6
recolorer, T	6
récolter, T	6
recommander, T, P	6
recommencer, I, T	7
recomparaître, I	64
récompenser, T, P	6
recomposer, T, P	6
recompter, T	6
réconcilier, T, P	15
reconduire, T	82
recondamner, T	6
réconforter, T, P	6
recongeler, T	12
reconnaître, T, P	64
reconnecter, T	6
reconquérir, T	24
reconsidérer, T	10
reconsolider, T	6
reconstituer, T, P	6
reconstruire, T	82
reconvertir, T, P	19
recopier, T	15
recoquiller, T, P	6
recorder, T	6
recorriger, T	8
recoucher, T, P	6
recoudre, T	73
recouper, T, P	6
recourber, T, P	6
recourir, I, à, T	33
recouvrer, T	6
recouvrir, T, P	27
recracher, T, P	6
recréer, T	13
récréer, T, P	13
recrépir, T	19
recreuser, T	6
récrier, P	15
récriminer, I	6
recroiser, T	6
recroître, I	67
recroqueviller, P	6
recruter, T, P	6
rectifier, T	15
recueillir, T, P	28
recuire, I, T	82
reculer, I, P	6
récupérer, T	10
récurer, T	6
récuser, T, P	6
recycler, T, P	6
redécouvrir, T	27
redéfaire, T	62
redemander, T	6
redémolir, T	19
redescendre, I, ◊, T	53
redevenir, ♦	23
redevoir, T	42
rédiger, T	8
rédimer, T, P	6
redire, T	78
rediscuter, T	6
redistribuer, T	6
redonder, I	6
redonner, I, T	6
redorer, T	6
redoubler, I, de, T	6
redouter, T	6
redresser, T, P	6
réduire, T, P, à, en	82
r(é)écrire, I, T	80
réédifier, T	15
rééditer, T	6
rééduquer, T	6
réélire, T	77
réembaucher, T	6
r(é)employer, T	17
r(é)engager, T, P	8
réensemencer, T	7
réentendre, T	53
rééquilibrer, T	6
réer, I	13
réescompter, T	6

R(É) ESSAYER / REMETTRE

r(é)essayer, T..... 16
réévaluer, T....... 6
réexaminer, T..... 6
réexpédier, T..... 15
réexporter, T...... 6
refaçonner, T..... 6
refaire, T, P...... 62
refendre, T....... 53
référencer, T...... 7
référer, en, à, P..... 10
refermer, T, P.... 6
refiler, T.......... 6
réfléchir, I, à, sur,
T, P, dans.......... 19
refléter, T, P...... 10
refleurir, I, T...... 19
refluer, I 6
refondre, I, T..... 53
reforger, T........ 8
reformer, T....... 6
réformer, T, P 6
reformuler, T...... 6
refouiller, T....... 6
refouler, I, T 6
refourrer, T....... 6
réfracter, T....... 6
refréner, T........ 10
réfréner, T........ 10
réfrigérer, T....... 10
refroidir, I, T, P..... 19
réfugier, P 15
refuser, I, T, P.... 6
réfuter, T......... 6
regagner, T....... 6
régaler, T, P....... 6
regarder, I, T, P .. 6
regarnir, T....... 19
regazonner, T..... 6
regeler, il, T....... 12
régénérer, T...... 10
régenter, T 6
regimber, I, P 6
régionaliser, T 6

régir, T........... 19
réglementer, T 6
régler, T 10
régner, I 10
regonfler, I, T...... 6
regorger, I, de..... 8
regratter, I, T...... 6
regréer, T 13
regreffer, T 6
régresser, I 6
regretter, T 6
regrimper, I, T..... 6
regrossir, I 19
regrouper, T, P 6
régulariser, T 6
régurgiter, T 6
réhabiliter, T, P.... 6
réhabituer, T, P.... 6
rehausser, T, P 6
réifier, T.......... 15
réimperméabiliser, T 6
réimplanter, T..... 6
réimporter, T...... 6
réimposer, T...... 6
réimprimer, T 6
réincarcérer, T 10
réincarner, T, P.... 6
réincorporer, T.... 6
réinfecter, T, P 6
réinscrire, T, P..... 80
réinsérer, T, P 10
réinstaller, T, P 6
réintégrer, T 10
réinterpréter, T.... 10
réintroduire, T..... 82
réinventer, T...... 6
réinvestir, T....... 19
réinviter, T 6
réitérer, T, P....... 10
rejaillir, I 19
rejeter, T, P...... 11
rejoindre, T, P.... 58
rejointoyer, T 17

rejouer, I, T 6
réjouir, T, P...... 19
relâcher, I, T, P 6
relaisser, P 6
relancer, T........ 7
rélargir, T 19
relater, T 6
relaver, T......... 6
relaxer, T, P....... 6
relayer, I, T, P 16
reléguer, T 10
relever, de, T, P... 9
relier, T......... 15
relire, T, P....... 77
reloger, T 8
relouer, T 6
reluire, T......... 82
reluquer, T 6
remâcher, T 6
remailler, T....... 6
remanger, T 8
remanier, T....... 15
remaquiller, T..... 6
remarier, T, P..... 15
remarquer, T, P.. 6
remastiquer, T 6
remballer, T 6
rembarquer, T, P.. 6
rembarrer, T 6
rembiner, I, P 6
remblaver, T...... 6
remblayer, T...... 16
remboîter, T 6
rembouger, T..... 8
rembourrer, T 6
rembourser, T.... 6
rembrunir, T, P ... 19
rembucher, I, T, P.. 6
remédier, I, à...... 15
remembrer, T 6
remémorer, T, P ... 6
remercier, T..... 15
remettre, T, P.... 56

REMEUBLER / REPORTER

remeubler, T 6	**rendre,** I, T, P 53	réordonner, T 6
remiser, T, P 6	renfaîter, T 6	réorganiser, T, P . . . 6
remmailler, T 6	**renfermer,** T, P . . 6	réorienter, T, P 6
remmailloter, T 6	renfiler, T 6	repairer, I 6
remmancher, T 6	renflammer, T 6	**repaître,** T, P 66
remmener, T 9	renfler, I, T, P 6	**répandre,** T, P 53
remonter, I, T, P . . 6	renflouer, T 6	**reparaître,** I, ♦ . . . 64
remontrer, en, à, T . . 6	renfoncer, T 7	**réparer,** T 6
remordre, T 53	renforcer, T, P 7	reparler, I 6
remorquer, T 6	renfrogner, P 6	repartager, T 8
remoucher, T, P . . . 6	rengager, T 8	**repartir,** I, ♦, T . . . 25
remoudre, T 74	rengainer, T 6	répartir, T, P 19
remouiller, I, T 6	rengorger, P 8	**repasser,** I, T, P . . 6
rempailler, T 6	rengracier, I 15	repatiner, T 6
rempaqueter, T 11	rengrener, T 9	repaver, T 6
remparer, T 6	rengréner, T 10	repayer, T 16
rempiéter, T 10	renier, T 15	repêcher, T 6
rempiler, I, T 6	renifler, I, T 6	repeigner, T, P 6
remplacer, T 7	renommer, T 6	repeindre, T 57
remplier, T 15	**renoncer,** I, à, T . . 7	rependre, T 53
remplir, T, P 19	renouer, avec, T, P . . 6	repenser, à, T 6
remployer, T 17	**renouveler,** T, P . . 11	**repentir,** P 25
remplumer, T, P . . . 6	rénover, T 6	repercer, T 7
rempocher, T 6	renquiller, I, T, P . . . 6	répercuter, T, P 6
rempoissonner, T . . 6	**renseigner,** T, P . . 6	reperdre, T 53
remporter, T 6	rentabiliser, T 6	repérer, T, P 10
rempoter, T 6	rentamer, T 6	répertorier, T 15
remprunter, T 6	renter, T 6	**répéter,** I, T, P . . . 10
remuer, I, T, P 6	rentoiler, T 6	repeupler, T, P 6
rémunérer, T 10	rentraire, T 61	repincer, T 7
renâcler, I, à 6	**rentrer,** I, ♦, T 6	repiquer, à, T 6
renaître, I . . . . . . D 65	rentrouvrir, T 27	replacer, T 7
pas de p.p.!	renvelopper, T 6	replanter, T 6
renarder, I 6	renvenimer, T 6	replâtrer, T 6
renauder, I 6	renverger, T 8	repleuvoir, il 45
rencaisser, T 6	**renverser,** T, P . . . 6	replier, T, P 15
rencarder, T 6	renvider, T 6	**répliquer,** I, T 6
renchaîner, T 6	renvier, I, T 15	replisser, T 6
renchérir, I 19	**renvoyer,** T, P 18	replonger, I, T, P . . . 8
rencogner, T, P 6	réoccuper, T 6	reployer, T 17
rencontrer, T, P . . 6	réopérer, T 10	repolir, T 19
rendormir, T, P 32	réorchestrer, T 6	**répondre,** I, T, P . . 53
rendosser, T 6	réordonnancer, T . . 7	reporter, T, P 6

REPOSER / REVITALISER

reposer, I, T, P ... 6	ressemer, T 6	retracer, T 7
repousser, I, T, P. 6	**ressentir,** T, P, de . 25	rétracter, T, P 6
reprendre, I, T, P . 54	resserrer, T, P 6	retraduire, T 82
représenter, I, T, P 6	resservir, I, T, P .. 35	retraire, T 61
réprimander, T 6	ressortir, I, T, ♦ ... 25	retrancher, T, P... 6
réprimer, T 6	ressortir, à 19	retranscrire, T..... 80
repriser, T 6	ressouder, T 6	retransmettre, T ... 56
reprocher, T, P... 6	ressourcer, P...... 7	retravailler, I, T 6
reproduire, T, P... 82	ressouvenir, P 23	retraverser, T...... 6
reprographier, T... 15	ressuer, I......... 6	rétrécir, I, T, P 19
reprouver, T 6	res(s)urgir, I...... 19	rétreindre, T 57
réprouver, T 6	ressusciter, I, ◊, T .. 6	retremper, T 6
républicaniser, T .. 6	ressuyer, T 17	rétribuer, T 6
répudier, T 15	restaurer, T, P 6	rétroagir, I........ 19
répugner, à il..... 6	**rester,** I, ♦, à..... 6	rétrocéder, T...... 10
réputer, T 6	restituer, T 6	rétrograder, I, T.... 6
requérir, T........ 24	restreindre, T, P ... 57	retrousser, T, P 6
requinquer, T, P ... 6	restructurer, T..... 6	**retrouver,** T, P ... 6
réquisitionner, T... 6	**résulter,** I, ◊..... D 6	réunifier, T 15
resaler, T......... 6	≃ 3ᵉ personne	**réunir,** T, P 19
resalir, T, P 19	résumer, T, P 6	**réussir,** I, T...... 19
resaluer, T........ 6	**rétablir,** T, P..... 19	revacciner, T...... 6
reséquer, T 10	retailler, T........ 6	revaloir, T 47
réserver, T, P 6	**rétamer,** T 6	revaloriser, T...... 6
résider, I 6	retaper, T, P...... 6	revancher, P...... 6
résigner, T, P 6	retapisser, T 6	rêvasser, I........ 6
résilier, T......... 15	**retarder,** I, T..... 6	réveiller, T, P 6
résiner, T......... 6	retâter, T 6	réveillonner, I..... 6
résinifier, T 15	reteindre, T....... 57	**révéler,** T, P 10
résister, I, à..... 6	retendre, T 53	revendiquer, T 6
résonner, I...... 6	**retenir,** I, T, P 23	revendre, T........ 53
résorber, T, P..... 6	retenter, T........ 6	**revenir,** I, ♦, P, en . 23
résoudre, T, P... 72	retentir, I......... 19	**rêver,** I, à de T ... 6
respecter, T, P... 6	retercer, T........ 7	réverbérer, T, P.... 10
respirer, I, T..... 6	reterser, T........ 6	reverdir, I, T 19
resplendir, I 19	**retirer,** T, P 6	révérer, T......... 10
resquiller, I, T..... 6	retisser, T 6	reverser, T........ 6
ressaigner, I, T.... 6	**retomber,** I, ♦.... 6	revêtir, T 26
ressaisir, T, P..... 19	retondre, T 53	revigorer, T 6
ressasser, T....... 6	retordre, T 53	revirer, I 6
ressauter, I, T 6	rétorquer, T....... 6	réviser, T......... 6
ressembler, à P.. 6	retoucher, à T 6	revisser, T........ 6
ressemeler, T 11	**retourner,** I, ♦, T, P 6	revitaliser, T 6

REVIVIFIER / SALOPER

revivifier, T	15
revivre, I, T	76
revoir, T, P	39
révolter, T, P	6
révolutionner, T	6
révolvériser, T	6
révoquer, T	6
revoter, I, T	6
revouloir, T	48
révulser, T	6
rhabiller, T, P	6
rhumer, T	6
ribler, T	6
ribouler, I	6
ricaner, I	6
ricocher, I	6
rider, T, P	6
ridiculiser, T, P	6
riffauder, I, T	6
rifler, T	6
rigoler, I	6
rimailler, I	6
rimer, I, T	6
rincer, T, P	7
ringarder, T	6
ripailler, I	6
riper, I, T	6
ripoliner, T	6
riposter, I, à	6
rire, I, de, P	79
risquer, T, P, à	6
rissoler, I, T	6
ristourner, T	6
rivaliser, I	6
river, T	6
riveter, T	11
rober, T	6
robotiser, T	6
ro(c)quer, I	6
roder, T	6
rôder, I	6
rogner, I, T	6
rognonner, T	6
roidir, T, P	19
romancer, T	7
romaniser, T, P	6
rompre, I, T, P	53
ronchonner, I	6
rondir, T	19
ronflaguer, I	6
ronfler, I	6
ronger, T, P	8
ronronner, I	6
ronsardiser, I	6
roser, T	6
rosir, I, T	19
rosser, T	6
roter, I	6
rôtir, I, T, P	19
roucouler, I, T	6
rouer, I, T	6
rougeoyer, I	17
rougir, I, T	19
rouiller, I, T, P	6
rouir, I, T	19
rouler, I, T, P	6
roulotter, T	6
roupiller, I	6
rouscailler, I	6
rouspéter, I	10
roussir, I, T	19
roustir, T	19
router, T	6
rouvrir, I, T, P	27
rubaner, T	6
rubéfier, T	15
rucher, T	6
rudenter, T	6
rudoyer, T	17
ruer, I, P	6
rugir, I	19
ruiler, T	6
ruiner, T, P	6
ruisseler, I	11
ruminer, T	6
rupiner, I	6
ruser, I	6
russifier, T	15
rustiquer, T	6
rutiler, I	6
rythmer, T	6

S

sabler, I, T	6
sablonner, T	6
saborder, T, P	6
saboter, I, T	6
sabouler, T, P	6
sabrer, T	6
sacagner, T	6
saccader, T	6
saccager, T	8
saccharifier, T	15
sa(c)quer, T	6
sacraliser, T	6
sacrer, T	6
sacrifier, T, P	15
safraner, T	6
saigner, I, T, P	6
saillir, I ...... D	29
≃ infinitif
3es personnes
saillir, T ...... D	19
≃ infinitif
3es personnes
saisir, T, P	19
saisonner, I	6
salarier, I	6
saler, T	6
salir, T, P	19
saliver, I	6
saloper, T	6

SALPÊTRER / SOLIDIFIER

salpêtrer, T 6	scissionner, I 6	sextupler, I, T 6
saluer, T, P 6	scléroser, T, P 6	sexualiser, T 6
sanctifier, T 15	scolariser, T 6	shampooingner, T . 6
sanctionner, T 6	scotcher, T 6	ou shampouiner, T . 6
sandwicher, T 6	scratcher, T, P 6	shooter, I, P 6
sangler, T, P 6	scribouiller, T 6	shunter, T 6
sangloter, I 6	scruter, T 6	sidérer, T 10
sa(n)tonner, T 6	sculpter, T 6	siéger, I 14
saouler, T, P 6	**sécher,** I, T, P 10	**siffler,** I, T 6
saper, T, P 6	seconder, T 6	siffloter, I, T 6
saponifier, T 15	**secouer,** T, P 6	**signaler,** T, P 6
sarcler, T 6	**secourir,** T 33	signaliser, T 6
sasser, T 6	sécréter, T 10	**signer,** T, P 6
sataner, T 6	sectionner, T 6	**signifier,** T 15
satelliser, T 6	séculariser, T 6	silhouetter, T 6
satiner, T 6	sédentariser, T, P . . 6	silicatiser, P 6
satiriser, T 6	séduire, T 82	siliconer, T 6
satisfaire, T, à, P, de 62	segmenter, T 6	sillonner, T 6
saturer, T 6	séjourner, I 6	similiser, T 6
saucer, T 7	sélectionner, T 6	simplifier, T, P 15
saumurer, T 6	seller, T 6	simuler, T 6
sauner, I 6	**sembler,** I, il 6	singer, T 8
saupoudrer, T, de . . 6	**semer,** T 9	singulariser, T, P . . . 6
saurer, T 6	semoncer, T 7	siniser, T 6
saurir, T 19	sensibiliser, T 6	siphonner, T 6
sauter, I, T 6	**sentir,** I, T, P 25	siroter, T 6
sautiller, I 6	**seoir,** I 50	**situer,** T, P 6
sauvegarder, T 6	**séparer,** T, P 6	skier, I 15
sauver, T, P 6	septupler, I, T 6	slalomer, I 6
savoir, I, T, P 41	séquestrer, T 6	slaviser, T 6
savonner, T, P 6	sérancer, T 7	smasher, I 6
savourer, T 6	serfouir, T 19	smiller, T 6
scalper, T 6	sérialiser, T 6	snober, T 6
scandaliser, T, P . . . 6	sérier, T 15	socialiser, T 6
scander, T 6	seriner, T 6	socratiser, I 6
scarifier, T 15	seringuer, T 6	sodomiser, T 6
sceller, T 6	sermonner, T 6	**soigner,** T, P 6
schématiser, T 6	serpenter, I 6	solariser, T 6
schlitter, T 6	**serrer,** I, T, P 6	solder, T, P 6
scier, I, T 15	sertir, T 19	solenniser, T 6
scinder, T, P 6	**servir,** I, T, P 35	solfier, T 15
scintiller, I 6	sévir, I, contre 19	solidariser, T, P 6
sciotter, T 6	sevrer, T 6	solidifier, T, P 15

169

SOLIFLUER / SUBTILISER

solifluer, I	6	
soliloquer, I	6	
solliciter, T	6	
solmiser, T	6	
solubiliser, T	6	
solutionner, T	6	
somatiser, T	6	
sombrer, I, dans	6	
sommeiller, I	6	
sommer, T	6	
somnoler, I	6	
sonder, T	6	
songer, I, à	8	
sonnailler, I, T	6	
sonner, I, ◊, T	6	
sonoriser, T	6	
sophistiquer, T	6	
sorguer, I	6	
sortir, I, ♦	25	
sortir, T, P, de	25	
sortir, T	D 19	

jurisprudence
≃ 3ᵉ personne

soubattre, T	55	
soubresauter, I	6	
soucheter, T	11	
souchever, T	9	
soucier, P, de	15	
souder, T, P	6	
soudoyer, T	17	
souffler, I, T	6	
souffleter, T	11	
souffrir, I, T, P	27	
soufrer, T	6	
souhaiter, T	6	
souiller, T	6	
soulager, T, P	8	
soûler, T, P	6	
soulever, T, P	9	
souligner, T	6	
soumettre, T, P, à	56	
soumissionner, T	6	
soupçonner, T	6	

souper, I	6	
soupeser, T	9	
soupirer, I	6	
souquer, I, T	6	
sourciller, I	6	
sourdiner, T	6	
sourdre, I	D	

≃ sourd, sourdent
sourdait, sourdaient
et infinitif

sourire, I, à, de, P	79	
sous-alimenter, T	6	
souscrire, I, à	80	
sous-entendre, T	53	
sous-estimer, T	6	
sous-évaluer, T	6	
sous-exposer, T	6	
sous-louer, T	6	
sous-tendre, T	53	
sous-titrer, T	6	
soustraire, I	61	
sous-traiter, T	6	
soutacher, T	6	
soutenir, T, P	23	
soutirer, T	6	
souvenir, I, il, P	23	
spathifier, T	15	
spatialiser, T	6	
spécialiser, T, P	6	
spécifier, T	15	
spéculer, I, sur	6	
sphacéler, T	10	
spiritualiser, T	6	
spitter, T	6	
splitter, T	6	
spolier, T	15	
sporuler, I	6	
sprinter, I	6	
squatter, T	6	
stabiliser, T, P	6	
staffer, T	6	
stagner, I	6	
staliniser, T	6	

standardiser, T	6	
stationner, I, ◊	6	
statuer, I, sur, T	6	
statufier, T	15	
sténographier, T	15	
sténotyper, T	6	
stéréotyper, T	6	
stérer, T	10	
stériliser, T	6	
stigmatiser, T	6	
stimuler, T	6	
stipendier, T	15	
stipuler, T	6	
stocker, T	6	
stopper, I, T	6	
stranguler, T	6	
stratifier, T	15	
strider, I	6	
strier, T	15	
stripper, T	6	
striquer, T	6	
structurer, T	6	
stupéfaire,	D	

≃ stupéfait, e
et temps composés

stupéfier, T	15	
stuquer, T	6	
styler, T	6	
styliser, T	6	
subdéléguer, T	10	
subdiviser, T	6	
subir, T	19	
subjuguer, T	6	
sublimer, I, T	6	
submerger, T	8	
subodorer, T	6	
subordonner, T	6	
suborner, T	6	
subroger, T	8	
subsister, I	6	
substantiver, T	6	
substituer, T, P	6	
subtiliser, I, T	6	

SUBVENIR / TALER

subvenir, à 23	surcontrer, T...... 6	surtondre, T 53
subventionner, T .. 6	surcouper, T...... 6	**surveiller,** T, P .. 6
subvertir, T....... 19	surdorer, T 6	survenir, I, ♦ 23
succéder, à , P ... 10	surédifier, T 15	survivre, I, à , P 76
succomber, I, à 6	surélever, T....... 9	survoler, T........ 6
sucer, I, T, P 7	surenchérir, I 19	survolter, T....... 6
suçoter, T........ 6	surentraîner, T 6	susciter, T........ 6
sucrer, I, T, P...... 6	suréquiper, T 6	suspecter, T 6
suer, I, T 6	surestimer, T...... 6	**suspendre,** T, P .. 53
suffire, I, il, de , à , P . 81	surévaluer, T...... 6	sustenter, T, P..... 6
suffixer, T 6	surexciter, T 6	susurrer, I, T 6
suffoquer, I, T..... 6	surexposer, T 6	suturer, T 6
suggérer, T 10	surfacer, I, T 7	swinguer, I........ 6
suggestionner, T .. 6	surfaire, T........ 62	syllaber, T........ 6
suicider, P........ 6	surfer, I 6	symboliser, T 6
suif(f)er, T 6	surfiler, T......... 6	symétriser, I, T 6
suinter, I, T 6	surgeler, T........ 12	sympathiser, I..... 6
suivre, I, T, P..... 75	surgeonner, I 6	synchroniser, T ... 6
sulfater, T........ 6	surgir, I 19	syncoper, T....... 6
sulfiter, T......... 6	surglacer, T....... 7	syncristalliser, I ... 6
sulfoner, T 6	surhausser, T 6	syndicaliser, T 6
sulfurer, T........ 6	surimposer, T, P .. 6	syndiquer, T, P 6
superfinir, T 19	suriner, T......... 6	synthétiser, I, T.... 6
superposer, T, P .. 6	surir, I 19	syntoniser, T...... 6
superviser, T...... 6	surjaler, I......... 6	systématiser, I, T .. 6
supplanter, T 6	surjeter, T........ 11	
suppléer, à , T 13	surlier, T 15	
supplémenter, T... 6	surmener, T, P 9	
supplicier, T 15	surmonter, T...... 6	
supplier, T 15	surmouler, T...... 6	
supporter, T 6	surnager, I 8	*t*
supposer, T..... 6	surnommer, T..... 6	
supprimer, T, P .. 6	suroxyder, T...... 6	
suppurer, I 6	surpasser, T, P 6	tabasser, T 6
supputer, T....... 6	surpayer, T....... 16	tabler, sur , T....... 6
surabonder, I 6	surplomber, I, T ... 6	tabuler, I......... 6
surajouter, T...... 6	**surprendre,** T, P . 54	**tacher,** I, T, P..... 6
suralimenter, T.... 6	surproduire, T..... 82	tâcher, T, de 6
surbaisser, T...... 6	sursaturer, T 6	tacheter, T 11
surcharger, T 8	sursauter, I 6	taillader, T 6
surchauffer, T..... 6	sursemer, T....... 9	**tailler,** I, T, P 6
surclasser, T...... 6	**surseoir,** à , T 51	**taire,** I, P 63
surcomprimer, T... 6	surtaxer, T........ 6	taler, T........... 6

TALLER / TORTORER

taller, I. 6	télécommander, T . 6	tinter, I, T 6
talocher, T 6	télécopier, T 15	tintinnabuler, I 6
talonner, I, T 6	**télégraphier,** I, T. 15	tiquer, I 6
talquer, T 6	téléguider, T 6	tirailler, I, T 6
tambouriner, I, T. . . 6	télémétrer, I, T 10	tirebouchonner, T . 6
tamiser, I, T. 6	**téléphoner,** I, à, T . 6	ou tire-bouchonner, T 6
tamponner, T, P . . . 6	télescoper, T, P 6	**tirer,** I, T, P. 6
tancer, T 7	téléviser, T 6	tiser, T. 6
tanguer, I 6	**témoigner,** I, T. . . 6	tisonner, I, T 6
tanner, T. 6	tempérer, T, P 10	**tisser,** T. 6
tan(n)iser, T. 6	tempêter, I 6	ti(s)tre, T . . . . D
tapager, I 8	temporiser, I. 6	≃ p.p. tissu, e
taper, I, T, P. 6	tenailler, T. 6	et temps composés
tapir, P 19	**tendre,** à, vers, T, P . 53	titiller, I, T 6
tapisser, T. 6	**tenir,** I, à, de, T, P . . 23	titrer, T 6
taponner, T. 6	tenonner, T. 6	tituber, I 6
tapoter, I, T. 6	ténoriser, I 6	titulariser, T 6
taquer, T 6	**tenter,** I, de, T 6	toaster, I 6
taquiner, T, P 6	tercer, T. 7	toiler, T 6
tarabiscoter, T 6	tergiverser, I 6	toiletter, T. 6
tarabuster, T. 6	**terminer,** T, P 6	toiser, T. 6
tarauder, T 6	ternir, I, T, P. 19	tolérer, T 10
tarder, I, à, il 6	terrasser, I, T. 6	**tomber,** I, ♦, T. . . . 6
tarer, T. 6	terreauter, T 6	tomer, T 6
targuer, P 6	terrer, I, T, P. 6	**tondre,** T. 53
tarifer, T 6	terrifier, T 15	tonifier, T 15
tarir, I, T, P. 19	terrir, I. 19	tonitruer, I 6
tartiner, I, T. 6	terroriser, T. 6	tonner, I, il 6
tartir, I 19	terser, T. 6	tonsurer, T 6
tasser, I, T, P. 6	tester, I, T 6	tontiner, T. 6
tâter, à, de, y, T, P . . 6	tétaniser, T 6	toper, I 6
tatillonner, I 6	téter, I, T 10	topicaliser, T. 6
tâtonner, I. 6	texturer, T. 6	toquer, I, P 6
tatouer, T 6	texturiser, T 6	torcher, T, P 6
taveler, T, P. 11	théâtraliser, I, T. . . . 6	torchonner, T. 6
taveller, T 6	thématiser, T 6	**tordre,** T, P 53
taxer, T, de. 6	théoriser, I, T 6	toréer, I. 13
techniciser, T 6	thésauriser, I, T. . . . 6	toronner, I 6
techniser, T. 6	tictaquer, I 6	torpiller, T. 6
technocratiser, T, P 6	tiédir, I, T. 19	torréfier, T. 15
t(e)iller, T. 6	tiercer, I, T. 7	torsader, T 6
teindre, T, P 57	tigrer, T. 6	tortiller, I, T, P 6
teinter, T, P 6	timbrer, T 6	tortorer, T 6

TORTURER / TROUSSER

torturer, T, P	6
totaliser, T	6
toucher, I, T, P	6
touer, T	6
touiller, T	6
toupiller, I, T	6
toupiner, I	6
tourber, I	6
tourbillonner, I	6
tourillonner, I	6
tourmenter, T, P	6
tournailler, I	6
tournasser, T	6
tournebouler, T	6
tourner, I, ◊, T, P	6
tournicoter, T	6
tourniller, I	6
tourniquer, I	6
tournoyer, I	17
toussailler, I	6
tousser, I	6
toussoter, I	6
trabouler, I	6
tracaner, I, T	6
tracasser, T, P	6
tracer, I, T	7
tracter, T	6
traduire, T, P	82
trafiquer, I, de, T	6
trahir, T, P	19
traînailler, I, T	6
traînasser, I, T	6
traîner, I, T, P	6
traire, T	61
traiter, I, T, P	6
tramer, T, P	6
tranchefiler, T	6
trancher, I, T	6
tranquilliser, T, P	6
transbahuter, T, P	6
transborder, T	6
transcender, T	6
transcoder, T	6
transcrire, T	80
transférer, T	10
transfigurer, T	6
transfiler, T	6
transformer, T, P	6
transfuser, T	6
transgresser, T	6
transhumer, T	6
transiger, I, avec, sur	8
transir, T	19
transistoriser, T	6
transiter, I, T	6
translater, T	6
translit(t)érer, T	10
transmettre, T, P	56
transmigrer, I	6
transmuer, T	6
transmuter, T	6
transparaître, I	64
transpercer, T	7
transpirer, I	6
transplanter, T, P	6
transporter, T, P	6
transposer, T	6
transsubstantier, T	15
transsuder, I, T	6
transvaser, T	6
transvider, T	6
traquer, T	6
traumatiser, T	6
travailler, I, T, P	6
traverser, T	6
travestir, T, P	19
trébucher, I, ◊, T	6
tréfiler, T	6
tréfondre, I	53
treillager, T	8
treillisser, T	6
trémater, I	6
trembler, I	6
trembloter, I	6
trémousser, P	6
tremper, I, T, P	6
trémuler, I, T	6
trépaner, T	6
trépasser, I, ◊	6
trépider, I	6
trépigner, I, T	6
tressaillir, I	29
tressauter, I	6
tresser, T	6
treuiller, T	6
trévirer, T	6
trianguler, T	6
triballer, T	6
tricher, I, à, sur	6
tricoter, I, T	6
trier, T	15
trifouiller, I, T	6
triller, I	6
trimarder, I	6
trimbal(l)er, T, P	6
trimer, I	6
tringler, T	6
trinquer, T	6
triompher, I, de	6
tripatouiller, T	6
tripler, I, T	6
tripoter, I, T	6
triquer, T	6
triséquer, T	10
trisser, I, T, P	6
triturer, T	6
tromper, T, P	6
trompeter, I, T	11
tronçonner, T	6
trôner, I	6
tronquer, T	6
tropicaliser, T	6
troquer, T	6
trotter, I, P	6
trottiner, I	6
troubler, T, P	6
trouer, T, P	6
troussequiner, T	6
trousser, I, T, P	6

173

TROUVER / VILLÉGIATURER

trouver, T, P	6
truander, I, T	6
trucider, T	6
truffer, T	6
truquer, I, T	6
trusquiner, T	6
truster, T	6
tuber, T	6
tuberculiner, T	6
tuberculiniser, T	6
tuberculiser, T	6
tuer, T, P	6
tuiler, T	6
tuméfier, T, P	15
turbiner, I, T	6
turlupiner, T	6
tuteurer, T	6
tutoyer, T, P	17
tuyauter, T	6
twister, I	6
tympaniser, T	6
typer, T	6
typiser, T	6
tyranniser, T	6

v

vacciner, T	6
vaciller, I	6
vadrouiller, I, P	6
vagabonder, I	6
vagir, I	19
vaguer, I	6
vaincre, I, T, P	60
vaironner, I	6
valdinguer, I	6
valeter, I	11
valider, T	6
valiser, I, T	6
vallonner, P	6
valoir, I, T, P	47
valoriser, T	6
valouser, T	6
valser, I, T	6
vamper, T	6
vanner, T	6
vanter, T, P	6
vaporiser, T	6
vaquer, I, à	6
varapper, I	6
varier, I, T	15
varloper, T	6
vaseliner, T	6
vaser, il	6
vasouiller, I	6
vassaliser, T	6
vaticiner, I	6
vautrer, P	6
végéter, I	10
véhiculer, T	6
veiller, I, à, T	6
veiner, T	6
vélariser, T	6

u

ulcérer, T, P	10
ululer, I	6
unifier, T, P	15
unir, T, P	19
universaliser, T, P	6
urbaniser, T, P	6
urger, I, $\simeq 3^e$ pers.	8
uriner, I	6
user, I, T, de, P	6
usiner, I, T	6
usurper, T	6
utiliser, T	6

vêler, I	6
velouter, T	6
vendanger, I, T	8
vendre, T, P	53
vénérer, T	10
venger, T, P	8
venir, I, ♦, P, en	23
venter, il	6
ventiler, T	6
ventouser, T	6
verbaliser, I, T	6
verbiager, I	8
verdir, I, T	19
verdoyer, I	17
verduniser, T	6
verglacer, il	7
vérifier, T, P	15
verjuter, T	6
vermiculer, I	6
vermiller, I	6
vermillonner, T	6
vermouler, P	6
vernir, T	19
vernisser, T	6
verrouiller, T, P	6
verser, I, T, P	6
versifier, I, T	15
vesser, I	6
vétiller, I	6
vêtir, T, P	26
vexer, T, P	6
viabiliser, T	6
viander, I, P	6
vibrer, I, T	6
vibrionner, I	6
vicier, T	15
vidanger, T	8
vider, T, P	6
vidimer, T	6
vieillir, I, ◊, T, P	19
vieller, I	6
vilipender, T	6
villégiaturer, I	6

vinaigrer, T 6
viner, T 6
vinifier, T 15
violacer, T, P 7
violenter, T 6
violer, T 6
violoner, I 6
vioquir, I 19
virer, I, T 6
virevolter, I 6
virguler, T 6
viriliser, T 6
viroler, T 6
viser, I, à , T 6
visionner, T 6
visiter, T 6
visser, T 6
visualiser, T 6
vitrer, T 6
vitrifier, T 15
vitrioler, T 6
vitupérer, contre , T .. 10
vivifier, T 15
vivoter, I 6
vivre, I, T 76
vocaliser, I, T 6
vociférer, I, T 10
voguer, I 6
voiler, T, P 6
voir, I, T, P 39
voisiner, I 6
voiturer, T 6
volatiliser, T, P 6
volcaniser, T 6
voler, I, T 6
voleter, I 11
voliger, T 8
volter, I 6
voltiger, I 8
vomir, T 19
voter, I, T 6
vouer, T à , P à 6
vouloir, I, T en de , P 48

vousoyer, T, P 17
voussoyer, T, P 17
voûter, T, P 6
vouvoyer, T, P 17
voyager, I 8
vriller, I, T 6
vrombir, I 19
vulcaniser, T 6
vulgariser, T 6

W

warranter, T 6

Z

zébrer, T 10
zester, T 6
zézayer, I, T 16
ziber, T 6
zigouiller, T 6
ziguer, T 6
zigzaguer, I 6
zinguer, T 6
zinzinuler, I 6
zoner 6
zozoter, I 6

Achevé d'imprimer sur les presses de Torcy Québécor - 77200 Torcy
Dépôt légal n°15855 - MARS 1997
imprimé en France